21世纪高等学校系列教材

工程经济学

（修订本）

赵艳华　窦艳杰　主编

清华大学出版社

北京交通大学出版社

·北京·

内 容 简 介

本书全面系统地介绍了工程经济学的基本原理、分析方法及其在工程中的应用，主要内容包括：绪论、工程项目经济评价要素、资金的时间价值、工程项目经济评价指标、工程项目多方案的比较与选择、不确定性分析、设备更新的技术经济分析、项目资金筹措、工程项目可行性研究与项目后评价、价值工程、项目可行性研究案例等。全书突出实用性和可操作性，每章均安排了导读，提示本章重点、难点，并在每章后附练习题，能够满足教学和自学的需要。

本书可以作为工程管理、工程造价、工程监理、房地产经营与估价等相关专业的教材或教学参考书，也可供土木工程技术人员和经济管理工作者参考使用。

图书在版编目（CIP）数据

工程经济学／赵艳华，窦艳杰主编. 一修订本 . — 北京 ： 北京交通大学出版社 ： 清华大学出版社，2014. 8（2022. 1 修订）

ISBN 978-7-5121-1983-3

Ⅰ . ① 工…　Ⅱ . ① 赵…　② 窦…　Ⅲ . ① 工程经济学-高等学校-教材　Ⅳ . ① F062.4

中国版本图书馆 CIP 数据核字（2014）第 150445 号

工程经济学
GONGCHENG JINGJIXUE

责任编辑：张利军　　特邀编辑：程省月
出版发行：清 华 大 学 出 版 社　邮编：100084　电话：010-62776969
　　　　　北京交通大学出版社　邮编：100044　电话：010-51686414
印　刷　者：三河市华骏印务包装有限公司
经　　　销：全国新华书店
开　　　本：185×260　印张：16　字数：420 千字
版 印 次：2020 年 9 月第 1 版第 1 次修订　2022 年 1 月第 5 次印刷
印　　　数：7 001 ～ 9 000 册　定价：42.00 元

前　言

本书是根据《国家中长期教育改革和发展规划纲要（2010—2020 年）》和《国家教育事业发展第十二个五年规划》等文件的精神，依据国家最新的经济法规、财税制度和国家发展改革委员会、建设部颁布的《建设项目经济评价方法与参数》（第三版）的要求，以社会对土建类专业技术人员知识、能力和素质的需求为目标，以国家注册建造师、国家注册造价工程师考试的内容为标准，在参考国内外的先进经验及管理方法的基础上编写的，全面系统地介绍了工程经济学的基本原理和方法及其在工程中的应用。

本书在体例编排、内容选择上，从土建类专业学生的特点出发，注重知识的系统性、延续性，力求内容新颖、简明、详略得当、深入浅出，讲究理论性，突出实用性和可操作性。为配合学生自学，每一章都安排了导读，提示本章重点、难点，并在每章后附练习题，达到学、练同步的目的。通过对本书的学习，学生可以掌握工程经济的基本原理、基本知识和常用分析方法，具备从事各类工程项目可行性研究及经济评价的能力。

本书由天津财经大学、天津国土资源和房屋职业学院从事工程经济学教学和科研的人员集体合作完成。具体编写分工如下：第 1 章由吴秀宇编写；第 2 章由窦艳杰、张冠男编写；第 3、4、5 章由窦艳杰编写；第 6 章由袁小妹编写；第 7 章由张婕编写；第 8 章由刘甜甜编写；第 9、10、11 章由赵艳华编写。赵艳华、窦艳杰负责全书的统稿工作。

本书可以作为工程管理、工程造价、工程监理、房地产经营与估价等相关专业的教材，也可供土木工程技术人员和经济管理工作者参考使用。

在本书的编写过程中，参编人员参考了大量的文献资料，在此向撰写这些资料的专家和学者表示感谢。

由于编写人员水平有限，书中不足之处在所难免，欢迎广大读者批评指正。

编者
2020 年 9 月

目　　录

第1章　绪论 ·· (1)

1.1　工程经济学的相关概念 ·· (1)

1.2　工程经济学的产生与发展 ·· (2)

1.3　工程经济学的研究对象与学科特点 ·· (4)

1.4　工程经济分析的基本原则、方法与步骤 ·· (6)

　　练习题 ··· (10)

第2章　工程项目经济评价要素 ·· (12)

2.1　投资 ·· (12)

2.2　成本与费用 ·· (16)

2.3　折旧 ·· (20)

2.4　销售收入、税金与利润 ·· (23)

　　练习题 ··· (26)

第3章　资金的时间价值 ··· (28)

3.1　现金流量 ··· (28)

3.2　资金的时间价值 ··· (30)

3.3　资金的等值计算 ··· (33)

3.4　资金等值计算的应用 ·· (47)

　　练习题 ··· (51)

第4章　工程项目经济评价指标 ·· (54)

4.1　工程项目经济评价概述 ·· (54)

4.2　静态评价指标 ··· (58)

4.3　动态评价指标 ··· (61)

　　练习题 ··· (70)

第5章　工程项目多方案的比较与选择 ··· (75)

5.1　方案的相关性与类型 ·· (75)

5.2　互斥型方案的比较与选择 ·· (76)

5.3　独立型方案的比较与选择 ·· (85)

5.4　混合型方案的比较与选择 ·· (88)

　　练习题 ··· (89)

第6章 不确定性分析 ·· (93)

6.1 不确定性分析概述 ·· (93)

6.2 盈亏平衡分析 ··· (94)

6.3 敏感性分析 ··· (101)

6.4 概率分析 ·· (107)

练习题 ··· (112)

第7章 设备更新的技术经济分析 ·································· (115)

7.1 设备更新概述 ··· (115)

7.2 设备经济寿命的确定 ······································· (119)

7.3 设备更新及其经济分析 ····································· (122)

练习题 ··· (130)

第8章 项目资金筹措 ·· (135)

8.1 项目资金筹措概述 ··· (135)

8.2 项目资金的筹措 ··· (137)

8.3 资金成本与资金结构 ······································· (142)

8.4 项目融资 ·· (151)

练习题 ··· (157)

第9章 工程项目可行性研究与项目后评价 ·························· (160)

9.1 项目可行性研究概述 ······································· (160)

9.2 项目可行性研究的阶段划分与工作程序 ······················· (161)

9.3 项目可行性研究的内容 ····································· (163)

9.4 项目后评价 ··· (178)

练习题 ··· (184)

第10章 价值工程 ·· (186)

10.1 价值工程概述 ·· (186)

10.2 价值工程的工作程序 ······································ (190)

练习题 ··· (202)

第11章 项目可行性研究案例 ······································ (206)

11.1 总论 ··· (206)

11.2 项目建设单位及项目负责人 ································ (209)

11.3 项目提出的背景及建设的必要性 ···························· (209)

11.4 项目市场研究 ·· (212)

11.5 产品方案及技术基础 ······································ (213)

11.6 技术方案及设备选型 ······································ (214)

11.7 建设地点及建设方案 ·················· （215）

11.8 环境保护、职业安全卫生 ·················· （216）

11.9 组织结构及劳动定员 ·················· （216）

11.10 项目实施进度 ·················· （219）

11.11 投资估算及资金筹措 ·················· （220）

11.12 产品成本及费用测算 ·················· （222）

11.13 财务评价 ·················· （223）

11.14 风险分析及对策 ·················· （225）

11.15 项目可行性结论 ·················· （228）

附录 A 复利系数表 ·················· （229）

参考文献 ·················· （247）

第 1 章
绪　论

☞ **本章导读**

本章主要介绍工程经济学的基础知识。通过本章的学习，要求学生掌握工程经济分析的基本原则和步骤；熟悉工程经济学的研究对象、工程经济学的特点；了解工程经济学的概念、工程经济学的产生和发展。

☞ **专有名词**

工程经济学　现金流量原则　机会成本原则　费用效益分析

1.1　工程经济学的相关概念

1.1.1　工程

在我国，"工程"一词由来已久。《新唐书·魏知古传》中有"会造金仙、玉真观，虽盛夏，工程严促"，意思是适逢建造金仙、玉贞观，虽然正是盛夏季节，工程仍是紧迫；明朝李东阳在《应诏陈言奏》一文中有言："今纵以为紧急工程不可终废，亦宜俟雨泽既降，秋气稍凉，然后再图修治"。这里"工程"一词均指土木建筑工程。18 世纪，欧洲也创造了"工程"（engineering）一词，最初指兵器制造、军事目的的各项劳作，后来扩展到许多领域。在现代社会，工程是指自然科学原理应用到工农业生产部门中形成的各学科的总称，一项工程的立项，称为工程项目，如土木工程、水利工程、化学工程、遗传工程、系统工程、生物工程、环境工程等。2002 年，王连成在《工程系统论》一书中将工程定义为以某组设想的目标为依据，应用有关的科学知识和技术手段，通过一群人的有组织活动，将某个（某些）现有实体（自然的或人造的）转化为具有预期使用价值的人造产品的过程。2009年，杨双全在《工程经济学》一书中指出工程的主要内容有生产工艺的设计与制定、生产设备的设计与制造、土木工程的勘测设计与施工设计、土木工程的施工建设等。而工程经济学中所指的工程项目既包括工程技术方案、技术措施，也包括工程项目。

1.1.2　经济与经济学

"经济"一词在我国古代多指"经邦济世"、"经国济民"等意思，与现代意义上的

"经济"一词相差较远；英文中"economy"一词源自希腊语，本来含义是指治理家庭财务的方法，到了近代将范围扩大到治理国家，被称为"政治经济学"（Political Economy）。后来在经济学家阿尔弗雷德·马歇尔（Alfred Marshall）的《经济学原理》一书里将"政治经济学"改为"经济学"（economics），他认为不能把"政治经济学"理解为既研究政治又研究经济的学科，政治经济学和经济学是通用的。"经济"一词发展到现代，主要有以下几方面的含义。

（1）经济就是生产或生活上的节约、节俭，包括物质资料、资金、时间或劳动的节约及花费较少的消费品满足最大的需要。

（2）经济是指社会物质资料的生产和再生产过程，包括物质资料的直接生产过程及由其决定的交换、分配和消费过程。

（3）经济是指一个国家国民经济的总称，例如一个国家社会产业部门的总称，有工业经济、农业经济、建筑经济等。

（4）经济是指社会生产关系的综合，是人们在物质资料生产过程中形成的与一定的社会生产力相适应的生产关系的总和或社会经济制度。

（5）经济是对稀缺资源进行的优化配置，以获得最大的效益。

经济学是研究人类社会在各个发展阶段上的各种经济活动和各种相应的经济关系及其运行、发展规律的科学。美国经济学家萨缪尔森（P. A. Samuelson）将经济学定义为"研究人类和社会怎样对稀缺资源进行选择、生产各种物品以及在社会的各个成员之间或集团之间分配这些物品。它分析如何有效使用有限的资源，获取不断扩大、日益丰富的商品和服务。"根据研究范围不同，经济学分为宏观经济学与微观经济学，前者是以国民收入、货币流通、总消费、总投资和一般价格为研究对象，将经济活动作为整体来考虑的经济学，一般把福利最大化作为目标；后者以家庭、企业等个体为研究对象，重点解决生产什么、生产多少、如何生产和为谁生产的问题，一般把利润最大化作为企业目标，把效用最大化作为家庭或个人目标。根据研究对象的不同，将经济学理论应用于社会经济的各个领域，就产生了各种各样的应用经济学，如农业经济学、工业经济学、贸易经济学、计量经济学、管理经济学等。

1.1.3 工程经济学

如上文所述，工程经济学是将经济学理论与方法应用于工程领域而形成的介于自然科学和社会科学之间的交叉学科，属于微观经济学的一个特殊领域。工程经济学以工程、项目中有关的经济问题为研究对象，在有限资源的条件下，利用相关的研究理论与方法，对多种可选方案或项目进行评价，最终确定最佳方案的学科。工程经济学不是研究某个工程项目如何进行的问题，而是是否应该进行的问题，如果应该进行，在什么时间、什么地点进行，进行某个项目需要花费多少资源，以及在一定期间获得多大回报等，这些都是工程经济学所要解决的问题。

1.2 工程经济学的产生与发展

1.2.1 工程经济学的产生

工程经济学的产生最早可追溯到19世纪80年代，1886年美国学者亨利·汤恩在《作为经济学家的工程师》一书中指出：对于工程项目而言，经济问题与技术问题同等重要。美国土木工程师阿瑟·惠灵顿（Arthur M. Wellington）在 1887 年出版的《铁路布局的经济理论》（The Economic Theory of Rail Location）中将工程经济描述为"少花钱多办事的艺术"，并首次将成本分析方法运用到铁路线长度和曲率的计算之中，这为经济评价方法在工程投资领域的应用奠定了重要的基础。

20 世纪 20 年代，戈尔德曼（O. B. Goldman）在《财务工程学》（Financial Engineering）一书中指出：工程师的基本责任应是分析项目投资的成本以达到真正的经济性，即赢得最大可能数量的货币，获得最佳的财务效率。针对不同投资方案的评价选择，他提出的利用相对价值的复利模型的思想为工程经济学许多基本原理的产生提供了思路。

1930 年，格兰特（Eugene L. Grant）教授的《工程经济原理》（Principles of Engineering Economy）一书的出版，标志着工程经济学正式成为一门独立、系统化的学科。他分析了古典工程经济的局限性，提出以复利为基础，讨论了判别因子和短期评价的重要性及长期资本投资的一般方法。他提出的工程经济评价的理论与原则，初步建立了工程经济学的体系，得到了社会公认，因此被誉为"工程经济学之父"。

工程经济学的产生是解决如何从经济的角度对不同的工程项目进行评价选择的问题，是经济评价理论在工程领域的初步应用。随着社会的发展与进步，工程项目评价面临的经济环境越来越复杂，工程经济学也有了长足的发展。

1.2.2　工程经济学的发展

第二次世界大战之后，工程经济学在研究领域和研究方法上都有了较大的变化。研究内容从单纯的工程费用效益分析扩大到市场供求和投资分配领域，折现现金流量和资本分配的现代研究方法得到应用。

1982 年，里格斯（J. L. Riggs）在其经典著作《工程经济学》中系统阐述了货币的时间价值、货币管理、经济决策、风险与不确定性分析等工程经济学内容。该书被誉为一本"内容丰富而新颖的工程经济学专著"，汇集了 70 年代以来国外工程经济学综合发展的成果。

自 20 世纪 50 年代以来，工程经济学逐渐得到了日本学者的关注，具有代表性的是千住镇雄、伏见多美雄和中村善太郎创建的经济性工学体系。他们认为传统的敏感性分析和风险分析不仅计算比较复杂并且实效不大，提出将盈亏平衡分析与敏感性分析相结合的不确定性分析方法。他们的理论在日本企业实践中收效显著，并于 1984 年获得日本经营技术开发大奖。

沙利文（W. G. Sullivan）通过对 1985—1989 年的 108 个工程项目应用状况进行分析，认为传统的项目重点放在优化分析和决策上，而今后的重点是生存策略。他认为在未来几十年工程经济学的发展趋势主要有以下 4 点。

（1）寻找财务指标和非财务指标判断企业生存竞争的战略投资。

（2）由于产品的更新换代快，怎样更好地用工程经济学的理论和方法解决工程项目的寿命周期问题。

（3）成本管理系统在衡量与项目范围、规模、技术和复杂性有关的费用时的科学性，是否能够依靠该系统在概念设计或初步设计时优化资源配置从而减少成本。

（4）在复杂多变的市场中，为保持项目在市场中的优势，如何进行再投资决策。

1.2.3　工程经济学在我国的发展与应用

工程经济学在我国仍处于引进、吸收阶段。在理论上，具有代表性的著作是黄渝祥和邢爱芳 1985 年编著的《工程经济学》，其在吸收国外工程经济学基本原理和方法的基础上，结合我国可行性研究中经济分析的实践，系统阐述了工程项目方案的经济评价、比选的判据和方法，介绍了新建、技术改造、设备更新和中外合资经营等主要工程项目形式的特殊性及国民经济评价。1987 年，任隆洎和陈云鹏编著的《工程经济》阐述了工程经济和工业经济的区别及工程经济分析的重要性。他指出，虽然工程经济和工业经济都讲究节省或节约之道，但前者只是研究有限资源在某一特定的利用途径中最有效的利用方法；而后者则是研究在一定的生产关系下，在工业经济活动中合理利用有限资源的途径。此外，天津大学赵国杰教授在介绍工程经济学基本概念、原理和方法的基础上，将日本的经济性工学的思想、原理与方法融入传统工程经济学体系之中，并结合我国实践探讨了国际化发展及海外投资的项目评价。

我国对工程项目投资经济评价与分析的应用较晚，并且经历了较为曲折的过程，具体可以分为四个阶段。第一阶段为建国初期，在学习苏联工程经济论证方法的基础上，对重点投资项目进行工程经济评价，作为投资决策的依据。第二阶段为 20 世纪 50 年代末 60 年代初，在此阶段由于"左倾主义"思想和大跃进的影响，片面追求速度，否定经济分析的必要性，使生产建设和国民经济遭受了巨大损失。也正由于之前付出的巨大代价，使人们意识到了工程经济分析的重要性，1962 年，我国在制定《1963—1967 年科学技术发展规划纲要》时将工程经济列为技术规划的六个重大科研课题（资源、工业、农业、医药卫生、基础科学、工程经济）之一，但对于工程经济的研究经过短暂的活跃后，很快受到了"文化大革命"的影响。第三阶段为 20 世纪 60 年代末至 70 年代，由于"文化大革命"的爆发，工程经济分析的应用基本处于停滞、涣散阶段。第四阶段为 20 世纪 80 年代至今，自改革开放以来，我国工程经济分析重新得到了重视，1987 年国家发展计划委员会与建设部共同发布了《建设项目经济评价方法》和《建设项目经济评价参数》，初步确定了我国建设工程项目经济评价的原则和方法体系。之后相继于 1993 年和 2006 年根据我国社会主义市场经济条件下建设项目经济评价的需要进行了修订。与此同时，我国在全国范围内成立了工程经济研究会，中国社会科学院和中央各部委下属的设计、生产部门相继成立了工程经济研究机构，教育部也规定将工程经济学列为相关学科的必修课程。这样，工程经济学在我国的应用与研究进入了蓬勃发展的阶段。

1.3　工程经济学的研究对象与学科特点

1.3.1　工程经济学的研究对象

工程经济学以工程项目中的相关经济问题为研究对象，进行项目评价选择。具体来说，工程经济学是研究运用哪些经济学理论、采用何种分析工具、利用什么方法寻找工程技术方案与经济效果的最佳结合点。工程经济学的研究对象涵盖工程项目规划、投资项目的经济评价、投资、筹资决策分析等领域，为决策者决策提供依据。实践中对应的工程经济问题主要有以下几个方面。

（1）如何计算项目或方案的现金流量。

（2）针对不同类型的项目或方案，如何选取合适的经济评价指标。

（3）不同工程项目方案的比较与选择（独立型方案、互斥型方案、混合型方案）。

（4）项目或方案在实施过程中的风险与不确定性评价。

（5）设备或技术的更新决策（如何时更新）。

（6）项目筹资或融资方式决策，如何确定最优的资金成本和资金结构。

（7）项目或方案实施前的可行性研究和实施后的评价。

1.3.2 工程经济学的学科特点

工程经济学是微观经济学的特殊领域，是经济学理论的重要组成部分，工程经济学并不像经济学理论研究经济活动的一般规律，而是将经济学的理论作为方法论。工程经济学是建立在工程学和经济学基础之上的边缘学科，融合了工程技术学、经济学、管理学、数学、计算机等多学科的知识。工程经济学的发展与其他学科密切相关，但又有其自身的特点。

1. 技术和经济的综合性

工程经济学作为一门交叉学科，本身具有一定的综合性。此外，工程经济学中所谓的经济分析是在技术可行性基础上的经济分析，而不是纯粹的经济效益分析。既要考虑技术上的可行性，也要评价经济效益的合理性；既要做静态评价，也要做动态评价；既要考虑直接效果，也要考虑间接效果。

2. 技术和环境的系统性

现代社会是一个复杂多变的社会，对工程经济学的研究必须具有系统性的观点。工程技术方案的评价与选择受到周围政治环境、经济环境与自然环境的制约，而又不能脱离周围环境而存在。因此工程经济学是研究一定社会经济环境下的科学，是把工程经济问题放在社会的大系统中加以综合分析、综合评价的科学。

3. 未来的预测性

在工程建设项目实施之前一般需要对项目是否达到技术上可行、经济上合理等目标进行论证，即需要对所建项目进行可行性研究，并对未来的经济效果进行预测。工程经济分析所讨论的经济效果问题几乎都和未来有关，工程经济学关心的不是某项目或方案已经花费了多少代价，不考虑过去发生的、已经无法控制的那部分费用的多少，而是考虑从现在起每个方案能达到的经济效果。因此，工程经济学是建立在预测基础上的科学。

4. 项目或方案的择优性

工程经济分析的重要内容是进行不同类型项目或方案的比较与选择，既包括多个独立项目的选择，也包括互斥项目的选择。为此，工程经济学研究的不是某一个项目未来的经济效果，而是多个可行方案经济效果的差异比较，通过分析它们的技术经济指标以及实现条件和可能带来的经济效益，从中选出最优方案。

1.4 工程经济分析的基本原则、方法与步骤

1.4.1 工程经济分析的基本原则

工程经济学的首要任务是对工程项目或技术方案进行分析、比较和评价，为正确选择经济效果最佳的方案提供依据。在对一个项目或方案进行经济分析时，需要系统、全面分析其在经济、政治和社会等各方面产生的效果，利用科学的方法在众多方案中寻找出能产生最佳效果的项目或方案。由于各个方案所站角度不同，解决的重点问题也有所区别，所以在进行经济分析过程中如何进行数据资料的收集、如何选取合适的评价指标和评价方法就显得非常重要。结合前人的研究和相关实践，本书提出关于工程经济分析需要遵循的基本原则。

1. 技术与经济相结合的原则

正如工程经济学具有技术和经济的综合性的特点，在进行工程项目经济分析时应遵循技术与经济相结合的原则。技术是经济发展的重要手段，经济是技术进步的基础；技术进步是推动经济发展的强大动力，同时也受到经济条件的制约。技术与经济二者相互依赖、相互促进、相辅相成。在进行工程项目经济分析时，不仅要评价项目或方案的经济合理性，还应考虑技术上的先进性与适宜性，不能贪大求多，也不能盲目追求国外的先进技术，要在充分分析本项目基础特征和条件的基础上选取合适的技术方案，争取利用已有条件获取全方位的效益。因此，在进行工程经济分析时，不仅要评价其经济特性、经济价值，也要评价其技术能力、技术意义，将技术与经济结合起来，寻找既符合国家产业发展又能给企业带来价值的项目或方案。

2. 定性分析与定量分析相结合的原则

由于数学、计算机等学科的迅速发展，定量分析方法以其准确性、科学性及易用性在复杂工程项目经济分析中得到了广泛应用，但在实际项目或方案中，并不是所有的评价指标都能够进行准确量化的，如所选取的方案是否符合国家的产业规划布局，是否能够得到政府或居民的支持，该项目所处市场的前景如何等，这就需要决策人员或专业咨询人员凭借经验、知识、专业和能力对相关问题进行打分或描述性的评价，以求获得更多的项目信息，增加决策的准确性。因此，在实际分析评价中，应善于遵循定性分析与定量分析相结合的原则，发挥各个方法的优势，不仅使经济分析科学、准确，而且能尽可能地全面反映项目或方案的整体情况。

3. 财务分析与国民经济分析相结合的原则

项目的财务分析是指根据国家现行的财务制度和价格体系，从项目投资主体的角度考察项目或方案的实施给投资者带来的经济效果的分析方法。项目的国民经济分析是从整个国家和社会利益角度出发，分析项目或方案的实施带来的整体社会经济效益。一个项目或方案建议的提出，首先应当满足投资者的投资回报要求，因为没有人愿意做亏本的买卖；其次，投资项目对整个国民经济的影响不仅体现在项目自身的财务效果上，还体现在对其他国民经济部门资源或整体环境的影响，且当项目的财务分析与国民经济分析不一致时，应以国民经济分析为主。一般来说，对财务分析和国民经济分析都可行的项目，应予通过；对财务分析可行而国民经济分析不可行的项目，应予否定；对财务分析不可行而国民经济分析可行的项

目，应重新考虑方案，在必要时向国家有关部门申请经济补贴，使得项目不仅具有财务上的生存能力，还能满足人们生产生活的需要。

4. 可比性原则

项目或方案的择优性是工程经济分析的核心内容，而可比性原则是在项目或方案择优过程中必须遵循的原则之一。项目或方案的可比性不仅是不同项目或方案之间的比较，也包括单个项目不同经济评价指标的比较，因为不同的经济指标反映的项目特性不同，需要综合比较多个指标才能尽可能多地反映项目的整体特点。如投资回收期能够反映项目投资在多长时间能够全部收回，但不能反映投资回收期之后项目的盈利性情况，就需要其他经济指标如净现值、净年值等指标进行辅助比较。可比性原则一般包括时间的可比、费用效益的可比、计量单位的可比等。

5. 动态分析与静态分析相结合的原则

动态分析原则又称资金的时间价值原则，在对项目或方案进行经济分析时，不同时点的现金流量是不能直接进行比较的，为了进行比较和分析，需要把不同时点的现金流量折算到同一时点，这种折算就称为资金的时间价值。资金的时间价值原则是工程经济分析中计算经济指标的重要原则，如果不考虑资金的时间价值原则，就不能合理地估算出未来的成本或收益，从而不能得出正确的评价结果。但有时为了计算简便、直观，也考虑采用静态分析原则，这种原则不考虑资金的时间价值，一般常用于项目初选或可行性研究的初始阶段。

6. 现金流量原则

现金流量原则是指在评价项目或方案未来资金收付时必须使用现金流量来计算其成本和收益，而不能使用与现金流量无关的收支。现金流量是指项目或方案在实施过程中货币的实际收入或支出，而不是会计账簿所记载的收入或支出。典型的如折旧费用的计提，折旧费用是会计账簿上记载的成本支出，但它并不属于现金流出，因为这项支出是在购买固定资产时就已经发生，如果在决策分析时把折旧费用也当作现金流出容易造成固定资产支出的重复计算。简单地说，现金流量原则就是在计算项目或方案的投资收益时使用的不是会计账面数额，而是当期实际发生的现金流量。

7. 风险与收益对等的原则

任何项目或方案的投资都是有风险的，因为未来不可预知，项目所处的政治、经济、社会环境都处于某种程度的不确定性之中，这种不确定都会产生相应的风险，从而影响对项目或方案的收益。不同的项目具有不同的风险和收益，低风险的项目收益较低，高风险的项目就需要具有较高的收益予以补偿，而对风险和收益的权衡取决于人们对待风险的态度，喜好风险的人容易选择高风险高收益的方案，厌恶风险的人倾向于选择低风险低收益的方案。风险与收益对等的原则在确定项目资金成本和最优资金结构时具有重要的意义。

1.4.2 工程经济分析的方法

工程经济分析的方法一般包括费用效益分析法、方案比选法、仿真模拟法、系统分析法和价值工程分析法等，下面简要介绍这几种方法的原理及应用。

1. 费用效益分析法

费用效益分析是工程经济分析的基本方法，它是通过比较项目的预期收益和预计费用，分析项目经济效果及合理性的分析方法。为准确反映项目的经济合理性，费用效益分析必须同时反映项目投入和产出两个因素共同影响的结果，常用的分析方法主要有比率法和差额法。

1) 比率法

比率法是一种相对价值比较法，是利用该项目的效益总额与费用总额之比反映项目经济效果情况的方法。其计算公式为：

$$\text{费用效益比} = \text{效益}/\text{费用} \tag{1-1}$$

这种比较方法可以适用于分子与分母计量单位不同的变量，当费用效益比≥1 时，说明该项目的经济效果比较好；当费用效益比<1 时，说明该项目的经济效果不好。

2) 差额法

差额法是一种绝对价值比较法，是通过计算该项目效益总额与费用总额之差反映该项目净效益的一种方法。其计算公式为：

$$\text{净效益} = \text{效益} - \text{费用} \tag{1-2}$$

这种比较方法要求效益与费用的计量单位只能用价值形式，且只适用于生产规模、技术水平及内外部条件都相似的项目或方案的经济效果比较。对某一工程项目而言，净效益应大于 0，且差值越大，说明经济效果越好。

2. 方案比选法

方案比选法是通过对众多备选方案的费用、效益、回收期等经济指标进行比较，确定相对较优方案作为实施方案的一种方法。目前比较常见的方案比选包括互斥型方案的比选、独立型方案的比选和混合型方案的比选。方案比选方法的应用在本书第 5 章将详细论述。

3. 仿真模拟法

仿真模拟是利用数学和计算机知识对所建立的仿真模型进行数值实验和求解的过程，不同的模型有不同的求解方法。目前应用于工程经济分析的方法主要有蒙特卡洛模拟法（Monte Carlo），它是按一定概率分布产生随机数的方法模拟可能出现的随机现象，通过输入对评价指标有重要影响的变量计算项目评价指标值的模拟方法。

4. 系统分析法

系统分析是采用系统方法对所研究的问题提出各种可行方案或策略，进行定性和定量分析、评价和协调，帮助决策者提高对所研究问题认识的清晰程度，以便决策者选择行动方案。项目的规划、决策、设计、建设和运行是一项复杂的系统工程，对项目的考察不能仅局限于经济效果层面，需要运用系统学的思想，综合社会、经济、政治等多个方面进行综合评价。

5. 价值工程分析法

价值工程分析是一门新兴的管理技术，是降低成本、提高效益的有效方法，通过对价值工程对象的功能定义、分析、评价，全面系统地认识研究对象的功能结构及内在关系，提出完善功能设计、降低费用和提高研究对象价值的途径。

1.4.3 工程经济分析的步骤

在了解工程经济分析的基本原则和方法之后，进行正式的工程经济分析之前，需要建立一套科学的分析程序，工程经济分析的一般步骤包括：确定目标、调查研究和资料收集、设计可选方案、选择评价指标和评价方法、方案综合分析与评价、与既定目标和评价标准比较、确定最终方案等 7 个步骤，如图 1-1 所示。

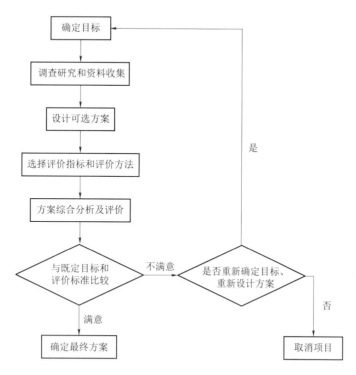

图 1-1 工程经济分析的一般步骤

1. 确定目标

明确目标是进行任何工作的基础。目标是指在一定环境条件下希望达到的某种结果，它不仅可以在工作中指明方向，而且也是衡量工作成败的标准。目标可以分为国家目标、地区或企业目标、部门目标等，目标的具体内容可以是一个新项目或方案的实施、旧设备的改造、新技术的研发等，但一个好的目标应具备以下 3 个特性。

（1）及物性。所提出的目标应能直接涉及或提示与目标相关的某些事件。这些事件的属性通过分析或研究是可以了解的，或者说至少部分是可以了解的。

（2）方向性。目标应能提示及物性所涉及的事件在未来的活动，如对实现目标所选择的测量，这有利于下面方案的设计。

（3）操作性。能够采取方案或行动对目标所涉及的事件施加影响，使其朝着目标进行发展。

2. 调查研究和资料收集

在确定目标之后，根据目标进行调查研究，收集有关实现目标所需的技术、经济、财务、市场、政策、法规等资料。信息是研究的基础，收集资料是工程经济分析必不可少的工作。如今，人们处在一个信息大爆炸的时代，如何根据自身目标选取适合、有用的信息与数据，是一项复杂又有技巧的工作。对资料的收集要及时、可靠、准确、相关和全面，不仅要反映历史，还要能够分析现状、预测未来。

3. 设计可选方案

为了达到一定的目标，必须提出尽可能多的方案以供选择。拟订方案是一个设计阶段，是一种创造性的思维劳动。拟订的方案要实现目标，必须具备技术上的可行性和经济上的合理性，符合实际。拟订方案的工作既可以在企业内部进行，即利用头脑风暴法在企业员工之间集思广益，寻找可选方案，也可以利用社会上专门的咨询服务机构获取可选方案。

4. 选择评价指标和评价方法

选择合适的评价指标和评价方法对做出正确的决策至关重要。工程经济学中含有众多表达项目或方案经济性的指标，不同的指标反映了项目在不同方面的特性，对不同类型方案的比较，需要选择不同的指标。如对于投资额相同的投资方案可以选择净现值大的方案作为较优的方案，但对于投资额相差较大的投资方案，选取净现值作为评价指标就有可能得出错误的结果。此外，评价方法的选择对于得出合适的评价结果也具有重要的意义。

5. 方案综合分析及评价

在设计多个可选方案和评价方法之后，接下来就进入到最核心的一步——方案的综合分析及评价。在方案评价过程中应遵循上文所述的基本原则，如定性与定量相结合的原则、财务分析与国民经济分析相结合的原则、动态分析与静态分析相结合的原则等。

6. 与既定目标和评价标准比较

通过方案的综合分析及评价，得出各个方案的评价结果，将评价结果与既定的目标和相关标准进行比较，选取能够符合目标和标准的最优方案，舍弃其他方案；如果所有的方案都没有达到既定的目标，分析人员应与企业决策人员沟通，查找原因，是目标定的不合理还是方案的设计有问题，然后根据寻找到的原因进行目标的重新确定或方案的重新设计。

7. 确定最终方案

经过反复的目标确定与调整、项目或方案设计、方案评价等步骤之后，确定经济上合理、技术上先进的最佳方案，将方案反馈给决策者，为下一步的方案实施做好准备。

练习题

一、选择题

1. 被称为工程经济学之父的是（　　　）。

　A. 惠灵顿　　　　B. 格尔德曼　　　　C. 格兰特　　　　D. 里格斯

2. 工程经济学的学科特点有（　　　）。

　A. 技术和经济的综合性　　　　　　B. 技术和环境的系统性
　C. 未来的预测性　　　　　　　　　D. 项目或方案的择优性

3. 效益费用分析常用的方法有（　　　）。

　A. 差额法　　　　B. 方案比选法　　　　C. 比率法　　　　D. 系统分析法

4. 工程经济分析中目标的特性有（　　　）。

　A. 及物性　　　　B. 方向性　　　　C. 操作性　　　　D. 可比性

5. 工程经济分析的原则有（　　　）。

　A. 可比性原则　　　　　　B. 资金的时间价值原则　　　　C. 现金流量原则

D. 风险与收益对等的原则　　　E. 沉没成本原则

二、判断题

1. 工程经济学不是研究某个工程项目如何进行的问题，而是研究是否应该进行的问题。
（　　）

2. 工程经济分析主要在项目实施前进行，在项目实施后不再进行工程经济分析。
（　　）

3. 项目的国民经济分析是指从项目投资主体的角度考察项目或方案的实施给投资者带来经济效果的分析方法。（　　）

4. 工程经济分析过程中不仅要关注项目的财务合理性，还应关注项目的技术可行性。
（　　）

5. 项目的财务分析是从整个国家和社会利益的角度出发，分析项目或方案的实施带来的整体社会经济效益。（　　）

三、简答题

1. 阐述工程经济学的基本概念。
2. 工程经济学的研究对象是什么？
3. 工程经济分析的基本原则是什么？
4. 工程经济分析的方法有哪些？
5. 阐述工程经济分析的一般步骤。

第 2 章

工程项目经济评价要素

☞ **本章导读**

本章主要介绍工程项目经济评价的基本要素。通过本章的学习，要求学生掌握折旧的概念及计算方法；熟悉投资的概念及构成、总成本费用的概念及构成；了解销售收入、税金和利润的概念。

☞ **专有名词**

投资 成本费用 销售收入 税金 利润

2.1 投 资

2.1.1 投资的概念

投资分为广义概念与狭义概念。广义上的投资是指为了将来所得而预先垫付资金等一切经济行为；而狭义的投资是指以资本增值为目的而进行的建造及购置固定资产，同时购买并储备无形资产、流动资产而预先垫付资金等一切经济行为。

工程经济学中所讲的工程项目投资一般是指狭义上的投资，即指在工程项目生产建设过程中为实现预定的生产经营目标而预先垫付资金的经济行为。这里的资金指有形资产、货币基金及无形资产的总和。

2.1.2 投资的构成

按照《投资项目可行性研究指南》（2002 年）的划分，工程项目总投资由建设投资（含建设期利息）和流动资金两部分构成。

建设投资是指建设单位在项目筹建期间和项目建设期间所花费的全部费用，建设投资的构成可按照形成资产法和概算法进行分类。

按形成资产法，建设投资由形成固定资产的费用、形成无形资产的费用、形成其他资产的费用和预备费四部分组成。

按概算法，建设投资由建筑安装工程费、设备及工器具购置费、工程建设其他费用、预备费、固定资产投资方向调节税和建设期利息组成。本章主要以概算法为主。工程项目总投资的构成如图 2-1 所示。

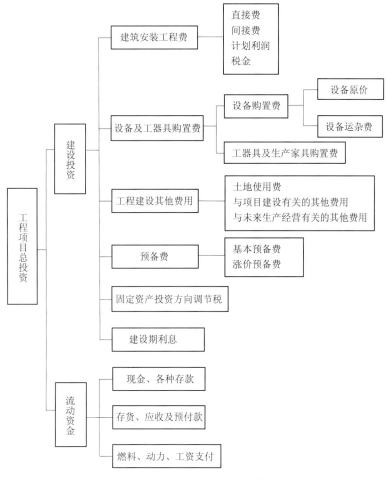

图 2-1　工程项目的总投资

1. 建筑安装工程费

建筑安装工程费由直接费、间接费、计划利润和税金 4 部分组成。

1）直接费

直接费是指在工程施工过程中直接耗费的构成工程实体或有助于工程形成的各种费用，它由直接工程费和措施费组成。

（1）直接工程费指施工过程中耗费的构成工程实体的各项费用，包括人工费、材料费、施工机械使用费。

① 人工费指直接从事建筑安装工程施工的生产工人开支的各项费用，如基本工资、工资性补贴、生产工人辅助工资、职工福利费、生产工人劳动保护费等。

② 材料费指在施工过程中耗费的构成工程实体的原材料、辅助材料、构配件、零件、半成品的费用，如材料原价（或供应价格）、材料运杂费、运输损耗费、采购及保管费、检验试验费等。

③ 施工机械使用费指使用施工机械作业所发生的机械使用费及机械安、拆和进出场

费用。

（2）措施费指为完成工程项目施工，发生于该工程施工前和施工过程中非工程实体项目的费用。措施费主要包括以下几项内容。

① 环境保护费，指施工现场为达到环保部门要求所需要的各项费用。

② 文明施工费，指施工现场文明施工所需要的各项费用。

③ 安全施工费，指施工现场安全施工所需要的各项费用。

④ 临时设施费，指施工企业为进行建筑工程施工所必须搭设的生活和生产用的临时建筑物、构筑物和其他临时设施所需要的费用。

⑤ 夜间施工费，指因夜间施工所发生的夜班补助费、夜间施工降效、夜间施工照明设备摊销及照明用电等费用。

⑥ 二次搬运费，指因施工场地狭小等特殊情况而发生的二次搬运费用。

⑦ 大型机械设备进出场及安拆费，指机械整体或分体自停放场地运至施工现场或由一个施工地点运至另一个施工地点所发生的机械进出场运输及转移费用，以及机械在施工现场进行安装、拆卸所需的人工费、材料费、机械费、试运转费和安装所需的辅助设施的费用。

⑧ 混凝土、钢筋混凝土模板及支架费，指混凝土施工过程中需要的各种钢模板、木模板、支架等的支、拆、运输费用及模板、支架的摊销（或租赁）费用。

⑨ 脚手架费，指施工需要的各种脚手架搭、拆、运输费用及脚手架的摊销（或租赁）费用。

⑩ 已完工程及设备保护费，指竣工验收前对已完工程及设备进行保护所需要的费用。

2）间接费

间接费是指施工企业为组织施工和进行经营管理，以及间接为建筑安装生产服务的各项费用。它由企业管理费、财务费用和其他费用组成。

（1）企业管理费指施工企业为组织施工生产经营活动过程中所发生的费用，包括管理人员工资、办公费、差旅交通费等。

（2）财务费用指企业为筹集资金而发生的各种费用，包括企业经营期间发生的贷款利息支出、金融机构手续费等。

（3）其他费用指按规定支付工程造价管理部门的定额编制管理费及劳动定额管理部门的定额测定费，以及按有关部门规定支付的其他管理费。

3）计划利润

计划利润是指按规定应计入建筑安装工程造价的利润。

4）税金

税金是指国家税法规定的应计入建筑安装工程造价的各种税金，包括营业税、城市维护建设税及教育费附加等。

2. 设备及工器具购置费

设备及工器具购置费用是由设备购置费和工器具及生产家具购置费组成。

1）设备购置费

设备购置费是指为工程建设项目购置或自制的达到固定资产标准的设备、工具、器具的费用。

$$设备购置费=设备原价+设备运杂费 \qquad (2-1)$$

2）工器具及生产家具购置费

工器具及生产家具购置费是指新建项目或扩建项目初步设计规定所必须购置的不够固定资产标准的设备、仪器、工卡模具、器具、生产家具和备品备件的费用。

3. 工程建设其他费用

工程建设其他费用是建设项目除去建筑安装工程费用和设备及工器具购置费以外，为了保证工程建设能够顺利完成和交付使用后能够正常发挥效用而发生的各项费用的总和。

工程建设其他费用，按内容大体可分为3类：土地使用费、与项目建设有关的其他费用、与未来生产经营有关的其他费用。其中，与项目建设有关的其他费用包括建设单位管理费、勘察设计费、研究试验费、施工机构迁移费、引进技术和进口设备其他费、供电贴费、临时设施费、工程监理费、工程保险费等；与未来生产经营有关的其他费用包括联合试运转费、生产准备费及办公和生活家具购置费。

4. 预备费

预备费是指在项目实施中可能发生的难以预料的支出，需要事先预留的费用。按我国现行规定，预备费包括基本预备费和涨价预备费。

1）基本预备费

基本预备费是指在初步设计及概算内难以预料的工程费用。基本预备费以建筑安装工程费、设备及工器具购置费和工程建设其他费用之和为计算基数，乘以基本预备费率来计算。其计算公式为：

$$\text{基本预备费} = (\text{建筑安装工程费} + \text{设备及工器具购置费} + \text{工程建设其他费用}) \times$$
$$\text{基本预备费率} \tag{2-2}$$

2）涨价预备费

涨价预备费是指项目在建设期间由于材料、设备、人工等价格上涨引起投资增加而需要事先预留的费用。其计算公式为：

$$V = \sum_{t=1}^{n} I_t \left[(1+f)^t - 1 \right] \tag{2-3}$$

式中：V——涨价预备费估算额；

　　　I_t——第 t 年的投资使用计划额；

　　　n——建设期年份数；

　　　f——年价格变动率。

5. 固定资产投资方向调节税

固定资产投资方向调节税是指国家对在我国境内进行固定资产投资的单位和个人，就其固定资产投资的各种资金征收的一种税，该税种已自 2000 年 1 月 1 日起暂停征收。2012 年 11 月 9 日公布的《国务院关于修改和废止部分行政法规的决定》（国务院令第 628 号）废止了《中华人民共和国固定资产投资方向调节税暂行条例》（1991 年 4 月 16 日中华人民共和国国务院令第 82 号发布）。

6. 建设期利息

建设期利息是指项目在建设期内发生并按规定允许计入固定资产原值的利息，包括银行贷款、债券等的利息及其他融资费用。对建设期利息进行估算时，应按借款条件的不同分别计算，关于利息的计算方法详见本书第 3 章相关的内容。

7. 流动资金

流动资金是指生产经营性项目投产后，为进行正常生产运营，用于购买原材料、燃料，支付工资及其他经营费用等所需的周转资金。它是企业进行生产和经营活动的必要条件，是伴随着固定资产投资而发生的永久性流动资产投资，等于项目投产运营后所需全部流动资产扣除流动负债后的余额。其中，流动资产主要考虑应收账款、现金和存货；流动负债主要考虑应付账款。

流动资金估算一般采用分项详细估算法，个别情况或者小型项目可采用扩大指标法。其计算公式为：

$$流动资金 = 流动资产 - 流动负债 \qquad (2-4)$$

$$流动资产 = 应收账款 + 存货 + 现金 \qquad (2-5)$$

$$流动负债 = 应付账款 \qquad (2-6)$$

$$流动资金本年增加额 = 本年流动资金 - 上年流动资金 \qquad (2-7)$$

估算的具体步骤为：首先计算各类流动资产和流动负债的年周转次数，然后再分项估算占用资金额。其中：

$$周转次数 = 360/最低需要周转天数 \qquad (2-8)$$

$$应收(预付)账款 = 年经营成本/周转次数 \qquad (2-9)$$

$$外购原材料、燃料 = 年外购原材料燃料费用/周转次数 \qquad (2-10)$$

$$在产品 = (年外购原材料燃料费用 + 年工资及福利费 +$$
$$年修理费 + 年其他费用)/周转次数 \qquad (2-11)$$

$$产成品 = 年经营成本/周转次数 \qquad (2-12)$$

$$应付账款 = 年外购原材料燃料动力 + 备品备件费用/周转次数 \qquad (2-13)$$

在采用分项详细估算法估算流动资金时应特别注意要分别确定现金、应收账款、存货和应付账款的最低周转天数；不同生产负荷下的流动资金是按照相应负荷时的各项费用金额和给定的公式计算出来的，而不能按满负荷下的流动资金乘以负荷百分数求得；流动资金属于长期性资金，流动资金的筹措可通过长期负债和资金融资方式来解决，流动资金借款部分的利息应计入财务费用，项目计算期期末回收全部流动资金。

2.2 成本与费用

2.2.1 成本与费用的概念

《企业会计制度》（财会〔2000〕25号）规定，费用是指企业为销售商品、提供劳务等日常活动所发生的经济利益的流出；成本则是指企业为生产产品、提供劳务而发生的各种耗费。成本和费用是两个并行使用的概念，两者之间既有联系又有区别。成本是按一定对象所归集的费用，生产成本是相对一定产品而言所发生的费用；费用是资产的耗费，它与一定会计期间相联系，而与生产哪种产品无关，成本则与一定种类和数量的产品或商品相联系，而不论发生在哪个会计期间。

工程经济分析中所使用的成本、费用的概念与企业财务会计中的概念有所不同。第一，会计中的费用和成本是企业经营活动和产品生产过程中已经发生的各项耗费的真实记录，数据是唯一的；工程经济分析中的费用和成本是对未来的预测结果，存在不确定性。第二，会计中对费用和成本的计量是分别针对特定会计期间、企业经营活动和特定产品的生产过程的；工程经济分析中，对费用和成本的计量则一般针对某一投资项目或技术方案的实施结果。第三，工程经济分析强调对现金流量的分析，费用和成本具有相同的本质（现金流出），一般不严格区分。此外，工程经济分析引入了一些会计中不常使用的概念，如经营成本、边际成本、沉没成本等；会计中，费用与成本是不同的概念。

2.2.2　总成本费用的构成

总成本费用是指项目在生产经营活动中为生产和销售产品而花费的全部成本费用。关于总成本费用的构成有两种分类方法。

1. 按照经济用途分类

根据经济用途，总成本费用分为生产成本和期间费用。其中，生产成本包括直接费用和间接费用。期间费用包括销售费用、管理费用和财务费用，如图 2-2 所示。

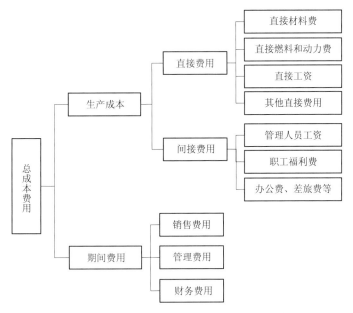

图 2-2　总成本费用的构成（按经济用途分类）

1）生产成本

生产成本是企业为生产产品或提供劳务而发生的各项生产费用，由直接费用和间接费用两部分组成。

（1）直接费用。直接费用包括直接材料费、直接燃料和动力费、直接工资和其他直接费用。其中，直接材料是指在生产中用来形成产品主要部分的材料；直接工资是指在产品生产过程中直接对材料进行加工而使之变成产品的人员的工资。

（2）间接费用。间接费用是指为组织和管理生产所发生的各项费用，包括生产单位（分厂、车间）管理人员工资、职工福利费、折旧费、矿山维简费、维修费、办公费、差旅费、劳动保护费等。

2）期间费用

期间费用是指企业在一定期间发生的，直接计入当期损益的各项费用，它包括销售费用、管理费用和财务费用。

（1）销售费用。销售费用是指企业在销售产品、自制半成品和提供劳务等过程中发生的各项费用，包括应由企业负担的运输费、装卸费、包装费、保险费、差旅费、广告费及专设销售机构的人员工资及福利费、折旧费和其他费用。

（2）管理费用。管理费用是指企业的行政管理部门为管理和组织经营活动而发生的各项费用，包括管理部门人员的工资及福利费、折旧费、维修费、物料消耗、办公费、差旅费、保险费、工会经费、职工教育费、咨询费、诉讼费、房产税、车船税、土地使用税、无形资产摊销、业务招待费及其他管理费用。

（3）财务费用。财务费用是指企业为筹集资金而发生的各项费用，包括生产经营期间发生的利息净支出、汇兑净损失、金融机构手续费及为筹集资金而发生的其他费用。

2. 按照经济性质分类

根据经济性质，总成本费用分为以下几项：外购材料费、外购燃料动力费、工资及福利费、折旧费、摊销费、利息支出、修理费、其他费用，如图2-3所示。

外购材料费

外购燃料动力费

工资及福利费

总成本费用 折旧费

摊销费

利息支出

修理费

其他费用

图2-3 总成本费用的构成（按经济性质分类）

1）外购材料费

外购材料费是指企业在生产经营过程中耗用的外购原材料、辅助材料、半成品、备品配件、低值易耗品及其他材料。

原材料成本是总成本费用的重要组成部分。其计算公式为：

$$原材料成本 = 年产量 \times 单位产品原材料成本 \qquad (2-14)$$

2）外购燃料动力费

外购燃料动力费是指企业在生产经营过程中耗用的外购燃料、动力等的费用。其计算公式为：

$$燃料和动力成本 = 年产量 \times 单位产品的燃料和动力成本 \qquad (2-15)$$

3）工资及福利费

工资及福利费是指企业一线生产人员、管理人员和销售部门人员的工资、奖金、津贴、补贴和职工福利费等。其中，职工福利费主要包括职工的保险费、医疗经费、职工生活困难补助及按国家规定的其他职工福利支出。职工福利费通常按职工工资总额的一定比例提取。

4）折旧费

折旧费是指固定资产由于损耗而逐渐转移到产品成本中的那部分费用。关于折旧费的计算详见 2.3 节。

5）摊销费

摊销费是指无形资产和递延资产在规定的期限内，按年度或产量转移到产品成本中的费用。企业通过计提摊销费，回收无形资产及递延资产。其中，无形资产是指企业能长期使用而没有实物形态的资产，包括专利权、商标权、商誉、著作权等；递延资产是指不能全部计入当年损益，应该在以后年度内较长时期摊销的费用，包括开办费、经营租赁固定资产改良支出等。

6）利息支出

利息支出是指在生产经营期所发生的各项借款的利息之和，包括企业短期借款利息、长期借款利息、应付票据利息、票据贴现利息、应付债券利息等。关于利息的计算方法详见本书第 3 章相关的内容。

7）修理费

修理费是指为保证固定资产能够正常运转和使用，充分发挥其使用效能，对其进行必要修理所发生的费用。在估算修理费用时，一般无法确定修理费具体发生的时间和金额，可按照折旧费的一定比例计算，该比例可参照同行业的经验数据加以确定。

8）其他费用

其他费用是指在总成本费用中扣除上述成本和费用以外的其他费用支出。在工程经济分析中，其他费用一般可根据总成本费用中原材料费、燃料和动力费、工资及福利费、折旧费、摊销费及修理费之和的一定比例计算。

2.2.3 工程经济分析中相关的成本概念

1. 固定成本和可变成本

根据成本与产量的关系，产品成本可以分为固定成本和可变成本。固定成本是指在一定时期和一定产量范围内，不随产品产量变化而变动的费用，如固定资产折旧费、维修费、摊销费等。可变成本是指产品成本中随产量变动而变动的费用，如原材料成本、计件工资形式下工人的工资等。

2. 经营成本

经营成本是从总成本费用中分离出来的一部分费用，是指在项目运营期间，由于生产和销售产品或提供劳务而实际发生的现金支出。其计算公式为：

$$经营成本 = 总成本费用 - 折旧费 - 摊销费 - 借款利息支出 \qquad (2-16)$$

在进行工程经济分析时，考察的是项目在计算期内逐年发生的现金流入和流出。与常规会计方法不同，现金收支何时发生，就何时计算，不作分摊。由于投资已按其发生的时间作为一次性支出被计入现金流出，所以不能再以折旧费、摊销费的方式计为现金流出，否则会发生重复计算。因此，作为经常性支出的经营成本中不包括折旧费和摊销费。借款利息是项目实际发生的现金流出，但在现金流量分析中是以全部投资作为计算基础，不考虑资金的来源问题，所以也不必考虑借款利息支出问题。因此，在工程经济分析中，为了计算和分析方便，通常将经营成本作为一个单独的现金流出项。

3. 沉没成本

沉没成本是指过去发生与当前决策无关的成本费用。从决策的角度来看，所要考虑的是未来可能发生的费用及所能带来的收益，而不用考虑过去发生的费用。例如，某施工企业在一个月前以 400 元/吨的价格购入水泥（这是不能改变的事实，400 元/吨是沉没成本），本月水泥的市场价格仅为 360 元/吨，则该施工企业在决策是否购买这批水泥时，不应受 400 元/吨这一个沉没成本的影响，而是应该分析水泥的市场价格走势。

4. 机会成本

机会成本是指将一种资源用于某种特定用途时所放弃的其他各种用途中所能获取的最高收益，这个收益即为将这种资源用于特定用途的机会成本。例如，如果某企业拥有 10 000 元资金，既可以用于生产甲产品，也可以用于生产乙产品，生产甲产品可以获利 3 000 元，生产乙产品可以获利 1 000 元，如果企业选择生产甲产品，那么就要放弃生产乙产品获利 1 000 元的机会，乙产品获利 1 000 元就是生产甲产品的机会成本。

在工程经济分析中，机会成本是个非常重要的概念。由于资源具有稀缺性，当有限资源可同时用于多个备选方案时，需要把机会成本考虑进去，只有使得方案的收益大于机会成本，才能保证选用的是最佳方案，从而使资源得到有效利用。

2.3　折　　旧

2.3.1　折旧的概念

固定资产折旧，简称为折旧，是指固定资产在使用过程中，随着资产损耗而逐渐转移到产品成本费用中的那部分价值。将折旧费计入成本费用是企业回收固定资产投资的一种手段。按照国家规定的折旧制度，企业把已经发生的资本性支出转移到产品成本费用中去，然后通过产品销售，逐步回收初始投资。

固定资产是指工业生产活动中所需要的房屋及建筑物、机器设备和运输设备、工具器具等。它们使用年限较长，单位价值较高，在生产过程中为多个生产周期服务，经反复使用仍能维持其原有的实物形态。根据我国财务会计制度的有关规定，计提折旧的固定资产范围包括：房屋、建筑物；在用的机器设备、仪器仪表、运输车辆、工具器具；季节性停用和在修理停用的设备；以经营租赁方式出租的固定资产；以融资租赁方式租入的固定资产。

2.3.2　影响折旧的因素

影响折旧的因素主要包括以下 3 个方面。

1. 固定资产原值

固定资产原值包括取得固定资产的购价和使固定资产达到可使用状态时发生的一切必要、合理的支出。固定资产原值是折旧提取的基础。

2. 固定资产净残值

固定资产净残值是指固定资产报废时预计可以收回的残余价值扣除预计清理费用后的数额。残余价值和清理费用只有当固定资产报废被清理并在市场上出售时才能准确地计量，因此在折旧计算过程中，只能人为地估计，不可避免地存在主观性。为了避免人为调整固定资产的净残值从而人为地调整计提折旧额，根据我国现行企业会计制度的规定，固定资产的预计净残值一般应为固定资产原值的 3% ~ 5%，由企业自行确定。由于特殊情况，需要调整残值比例的，应报主管财政机关备案。

3. 固定资产折旧年限

固定资产折旧年限的长短直接影响各期应计提的折旧额。在确定固定资产折旧年限时，不仅要考虑固定资产的有形损耗，还要考虑固定资产的无形损耗。由于这两种损耗难以准确估计，因此固定资产折旧年限的确定同样具有主观随意性。国家为了保证税收的稳定性，对各类固定资产的折旧年限做了规定，企业应根据国家的有关规定，结合本企业的具体情况合理确定固定资产的折旧年限。

2.3.2　折旧的计算方法

目前常用的折旧计算方法有两类：平均折旧法和加速折旧法。其中，平均折旧法包括平均年限法和工作量法；加速折旧法包括双倍余额递减法和年数总和法。折旧的计算方法如图 2-4 所示。

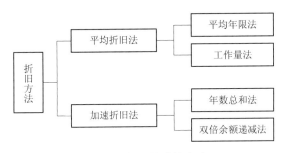

图 2-4　折旧的计算方法

1. 平均折旧法

所谓平均折旧法，是指按照某种标志均衡提取折旧的方法，包括平均年限法及工作量法。

1）平均年限法

平均年限法又称直线折旧法，是按固定资产原值、预计固定资产净残值和折旧年限平均计算固定资产折旧额的方法。平均年限法是目前使用最为广泛的一种折旧方法。其计算公式为：

$$年折旧额 = \frac{固定资产原值 - 预计固定资产净残值}{折旧年限} \tag{2-17}$$

或者：

$$年折旧额 = 固定资产原值 \times 年折旧率 \tag{2-18}$$

其中：

$$年折旧率 = \frac{1 - 预计固定资产净残值率}{折旧年限} \times 100\% \tag{2-19}$$

【例 2-1】　某固定资产原值为 3 000 万元，折旧年限为 5 年，预计固定资产净残值率为 5%，试用平均年限法计算年折旧额。

解：

根据公式（2-17）得：

$$年折旧额=\frac{固定资产原值-预计固定资产净残值}{折旧年限}=\frac{3\,000-3\,000\times5\%}{5}=570（万元）$$

即该固定资产的年折旧额为 570 万元。

平均年限法计算简单，便于理解。但该方法也存在一定的局限性，将折旧额平均分摊到各年中，不能准确反映固定资产各年的实际损耗，不利于固定资产投资的尽快回收。一旦发生无形磨损，需要提前淘汰原有设备时，可能由于未提足折旧而给企业带来经济损失。

2）工作量法

工作量法是以固定资产实际工作量（行驶里程、工作小时、工作台班、产品产量）为单位计算折旧额的一种方法。这种方法主要用于计算某些专业设备和交通运输车辆、工具的折旧。其计算公式为：

$$单位工作量折旧额=\frac{固定资产原值-预计固定资产净残值}{规定的总工作量} \tag{2-20}$$

$$年折旧额=单位工作量折旧额\times年实际完成工作量 \tag{2-21}$$

【例 2-2】 某物流公司购入一辆价值 42 万元的货运卡车，预计净残值率为 5%，总行驶里程为 60 万公里，当年行驶里程 3.6 万公里，则该年应计提的折旧额为多少？

解：

根据公式（2-20）可求得单位里程的折旧额：

$$单位工作量折旧额=\frac{固定资产原值-预计固定资产净残值}{规定的总工作量}=\frac{42-42\times5\%}{60}=0.665（万元/万公里）$$

根据公式（2-21）可得年折旧额：

$$年折旧额=单位工作量折旧额\times年实际完成工作量=0.665\times3.6=2.39（万元）$$

即该年应计提的折旧额为 2.39 万元。

2. 加速折旧法

加速折旧法又称递减折旧法，是指在固定资产折旧期内，前期提取的折旧费较多，而后期提取的较少，使固定资产价值在折旧年限内尽早得到补偿的一种折旧计算方法。常用的加速折旧方法有双倍余额递减法和年数总和法。

1）双倍余额递减法

双倍余额递减法是指按双倍直线折旧率计算固定资产折旧的方法。它是在不考虑固定资产残值的情况下，用固定资产每期期初的账面净值乘以双倍直线折旧率计算确定各期折旧额的方法。其计算公式为：

$$年折旧率=\frac{2}{折旧年限}\times100\% \tag{2-22}$$

$$年折旧额=固定资产账面净值\times年折旧率 \tag{2-23}$$

$$固定资产账面净值=固定资产原值-累计折旧额 \tag{2-24}$$

折旧年限到期前的最后两年，年折旧额的计算公式为：

$$年折旧额=\frac{固定资产账面净值-预计固定资产净残值}{2} \tag{2-25}$$

【例 2-3】 利用双倍余额递减法计算例 2-1 中固定资产的年折旧额。

解：

根据公式（2-22）计算不考虑净残值情况下的年折旧率：

$$年折旧率 = 2/5 \times 100\% = 40\%$$

根据公式（2-23）、公式（2-24）、公式（2-25）计算该固定资产各年的折旧额：

第 1 年的折旧额 = 3 000×40% = 1 200（万元）

第 2 年的折旧额 = （3 000-1 200）×40% = 720（万元）

第 3 年的折旧额 = （3 000-1 200-720）×40% = 432（万元）

第 4 年的折旧额 = 第 5 年折旧额 = （3 000-1 200-720-432-3 000×5%）÷2 = 249（万元）

2）年数总和法

年数总和法是以固定资产原值扣除预计净残值后的余额作为计提折旧的基础，按照逐年递减的折旧率计提折旧的一种方法。采用年数总和法的关键是每年都要确定一个不同的折旧率。其计算公式为：

$$年折旧率 = \frac{折旧年限-固定资产已使用年数}{折旧年限\times(折旧年限+1)\div 2}\times 100\% \tag{2-26}$$

$$年折旧额 = (固定资产原值-预计固定资产净残值)\times 年折旧率 \tag{2-27}$$

【例 2-4】 利用年数总和法计算例 2-1 中固定资产的年折旧额。

解：

由于该固定资产的折旧年限为 5 年，因此各年折旧率的分母为：5×（5+1）÷2 = 15。

根据公式（2-26）、公式（2-27）计算该固定资产各年的折旧额，具体结果如表 2-1 所示。

表 2-1　年数总和法折旧额计算表

年份	原值-净残值/万元	年折旧率	年折旧额/万元
1	2 850	5/15	950
2	2 850	4/15	760
3	2 850	3/15	570
4	2 850	2/15	380
5	2 850	1/15	190

通过以上的分析得知，无论采用哪一种方法计提折旧，在固定资产的整个折旧年限内，折旧总额是一样的。采用加速折旧法只是在固定资产使用前期计提的折旧多而使用后期计提的折旧少，由于折旧是所得税的一项重要扣除项目，这样使得企业的应纳税额在前期较少，后期较多，因而实际上推迟了缴纳税款的时间，有利于提高企业的经济效益。

2.4　销售收入、税金与利润

2.4.1　销售收入

销售收入也称为营业收入，是指企业销售产品或提供劳务所取得的货币收入，是工程经济分析中现金流入的一项重要组成部分。其计算公式为：

$$销售收入 = 产品销售量 \times 产品销售价格 \tag{2-28}$$

企业的销售收入包括产品销售收入和其他销售收入。产品销售收入包括销售产成品、自制半成品、提供工业性劳务取得的收入；其他销售收入是指产品销售收入以外的其他销售和其他业务收入，如材料销售收入、技术转让收入、包装物出租收入、提供非工业性劳务取得的收入等。

估算销售收入，产品销售价格是一个很重要的因素，一般来讲，工程项目的经济效益对其变化是最敏感的，一定要谨慎选择。一般可按以下三种价格进行选择：口岸价格、市场价格及根据预计成本、利润和税金确定价格。如果拟建项目属于新产品，则可根据下列公式估算其出厂价格：

$$出厂价格 = 产品计划成本 + 产品计划利润 + 产品计划税金 \tag{2-29}$$

其中：

$$产品计划利润 = 产品计划成本 \times 产品成本利润率 \tag{2-30}$$

$$产品计划税金 = (产品计划成本 + 产品计划利润) \times 税率 / (1 - 税率) \tag{2-31}$$

2.4.2　税金

税金是国家依据法律对有纳税义务的单位和个人征收的财政资金。对于纳税企业来讲，税金是其财务上的一种现金流出。我国现行税制中工商税科目繁多，按照课税对象不同，税收可以分为流转税类、所得税类、资源税类、财产税类、行为税类及其他税类。在此仅介绍与工程项目投资相关的税种。

1. 流转税类

流转税类是对商品生产、商品流通和提供劳务服务的销售额和营业额征税的各个税种的总称。流转税主要包括增值税、营业税、消费税等。

1）增值税

增值税是以商品生产、商品流通和提供劳务服务各个环节的增值额为征税对象的一种流转税。增值税的计税依据是纳税人销售商品或者提供应税劳务的销售额。增值税实行价外计税，销售价格内不包含增值税款。其计算公式为：

$$应纳税额 = 当期销项税额 - 当期进项税额 \tag{2-32}$$

$$当期销项税额 = 当期销售额 \times 税率 \tag{2-33}$$

公式（2-32）中，销项税额是指纳税人按照销售额和规定的税率计算的并向购买方收取的增值税额，进项税额是纳税额人购进货物或接受应税劳务时向销售方支付的增值税额。

由于增值税是价外税，既不进入成本费用，也不进入销售收入，因此从企业的角度对投资项目进行现金流量分析时可以不考虑增值税。

2）营业税

营业税是对在我国境内从事交通运输、建筑业、金融保险、邮电通信、文化体育、娱乐业、服务业或有偿转让无形资产、销售不动产行为的单位和个人，就其营业额收入或转让收入征收的一种流转税。其计算公式为：

$$应纳税额 = 营业额 \times 税率 \tag{2-34}$$

3）消费税

消费税是对在我国境内生产、委托加工和进口应税消费品的单位和个人征收的一种流转税。目前，我国的消费税共设 11 个税目、13 个子目。消费税的税率，按从价定率和从量定额分别采用比例税率和定额税率。消费税是价内税，与增值税交叉征收，即对应税消费品既要征收消费税，又要征收增值税。

2. 所得税类

所得税是以法人、自然人和其他经济组织在一定时期内的纯所得额为征税对象的各个税种的总称。目前我国的所得税包括企业所得税和个人所得税两种。

1）企业所得税

企业所得税只是对我国境内企业和其他取得收入的组织以其生产经营所得为课税对象所征收的一种所得税。我国所有实行独立经济核算的内资企业或其他组织均为企业所得税的纳税人，计税依据是应纳税所得额，也就是纳税人在纳税年度取得的收入总额减去准予扣除项目后的余额。其计算公式为：

$$应纳税所得额 = 收入总额 - 准予扣除项目金额 \tag{2-35}$$
$$企业应纳所得税 = 应纳税所得额 \times 相应税率 \tag{2-36}$$

2008 年通过的《中华人民共和国所得税法》规定一般企业所得税的税率为 25%。

2）个人所得税

个人所得税是对在我国境内居住的个人所得及不在我国境内居住而从我国境内取得所得的个人所得征收的一种所得税。个人所得税按超额累进税率和比例税率两种计税方法，采用源泉扣缴和自行申报两种征收方式。

3. 资源税类

资源税是对我国境内从事资源开发或生产应征资源税的单位和个人所征收的一种税类。资源税类以各种资源和土地为课税对象，实行差别税额从量征收，目的是加强资源管理，有利于促进企业合理开发、利用资源。

4. 财产税类

财产税是以纳税人所有或属于其支配的财产为课税对象所征收的一种税类。属于这个税类的有房产税、契税、遗产税、城镇土地使用税、土地增值税等。房产税是这个税类的主要税种。它是以房屋为课税对象，以房屋的计税余值或租金收入为计税依据，向产权人征收的一种财产税。2011 年 1 月 28 日，上海、重庆开展对部分个人住房征收房产税的试点。

5. 行为税类

行为税类是国家规定以某一特定行为作为课税对象所征收的一种税类。属于这个税类的有固定资产投资方向调节税、车船使用税、印花税、交易税、屠宰税等。

6. 其他税类

1）城市维护建设税

城市维护建设税是国家为了加强城市的维护建设，扩大和稳定城市维护建设资金的来源，向缴纳增值税、消费税、营业税的单位和个人征收的一种税。城市维护建设税以纳税人实际缴纳的增值税、消费税、营业税额为计税依据，分别与增值税、消费税、营业税同时缴纳。城乡维护建设税按纳税人所在地区实行差别税率：所在地为市区的，税率为 7%；所在地为县城、镇的，税率为 5%；所在地为乡村的，税率为 1%。其计算公式为：

应纳城市维护建设税税额＝增值税、消费税、营业税的实纳税额×适用税率　（2-37）

2）教育费附加

教育费附加是为了加快地方教育事业的发展，扩大地方教育经费的资金来源而开征的一种附加税。根据有关规定，凡缴纳消费税、增值税、营业税的单位和个人，都是教育费附加的缴纳人。教育费附加随消费税、增值税、营业税同时缴纳。教育费附加的计征依据是各缴纳人实际缴纳的消费税、增值税、营业税的税额，税率为3%。其计算公式为：

应纳教育费附加＝消费税、增值税、营业税的实纳税额×3%　（2-38）

2.4.3　利润

利润是企业在一定的会计期间内从事生产经营活动所取得的经营成果。利润可以反映企业一定会计期间的经营业绩和获利能力，有利于投资者了解企业经营状况，做出正确的经济决策。工程经济分析中利润总额的计算公式为：

利润总额＝营业利润+补贴收入+投资净收益-营业外收支净额　（2-39）

式中：

营业利润＝营业收入-总成本费用-营业税金及附加　（2-40）

营业外收支净额＝营业外收入-营业外支出　（2-41）

按照《企业财务通则》和《企业会计制度》（2006）的规定，企业的税后利润除法律、行政法规另有规定外，将按照下列规则进行分配。

（1）当期实现的净利润加上期末未分配利润，为可分配利润。

（2）内资项目以当年净利润为基数提取10%的法定公积金，法定公积金累计额达到注册资本50%以后，可以不再提取；外商投资企业应当按照法律、行政法规的规定按净利润提取储备基金、企业发展基金、职工奖励及福利基金等；中外合作经营企业按规定在合作期内以利润归还投资者的投资；国有企业按规定以利润补充的流动资本也从可分配的利润中扣除。

（3）可供分配的利润扣除法定公积金后，为可供投资者分配的利润，可分配利润应先付优先股股利；其次提取任意公积金，任意公积金的提取比例由投资者决议；最后应付普通股股利，企业分配给投资者的利润，也在本项目中核算。

（4）可分配利润经上述分配后，为未分配利润（或未弥补亏损），未分配利润可留待以后年度进行分配。

练习题　))))

一、选择题

1. 下列费用中属于管理费用的是（　　　）。

A. 包装费　　　　B. 保险费　　　　C. 职工教育费　　　　D. 利息净支出

2. 下列不属于建设工程项目总投资中建设投资的是（　　　）。

A. 设备购置费　　B. 土地使用费　　C. 应收及预付款　　D. 涨价预备费

3. 某设备原值为 10 000 元，预计净残值为零，折旧年限为 5 年，用平均年限法计提的年折旧额为（　　　）元。

  A. 2 000   B. 2 200   C. 1 800   D. 2 500

  4. 某企业购置一台价值 20 万元的设备，预计净残值率为 5%，折旧年限为 10 年，用双倍余额递减法计提折旧时的年折旧率为（　　　）。

  A. 5%   B. 20%   C. 25%   D. 15%

  5. 某施工企业购置一台价值 20 000 元的机械设备，预计净残值为零，折旧年限为 5 年，用年数总和法计算的第 4 年的折旧额为（　　　）元。

  A. 4 000   B. 2 667   C. 5 000   D. 3 200

  6. 下列属于流转税的是（　　　）。

  A. 增值税   B. 资源税   C. 消费税

  D. 营业税   E. 行为税

  7. 下列费用中属于期间费用的是（　　　）。

  A. 销售费用   B. 管理费用   C. 直接费用

  D. 间接费用   E. 财务费用

二、判断题

  1. 加速折旧法又称直线折旧法，是按固定资产原值、预计固定资产净残值和折旧年限平均计算固定资产折旧额的方法。（　　　）

  2. 沉没成本是指过去发生与当前决策无关的成本费用。（　　　）

  3. 涨价预备费是指在初步设计及概算内难以预料的工程费用。（　　　）

  4. 营业税是以商品生产、商品流通和提供劳务服务各个环节的增值额为征税对象的一种流转税。（　　　）

  5. 财务费用是指企业为筹集资金而发生的各项费用，包括生产经营期间发生的利息净支出、金融机构手续费及为筹集资金而发生的其他费用。（　　　）

三、简答题

  1. 简述工程项目总投资的构成。

  2. 什么是经营成本？

  3. 影响固定资产折旧的因素有哪些？

  4. 折旧的计算方法有哪些？

四、计算题

  1. 某固定资产原值为 12 000 元，预计使用 5 年，预计净残值为 500 元，试用直线法计算该固定资产的年折旧额。

  2. 某大型施工机械原值为 200 000 元，预计净残值为 2 000 元，按规定可使用 2 000 个台班，当年实际使用台班为 300 个，试计算当年应计提的折旧额。

  3. 某企业一台设备的原值为 40 000 元，预计净残值率为 3%，折旧年限为 5 年，试分别用双倍余额递减法和年数总和法计算该设备在各年的折旧额。

第 3 章

资金的时间价值

☞ **本章导读**

本章主要介绍资金的时间价值与等值计算。通过本章的学习，要求学生掌握资金时间价值的概念、单利和复利的概念及计算公式、资金等值的概念及计算公式；熟悉现金流量图的画法；了解现金流量的概念。

☞ **专有名词**

现金流量　资金时间价值　资金等值

3.1　现　金　流　量

3.1.1　现金流量的概念

在进行工程经济分析时，可以将所考察的对象视为一个独立的经济系统，这个系统可以是一个技术方案，一个工程项目，也可以是一个部门、一个企业或者是一个地区、一个国家。对于某一特定系统而言，将在某一时间点上流入该系统的资金（现金和其他货币形式）称为现金流入；流出系统的资金称为现金流出；同一时点上的现金流入与现金流出之差称为净现金流量。通常将现金流入、现金流出和净现金流量统称为现金流量。

对于某一具体工程项目而言，现金流入是指在项目整个寿命期所取得的收入，如销售收入、营业收入、固定资产残值变现收入、垫支流动资金的回收等。现金流出是指在项目整个寿命期所支付的成本，如固定资产投资、垫支的流动资金、经营成本、各种税金支出等。

在考察一个经济系统的现金流量时，必须明确具体的分析角度，因考察角度不同会有不同的结果。例如，国家对企业所征收的税金，从企业的角度看是现金流出，而从国家的角度看则是现金流入。因此，在进行工程经济分析时，首先要明确考察的角度，这样才能正确区分现金流入与现金流出。

3.1.2　现金流量图

现金流量图是一种反映经济系统资金运动状态的图式，是进行经济评价的重要工具。所谓现金流量图，是指将特定系统在一段时间内发生的现金流量绘入一个二维坐标图上，用以反映不同时间点上发生的现金流入和现金流出，如图 3-1 所示。

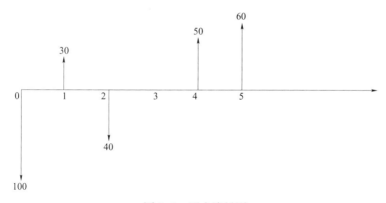

图 3-1　现金流量图

现以图 3-1 为例来说明现金流量图的作图方法和规则。

（1）横轴代表时间轴，轴线被等分为若干间隔，每一间隔代表一个时间单位或一个计息周期，通常是"年"，也可取半年、季度、月等。

（2）时间轴上的点称为时点，每一点代表该计息周期的期末，同时也代表下一个计息周期的期初，零点表示第 1 期的起点，通常表示投资起始点。图 3-1 上的 0 点代表第 1 年年初，1 点代表第 1 年年末，2 点代表第 2 年年末（或第 3 年年初）。

（3）与时间轴相连的垂直线代表不同时点的现金流量，其中向上的箭头代表现金流入，向下的箭头代表现金流出，垂直线的长短与现金流量的大小成正比，数值表示各现金流量的金额。

例如，图 3-1 表示该项目在第 1 年年初流出现金 100 万元，第 1 年年末流入现金 30 万元，第 2 年年末（第 3 年年初）流出现金 20 万元，第 4 年年末流入现金 50 万元，第 5 年年末流入现金 60 万元。

【例 3-1】　某企业为扩大规模新建一厂房，第 1 年初投入 100 万元，第 2 年初投入 200 万元，从第 3 年年末起的 5 年中，每年能获得 80 万元的利润，试绘制现金流量图。

解：

该企业的现金流量图如图 3-2 所示。

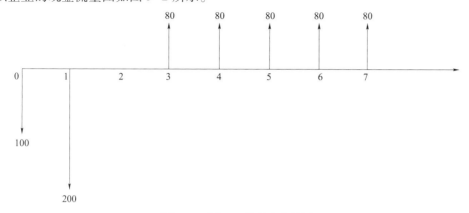

图 3-2　例 3-1 的现金流量图

3.2　资金的时间价值

3.2.1　资金时间价值的概念

任何工程项目的建设与运营，都有一个时间上的延续过程，每笔资金的投入与收益在时间上是有先后顺序的。因此，要客观地评价工程项目的经济效果，不仅要考虑各现金流量的金额大小，还要考虑每笔现金流量发生的时间。在不考虑通货膨胀的情况下，同样数额的资金在不同时间上具有不等的价值。例如：现在的 5 万元资金和 1 年后的 5 万元资金的价值是不相等的，在银行存款年利率为 10% 的情况下，某人将现在的 5 万元资金存入银行，按单利计算，1 年后其价值为 5.5 万元，这 0.5 万元的增值就是原有的 5 万元资金在 1 年时间内产生的时间价值。所谓资金的时间价值，是指资金在使用过程中随着时间的推移而产生的增值。

对于资金的时间价值，可以从以下两个方面去理解。

第一，在商品经济条件下，资金作为生产要素，在参与再生产过程中会给投资者带来利润，这种利润表现为资金的增值，资金增值的实质表现为劳动者在生产过程中创造的剩余价值，因此资金的增值特性使得资金具有时间价值。

第二，从投资的角度来说，资金的时间价值是投资者将资金用于投资、放弃现期消费而应得到的必要补偿。例如，老百姓将资金存入银行，银行会给予利息作为补偿。

3.2.2　利息、利率及其计算

1. 利息和利率的概念

在工程经济分析中，资金时间价值的计算方法与银行利息的计算方法相同。因此，利息是资金时间价值的一种重要表现形式。除了利息之外，资金的时间价值还可以用利率来度量。

利息是资金的使用者为使用资金所付出的代价，同时也是资金所有者放弃使用资金所得到的补偿，即利息为借款人支付给贷款人超过原借款本金的那部分金额。

$$I = F - P \tag{3-1}$$

式中：I——利息；

　　　F——本利和；

　　　P——本金。

利息是利润的一部分，是剩余价值的转换形式，是国民收入的一种再分配，是对储蓄的一种物质奖励。

利率是指一个计息周期内所支付的利息额与借款本金之比，通常用百分数表示，其表达式为：

$$i = \frac{I_1}{P} \times 100\% \tag{3-2}$$

式中：I_1——一个计息周期的利息；

　　　P——本金。

计息周期是用以表示计算利息的时间单位，如年、季度、月、日等。以年为计息周期的利率称为年利率，以月为计息周期的利率称为月利率，以日为计息周期的利率称为日利率。

【例 3-2】 某人年初从银行贷款 10 000 元，一年后向银行支付利息 500 元，则这笔贷款的年利率为多少？

解：

$$i = \frac{I_1}{P} \times 100\% = \frac{500}{10\ 000} \times 100\% = 5\%$$

即这笔贷款的年利率为 5%。

2. 单利和复利

利息的计算可以分为单利和复利两种。

1）单利

单利是指在计算利息时，每期均按照原始本金计息，利息不再产生利息，其计算原理如表 3-1 所示。

表 3-1　单利法的计算原理

计息期数（n）	期初本金（P）	期末利息（I_i）	期末本利和（F_n）
1	P	Pi	$P + Pi = P(1 + i)$
2	$P(1 + i)$	Pi	$P(1 + i) + Pi = P(1 + 2i)$
⋮	⋮	⋮	⋮
n	$P[1 + (n - 1)i]$	Pi	$P[1 + (n - 1)i] + Pi = P(1 + ni)$

根据表 3-1 可知，按照单利计息时，第 n 个计息期末的本利和为：

$$F_n = P(1 + n \cdot i) \tag{3-3}$$

第 n 个计息期末的利息总额为：

$$I_n = P \cdot i \cdot n \tag{3-4}$$

2）复利

复利是指在计算利息时，每期均按前一期末的本利和来计息，即除原始本金需要计息外，每一期产生的利息也要计算利息，俗称"利滚利"。其计算原理如表 3-2 所示。

表 3-2　复利法的计算原理

计息期数（n）	期初本金（P）	期末利息（I_i）	期末本利和（F_n）
1	P	Pi	$P + Pi = P(1 + i)$
2	$P(1 + i)$	$P(1 + i)i$	$P(1 + i) + P(1 + i)i = P(1 + i)^2$
⋮	⋮	⋮	⋮
n	$P(1 + i)^{n-1}$	$P(1 + i)^{n-1}i$	$P(1 + i)^{n-1} + P(1 + i)^{n-1}i = P(1 + i)^n$

根据表 3-2 可知，按照复利计息时，第 n 个计息期末的本利和为：

$$F_n = P(1 + i)^n \tag{3-5}$$

第 n 个计息期末的利息总额为：

$$I_n = F_n - P = P(1 + i)^n - P = P[(1 + i)^n - 1] \tag{3-6}$$

【例 3-3】　某人将 10 000 元现金存入银行，银行的存款年利率为 5%，试分别用单利法和复利法计算第 5 年末的本利和。

解：

（1）单利：

$$F = P(1 + n \cdot i) = 10\ 000(1 + 5 \times 5\%) = 12\ 500\ (元)$$

（2）复利：

$$F = P(1 + i)^n = 10\ 000(1 + 5\%)^5 = 12\ 762.82(元)$$

从例 3-3 可以看出，同样一笔资金，在利率和计息周期均相同的情况下，用单利和复利计算利息时会得出不同的利息，复利计息得出的利息总额要大于单利计息的利息总额。可以看出，复利更能充分反映资金的时间价值，也更符合客观实际，同时也是国际上普遍采用的计息方法。因此，在进行工程经济分析时，一般都采用复利。

3. 名义利率和实际利率

在工程经济分析中，通常是以年为计息周期。但在实际应用中，计息周期既可以是年，也可以是半年、季度、月、日等，这样就导致同样的年利率，由于计息周期的不同，相等的本金会产生不同的利息。因此，就出现了名义利率和实际利率的概念。

名义利率是指一年内多次计息时给出的年利率，它等于每一个计息周期的利率与一年中计息期数的乘积。例如年利率为 12%，按月计息，月利率为 1%，则名义利率为 1%×12 = 12%。

实际利率是指当计息周期小于一年时，在采用复利计息方式的情况下，将各种不同计息期的利率换算成以年为计息期的利率。

例如，将 1 000 元存入银行，年利率为 12%，每月计息一次，按复利计息，则一年末的本利和为：

$$F = P(1 + i)^n = 1\ 000 \times (1 + 12\%/12)^{12} = 1\ 126.83\ (元)$$

实际利率为：

$$i = \frac{利息}{本金} \times 100\% = \frac{1\ 126.83 - 1\ 000}{1\ 000} \times 100\% = 12.68\%$$

从上式可知，当计息周期小于一年时，实际利率大于名义利率。

名义利率与实际利率的关系如下。

设名义利率为 r，实际利率为 i，一年中计息次数为 m，则一个计息周期的利率为 r/m，那么年初本金 P 一年末的本利和 F 为：

$$F = P(1 + r/m)^m$$

一年产生的利息为：

$$I = F - P = P(1 + r/m)^m - P$$

根据利率的定义可得实际利率 i 为：

$$i = \frac{I}{P} = \frac{P(1 + r/m)^m - P}{P} = (1 + r/m)^m - 1$$

即实际利率 i 为：

$$i = (1 + r/m)^m - 1 \tag{3-7}$$

通过公式（3-7）可以看出以下问题。

（1）当计息周期等于一年时（$m=1$），实际利率等于名义利率（$i=r$）。

（2）当计息周期小于一年时（$m>1$），实际利率大于名义利率（$i>r$）。

（3）当计息周期无限小时（$m\to\infty$），实际利率与名义利率的关系为：

$$i = \lim_{m\to\infty}\left[(1+r/m)^m - 1\right] = \lim_{m\to\infty}\left[(1+r/m)^{m/r}\right]^r - 1 = e^r - 1 \tag{3-8}$$

【例 3-4】　某企业为扩大生产规模去银行申请贷款，其中有甲、乙两家银行可以为其提供贷款，甲银行提供的贷款年利率为 6.85%，按月计息；乙银行提供的贷款年利率为 7%，按年计息，请问该企业应选择哪家银行？

解：

甲银行的实际利率为：

$$i = (1+r/m)^m - 1 = (1+6.85\%/12)^{12} - 1 = 7.07\%$$

乙银行的实际利率为：

$$i = r = 7\%$$

由于乙银行的贷款实际利率小于甲银行的贷款实际利率，因此应该选择乙银行。

在工程经济分析中，如果各方案的计息周期不同，就不能用名义利率来评价，而需要换算成实际利率进行评价，否则会得出不正确的结论。

3.3　资金的等值计算

3.3.1　资金等值的概念

由于资金具有时间价值，因此现在的 100 万元资金，在年利率为 10% 的情况下，1 年后变为 110 万元，虽然这两笔资金的绝对数值不等，但其价值却是相等的，这就是资金等值的概念。所谓资金等值，是指在考虑时间因素的情况下，不同时点发生的绝对数额不等的资金可能具有相等的价值。

由于资金时间价值的存在，不同时点上发生的现金流量不能直接进行加减运算或比较，必须依据资金等值的原理，将不同时点上发生的现金流量折算到同一时点后才能进行加减运算或比较。通常，将不同时点上的资金，按照一定的利率换算成同一时点的等值资金，这一换算过程称为资金的等值计算。

影响资金等值的因素有 3 个：资金数额的大小、资金发生的时点、利率（或折现率）。其中，利率是一个关键因素，一般是以同一利率为依据进行资金的等值计算。

在进行资金等值计算过程中，常用到以下几个概念。

（1）现值（Present Value）。把将来某一时点的资金换算成与其等值的基准时点（通常是时间序列起点或计算期期初）的资金金额称为现值，求现值的过程称为"折现"或"贴现"。需要特别注意的是，现值是一个相对概念。一般情况下，将 $t+k$ 时点上发生的资金折现到第 t 时点，所得的等值资金就是第 $t+k$ 时点上资金的现值。现值一般用 P 表示。

（2）终值（Future Value）。把某时点的资金换算成与其等值的未来某时点（通常是时间序列的终点）的资金金额称为终值。求终值的过程就是计算资金的本利和，终值一般用 F 表示。

（3）年值（Annual Value）。年值又称为年金，是指连续发生在各计息期期末的相等金额的现金流入或现金流出，通常是以年为一个计息期，因而习惯上称为年值，年值一般用 A 表示。

3.3.2　资金的等值计算

资金的等值计算公式与复利的计算公式相同。资金的等值计算公式中常用的符号包括 P、F、A、G、h、i 和 n 等，各符号的含义如下。

P——现值（本金）。

F——终值（本利和）。

A——年值（年金）。

G——等差额。

h——等比系数。

i——利率（折现率）。

n——计息期数（年、半年、季度、月、日等）。

常见的资金等值计算公式包括以下几种。

1. 一次支付终值公式（已知 P 求 F）

某人向银行存入一笔资金 P，年利率为 i，则该人在 n 年后能一次性从银行取出多少资金？即已知 P、i、n，求 F。其现金流量如图 3-3 所示。

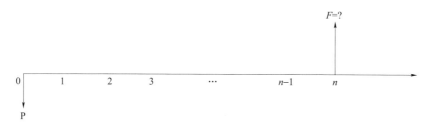

图 3-3　一次支付终值现金流量图

根据复利的定义，该笔资金 n 年末的本利和 F 为：

$$F = P(1 + i)^n \tag{3-9}$$

上式中的 $(1+i)^n$ 称为一次支付终值系数，用符号表示为 $(F/P, i, n)$。此时一次支付终值公式又变为：

$$F = P(F/P, i, n) \tag{3-10}$$

在 $(F/P, i, n)$ 这类符号中，斜线左边的字母表示未知数，斜线右边的字母表示已知数。因此，$(F/P, i, n)$ 表示在已知 P、i、n 的情况下求 F。

【例 3-5】 某房地产企业向银行贷款 500 万元，年利率为 7%，问 5 年后该企业应一次性还给银行多少万元？

解：

画出现金流量图，如图 3-4 所示。

已知 $P = 500$ 万元，$i = 7\%$，$n = 5$ 年，求 $F = ?$

根据公式（3-9）可以得出：

$$F = P(1 + i)^n = 500(1 + 7\%)^5 = 701.28（万元）$$

即 5 年后该企业应一次性还给银行 701.28 万元。

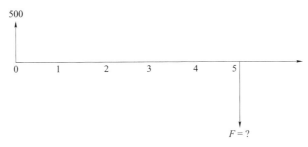

图 3-4　例 3-5 的现金流量图

2. 一次支付现值公式（已知 F 求 P）

某人计划 n 年后能够从银行得到一笔资金 F，年利率为 i，则现在应一次性存入银行多少资金？即已知 F、i、n，求 P。其现金流量如图 3-5 所示。

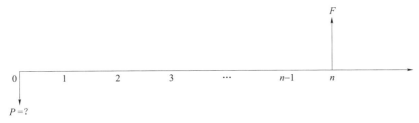

图 3-5　一次支付现值现金流量图

由一次支付终值公式（3-9）的逆运算即可得出 P 的计算公式为：

$$P = F \frac{1}{(1 + i)^n} \tag{3-11}$$

上式中的 $\dfrac{1}{(1 + i)^n}$ 称为一次支付现值系数，用符号表示为 $(P/F, i, n)$。此时一次支付现值公式又变为：

$$P = F(P/F, i, n) \tag{3-12}$$

【例 3-6】　某人对投资收益率为 8% 的项目进行投资，期望 6 年后获得 1 000 万元的收益，问该人现在应投入多少资金？

解：

画出现金流量图，如图 3-6 所示。

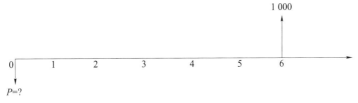

图 3-6　例 3-6 的现金流量图

已知 $F = 1\,000$ 万元，$i = 8\%$，$n = 6$ 年，求 $P = ?$

根据公式（3-11）可以得出：

$$P = F \frac{1}{(1+i)^n} = 1\ 000 \times \frac{1}{(1+8\%)^6} = 630.17\ (万元)$$

即该人现在应投入 630.17 万元。

3. 等额支付序列年金终值公式（已知 A 求 F）

某人在 n 年内每年年末往银行存入等额资金 A，年利率为 i，问 n 年末能一次性从银行提取的本利和（终值）F 为多少？即已知 A、i、n，求 F。其现金流量如图 3-7 所示。

图 3-7 等额支付序列年金终值现金流量图

根据一次支付终值公式（3-9）可得等额支付序列现金流量到 n 年末积累的终值 F：

$$F = A(1+i)^{n-1} + A(1+i)^{n-2} + \cdots + A(1+i)^2 + A(1+i) + A \tag{1}$$

将上述（1）式两边同时乘以 $(1+i)$ 得到（2）式：

$$F(1+i) = A(1+i)^n + A(1+i)^{n-1} + \cdots + A(1+i)^3 + A(1+i)^2 + A(1+i) \tag{2}$$

两式相减，即（2）式减去（1）式得：

$$Fi = A(1+i)^n - A = A[(1+i)^n - 1]$$

则：

$$F = A\left[\frac{(1+i)^n - 1}{i}\right] \tag{3-13}$$

上式中的 $\dfrac{(1+i)^n - 1}{i}$ 称为等额支付序列年金终值系数，用符号表示为 $(F/A, i, n)$。

此时等额支付序列年金终值公式又变为：

$$F = A(F/A, i, n) \tag{3-14}$$

【例 3-7】 某家庭为自己的孩子设立教育基金，每年年末存入银行 1 万元，若存款利率为 5%，按复利计息，第 5 年年末积累的基金总额为多少？

解：

画出现金流量图，如图 3-8 所示。

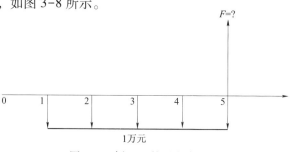

图 3-8 例 3-7 的现金流量图

已知 $A=1$ 万元，$i=5\%$，$n=5$ 年，求 $F=?$

根据公式（3-13）可以得出：

$$F = A\left[\frac{(1+i)^n - 1}{i}\right] = 1 \times \left[\frac{(1+5\%)^5 - 1}{5\%}\right] = 5.53（万元）$$

即第 5 年年末积累的基金总额为 5.53 万元。

【例 3-8】 某高校学生因家庭贫困申请助学贷款，在校四年间，每年年初从银行借款 8 000 元用以支付学费和生活费，若贷款年利率为 6%，按复利计息，则该学生第四年末应一次性归还银行多少元？

解：

画出现金流量图，如图 3-9 所示。

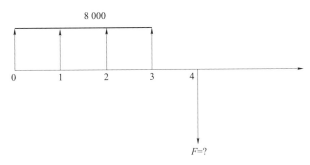

图 3-9 例 3-8 的现金流量图（Ⅰ）

从图 3-9 可以看出每年的借款发生在年初，因此不能直接套用公式（3-13），需要先将每年年初的借款折算成当年年末的等价金额，即 $A=8\,000(1+6\%)=8\,480$。此时的现金流量图如图 3-10 所示。

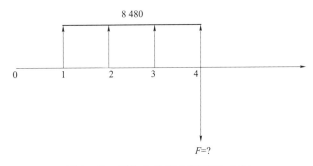

图 3-10 例 3-8 的现金流量图（Ⅱ）

由图 3-10 可知 $A=8\,480$ 元，$i=6\%$，$n=4$，求 $F=?$

根据公式（3-13）可以得出：

$$F = A\left[\frac{(1+i)^n - 1}{i}\right] = 8\,480 \times \left[\frac{(1+6\%)^4 - 1}{6\%}\right] = 37\,096.74（元）$$

即该学生第四年末应一次性归还银行 37 096.74 元。

4. 等额支付序列偿债基金公式（已知 F 求 A）

某人为了在 n 年后能筹集到一笔资金 F 来偿还债务，年利率为 i，问该人每年年末应等

额存储的金额 A 是多少？即已知 F、i、n，求 A。其现金流量如图 3-11 所示。

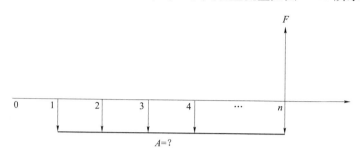

图 3-11 等额支付序列偿债基金现金流量图

由等额支付序列年金终值公式（3-13）的逆运算即可得出 A 的计算公式为：

$$A = F\left[\frac{i}{(1+i)^n - 1}\right] \tag{3-15}$$

上式中的 $\dfrac{i}{(1+i)^n - 1}$ 称为等额支付序列偿债基金系数，用符号表示为 $(A/F, i, n)$。

此时等额支付序列偿债基金公式又变为：

$$A = F(A/F, i, n) \tag{3-16}$$

【例 3-9】 某房地产企业为改善办公条件，计划 5 年后兴建一幢 5 000 平方米的办公楼，预计每平方米的造价为 2 000 元。若银行年利率为 6%，问该房地产企业每年末至少应等额存入银行多少资金才能满足需要？

解：

该办公楼的总造价为：

$$5\,000 \times 2\,000 = 1\,000（万元）$$

画出现金流量图，如图 3-12 所示。

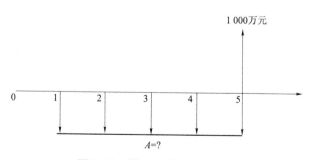

图 3-12 例 3-9 的现金流量图

已知 $F = 1\,000$ 万元，$i = 6\%$，$n = 5$ 年，求 $A = ?$

根据公式（3-15）可以得出：

$$A = F\left[\frac{i}{(1+i)^n - 1}\right] = 1\,000 \times \left[\frac{6\%}{(1+6\%)^5 - 1}\right] = 177.40（万元）$$

即该房地产企业每年末至少应等额存入银行 177.40 万元。

5. 等额支付序列年金现值公式（已知 A 求 P）

某人为了能够连续 n 年每年末都能提取等额资金 A，年利率为 i，问该人现在应投入的资金 P 为多少？即已知 A、i、n，求 P。其现金流量如图 3-13 所示。

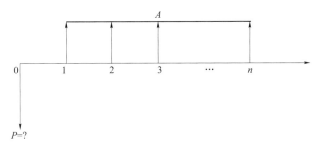

图 3-13　等额支付序列年金现值现金流量图

由前述可知一次支付现值公式和等额支付序列年金终值公式分别为：

$$P = F\frac{1}{(1+i)^n} \tag{1}$$

$$F = A\left[\frac{(1+i)^n - 1}{i}\right] \tag{2}$$

将等额支付序列年金终值公式代入一次支付现值公式，即（2）式代入（1）式可得：

$$P = F\frac{1}{(1+i)^n} = A\left[\frac{(1+i)^n - 1}{i}\right] \times \frac{1}{(1+i)^n}$$

即：

$$P = A\left[\frac{(1+i)^n - 1}{i(1+i)^n}\right] \tag{3-17}$$

上式中的 $\dfrac{(1+i)^n - 1}{i(1+i)^n}$ 称为等额支付序列年金现值系数，用符号表示为 $(P/A, i, n)$。此时等额支付序列年金现值公式又变为：

$$P = A(P/A, i, n) \tag{3-18}$$

【例 3-10】　某建筑企业计划贷款购置一台设备，年利率为 8%，据预测此设备使用年限为 5 年，每年末可获得净利润 2 万元，若用每年净利润偿还贷款，则该企业现在能从银行获得多少贷款？

解：

画出现金流量图，如图 3-14 所示。

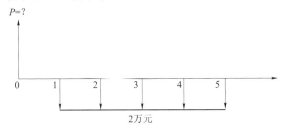

图 3-14　例 3-10 的现金流量图

已知 $A=2$ 万元，$i=8\%$，$n=5$ 年，求 $P=?$

根据公式（3-17）可以得出：

$$P = A\left[\frac{(1+i)^n - 1}{i(1+i)^n}\right] = 2 \times \left[\frac{(1+8\%)^5 - 1}{8\%(1+8\%)^5}\right] = 7.99（万元）$$

即该企业现在可从银行获得 7.99 万元的贷款。

6. 等额支付序列资金回收公式（已知 P 求 A）

某人期初借入一笔资金 P，年利率为 i，计划分 n 年等额偿还，问每年末应等额偿还的资金 A 为多少？即已知 P、i、n，求 A。其现金流量如图 3-15 所示。

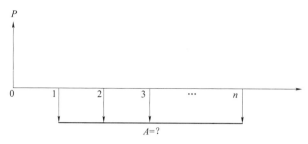

图 3-15　等额支付序列资金回收现金流量图

由等额支付序列年金现值公式（3-17）的逆运算即可得出 A 的计算公式为：

$$A = P\left[\frac{i(1+i)^n}{(1+i)^n - 1}\right] \tag{3-19}$$

上式中的 $\dfrac{i(1+i)^n}{(1+i)^n - 1}$ 称为等额支付序列资金回收系数，用符号表示为 $(A/P, i, n)$。

此时等额支付序列资金回收公式又变为：

$$A = P(A/P, i, n) \tag{3-20}$$

【例 3-11】　某房地产公司为开发项目计划贷款 1 000 万元，年利率为 10%，贷款期限为 5 年，问每年末应等额偿还多少？

解：

画出现金流量图，如图 3-16 所示。

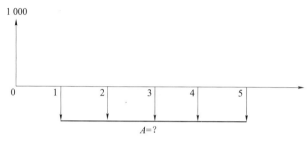

图 3-16　例 3-11 的现金流量图

已知 $P=1\ 000$ 万元，$i=10\%$，$n=5$ 年，求 $A=?$

根据公式（3-19）可以得出：

$$A = P\left[\frac{i(1+i)^n}{(1+i)^n - 1}\right] = 1\ 000 \times \left[\frac{10\%(1+10\%)^5}{(1+10\%)^5 - 1}\right] = 263.80\ (万元)$$

即每年年末应等额偿还 263.80 万元。

为了便于比较和记忆，现将上述 6 个常用的资金等值计算公式进行汇总，如表 3-3 所示。

表 3-3 资金时间价值计算公式汇总表

类别	已知	求解	计算公式	符号	现金流量图
一次支付序列	P	F	$F = P(1+i)^n$	$F = P(F/P, i, n)$	
	F	P	$P = F\dfrac{1}{(1+i)^n}$	$P = F(P/F, i, n)$	
等额支付序列	A	F	$F = A\left[\dfrac{(1+i)^n - 1}{i}\right]$	$F = A(F/A, i, n)$	
	F	A	$A = F\left[\dfrac{i}{(1+i)^n - 1}\right]$	$A = F(A/F, i, n)$	
	A	P	$P = A\left[\dfrac{(1+i)^n - 1}{i(1+i)^n}\right]$	$P = A(P/A, i, n)$	
	P	A	$A = P\left[\dfrac{i(1+i)^n}{(1+i)^n - 1}\right]$	$A = P(A/P, i, n)$	

7. 等差序列现金流量的等值计算公式

在很多工程经济分析中，经常会遇到这样的问题：项目的现金流量呈等差数列规律变化，可能逐年递增，也可能逐年递减。如房屋随着其使用期的延长，维修费用将逐年增加，若每年增加或减少的现金流量是相等的，则将该现金流量称为等差序列现金流量，如图 3-17 所示。

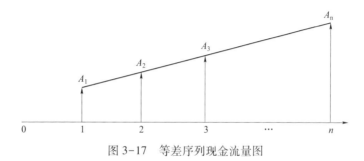

图 3-17 等差序列现金流量图

1）等差序列现值公式

某项目第 1 年年末发生的现金流量为 A_1，此后每年都以 G 的等差额逐年递增或递减，

则第 n 年年末发生的现金流量为 $A_1+(n-1)G$，年利率为 i，求这些现金流量的现值总额 P 为多少？即已知 A_1（第 1 年年末发生的现金流量）、G（等差额）、i、n，求 P。其现金流量如图 3-18 所示。

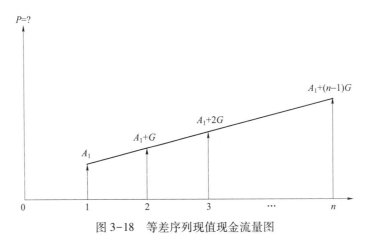

图 3-18　等差序列现值现金流量图

根据一次支付现值公式（3-11），将该项目每年年末发生的现金流量分别折算成现值后再相加，即可得到现值总额 P 为：

$$P = \frac{A_1}{1+i} + \frac{A_1+G}{(1+i)^2} + \frac{A_1+2G}{(1+i)^3} + \cdots + \frac{A_1+(n-2)G}{(1+i)^{n-1}} + \frac{A_1+(n-1)G}{(1+i)^n} \tag{1}$$

将上述（1）式两边同时乘以 $\dfrac{1}{1+i}$ 得到（2）式：

$$\frac{P}{1+i} = \frac{A_1}{(1+i)^2} + \frac{A_1+G}{(1+i)^3} + \frac{A_1+2G}{(1+i)^4} + \cdots + \frac{A_1+(n-2)G}{(1+i)^n} + \frac{A_1+(n-1)G}{(1+i)^{n+1}} \tag{2}$$

两式相减，即（1）式减去（2）式得：

$$P - \frac{P}{1+i} = \frac{A_1}{1+i} + \frac{G}{(1+i)^2} + \frac{G}{(1+i)^3} + \frac{G}{(1+i)^4} + \cdots + \frac{G}{(1+i)^n} - \frac{A_1+(n-1)G}{(1+i)^{n+1}}$$

展开后两边再同时乘以 $(1+i)$ 得：

$$Pi = A_1 + \frac{G}{1+i} + \frac{G}{(1+i)^2} + \frac{G}{(1+i)^3} + \cdots + \frac{G}{(1+i)^{n-1}} + \frac{G}{(1+i)^n} - \frac{A_1}{(1+i)^n} - \frac{nG}{(1+i)^n}$$

整理后得：

$$P = \left(\frac{A_1}{i} + \frac{G}{i^2} \right) \left[1 - \frac{1}{(1+i)^n} \right] - \frac{G}{i} \times \frac{n}{(1+i)^n} \tag{3-21}$$

当 $A_1 = 0$ 时，公式（3-21）变为：

$$P = G \left[\frac{(1+i)^n - 1}{i^2(1+i)^n} - \frac{n}{i(1+i)^n} \right] \tag{3-22}$$

上式中的 $\left[\dfrac{(1+i)^n - 1}{i^2(1+i)^n} - \dfrac{n}{i(1+i)^n} \right]$ 称为等差序列现值系数，用符号表示为 $(P/G,i,n)$。

此时公式（3-22）又变为：

$$P = G(P/G, i, n) \tag{3-23}$$

【**例 3-12**】　某项目建成投产后第 1 年末净收益为 100 万元，此后每年的净收益会在前一年的基础上增加 20 万元，收益期限为 10 年，若年利率为 6%，则 10 年所产生的净收益的现值总和是多少？

解：

画出现金流量图，如图 3-19 所示。

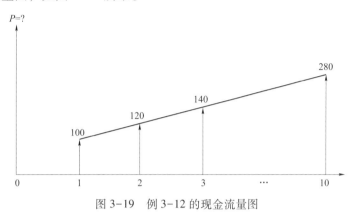

图 3-19　例 3-12 的现金流量图

已知 $A_1 = 100$ 万元，$G = 20$ 万元，$n = 10$ 年，$i = 6\%$，求 $P = ?$

根据公式（3-21）可以得出：

$$P = \left(\frac{A_1}{i} + \frac{G}{i^2} \right) \left[1 - \frac{1}{(1+i)^n} \right] - \frac{G}{i} \times \frac{n}{(1+i)^n}$$

$$= \left(\frac{100}{6\%} + \frac{20}{(6\%)^2} \right) \times \left[1 - \frac{1}{(1+6\%)^{10}} \right] - \frac{20}{6\%} \times \frac{10}{(1+6\%)^{10}} = 1\,328.06\,（万元）$$

即 10 年所产生的净收益的现值总和为 1 328.06 万元。

2）等差序列终值公式

某项目第 1 年年末发生一笔现金流量 A_1，以后每年都以 G 的等差额逐年递增或递减，年利率为 i，求这些现金流量的终值 F 为多少？即已知 A_1、G、i、n，求 F。

将等差序列现值公式（3-21）代入一次支付终值公式（3-9）得：

$$F = \left\{ \left(\frac{A_1}{i} + \frac{G}{i^2} \right) \left[1 - \frac{1}{(1+i)^n} \right] - \frac{G}{i} \times \frac{n}{(1+i)^n} \right\} (1+i)^n$$

整理后得：

$$F = \left(\frac{A_1}{i} + \frac{G}{i^2} \right) \left[(1+i)^n - 1 \right] - \frac{nG}{i} \tag{3-24}$$

当 $A_1 = 0$ 时，公式（3-24）变为：

$$F = G \left[\frac{(1+i)^n - 1}{i^2} - \frac{n}{i} \right] \tag{3-25}$$

上式中的 $\left[\dfrac{(1+i)^n - 1}{i^2} - \dfrac{n}{i} \right]$ 称为等差序列终值系数，用符号表示为 $(F/G, i, n)$。

此时公式（3-25）又变为：

$$F = G(F/G, i, n) \tag{3-26}$$

【例 3-13】 某建筑公司购置一台大型设备，设备投产后第 1 年的折旧额为 3 万元，以后每年的折旧会在前一年的基础上增加 1 万元，年利率为 5%，则 10 年后该设备的折旧总额为多少？

解：

画出现金流量图，如图 3-20 所示。

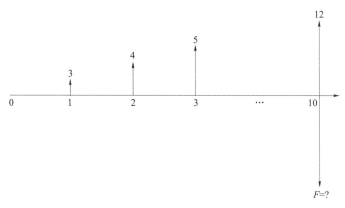

图 3-20　例 3-13 的现金流量图

已知 $A_1 = 3$ 万元，$G = 1$ 万元，$n = 10$ 年，$i = 5\%$，求 $F = ?$

根据公式（3-24）可以得出：

$$F = \left(\frac{A_1}{i} + \frac{G}{i^2} \right) \left[(1+i)^n - 1 \right] - \frac{nG}{i}$$

$$= \left(\frac{3}{5\%} + \frac{1}{(5\%)^2} \right) \times \left[(1+5\%)^{10} - 1 \right] - \frac{10 \times 1}{5\%} = 89.29 \text{（万元）}$$

即 10 年后该设备的折旧总额 89.29 万元。

8. 等比序列现金流量的等值计算公式

在某些工程经济分析中，会遇到这样的问题：项目的现金流量呈等比数列规律变化，其现金流量按照某一固定百分数逐年递增或递减。如某些设备的运营费用会随着使用时间的延长而以某一固定百分数逐年递增，则将这类现金流量称为等比序列现金流量，如图 3-21 所示。

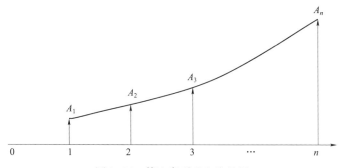

图 3-21　等比序列现金流量图

1）等比序列现值公式

某项目第 1 年年末发生的现金流量为 A_1，此后每年发生的现金流量按照固定百分数 h 逐年递增（或递减），则第 n 年年末发生的现金流量为 $A_1(1+h)^{n-1}$，年利率为 i，求这些现金流量的现值总额 P 为多少？即已知 A_1（第 1 年年末发生的现金流量）、h（等比系数）、i、n，求 P。其现金流量如图 3-22 所示。

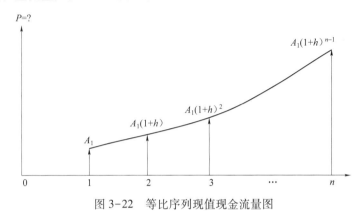

图 3-22　等比序列现值现金流量图

根据一次支付现值公式（3-11），将该项目每年年末发生的现金流量分别折算成现值后相加，即可得到现值总额 P 为：

$$P = \frac{A_1}{1+i} + \frac{A_1(1+h)}{(1+i)^2} + \frac{A_1(1+h)^2}{(1+i)^3} + \cdots + \frac{A_1(1+h)^{n-2}}{(1+i)^{n-1}} + \frac{A_1(1+h)^{n-1}}{(1+i)^n}$$

上式右边是公比为 $\dfrac{1+h}{1+i}$ 的等比数列之和，根据等比数列求和公式可得：

$$P = \frac{\dfrac{A_1}{1+i}\left[1 - \left(\dfrac{1+h}{1+i}\right)^n\right]}{1 - \dfrac{1+h}{1+i}}$$

整理后得：

$$P = \begin{cases} \dfrac{A_1}{i-h}\left[1 - \left(\dfrac{1+h}{1+i}\right)^n\right] & i \neq h \\[3mm] \dfrac{nA_1}{1+i} & i = h \end{cases} \tag{3-27}$$

【例 3-14】　某商场建成营业后第 1 年末净收益为 16 万元，此后每年的净收益会在前一年的基础上上涨 2%，收益期限为 38 年，若年利率为 6%，则 38 年所产生的净收益的现值总和是多少？

解：

画出现金流量图，如图 3-23 所示。

已知 $A_1 = 16$ 万元，$h = 2\%$，$n = 38$ 年，$i = 6\%$，求 $P = ?$

根据公式（3-27）可以得出：

$$P = \frac{A_1}{i - h}\left[1 - \left(\frac{1 + h}{1 + i}\right)^n\right] = \frac{16}{6\% - 2\%} \times \left[1 - \left(\frac{1 + 2\%}{1 + 6\%}\right)^{38}\right] = 307.27（万元）$$

即 38 年所产生的净收益的现值总和是 307.27 万元。

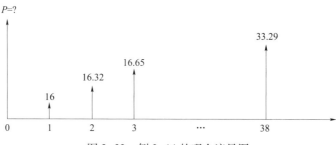

图 3-23　例 3-14 的现金流量图

2）等比序列终值公式

某项目第 1 年年末发生的现金流量为 A_1，此后每年发生的现金流量按照固定百分数 h 逐年递增（或递减），则第 n 年年末发生的现金流量为 $A_1(1 + h)^{n-1}$，年利率为 i，求这些现金流量的终值总额 F 为多少？即已知 A_1、h、i、n，求 F。

将等比序列现值公式（3-27）代入一次支付终值公式（3-9）得：

$$F = \begin{cases} \dfrac{A_1}{i - h}\left[1 - \left(\dfrac{1 + h}{1 + i}\right)^n\right](1 + i)^n & i \neq h \\[3mm] \dfrac{nA_1}{1 + i}(1 + i)^n & i = h \end{cases}$$

整理后得：

$$F = \begin{cases} \dfrac{A_1\left[(1 + i)^n - (1 + h)^n\right]}{i - h} & i \neq h \\[3mm] nA_1(1 + i)^{n-1} & i = h \end{cases} \tag{3-28}$$

【例 3-15】　某企业投资一项目，第 1 年末的净收益为 200 万元，以后每年末净收益都会在前一年的基础上增加 4%，收益期限为 10 年，年利率为 6%，则 10 年后的净收益总额为多少？

解：

画出现金流量图，如图 3-24 所示。

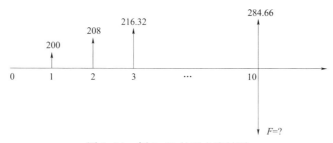

图 3-24　例 3-15 的现金流量图

已知 $A_1 = 200$ 万元，$h = 4\%$，$n = 10$ 年，$i = 6\%$，求 $F = ?$

根据公式（3-28）可以得出：

$$F = \frac{A_1[(1+i)^n - (1+h)^n]}{i-h} = \frac{200 \times [(1+6\%)^{10} - (1+4\%)^{10}]}{6\% - 4\%} = 3\ 106.03\ (\text{万元})$$

即 10 年后的净收益总额为 3 106.03 万元。

3.4　资金等值计算的应用

3.4.1　计算未知资金量

【**例 3-16**】　某企业向银行贷款 200 万元，年利率为 12%，要求每月计息一次，每年年末等额偿还，三年还清，问该企业每年年末应偿还的金额为多少？

解：

画出现金流量图，如图 3-25 所示。

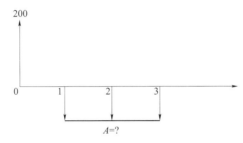

图 3-25　例 3-16 的现金流量图

思路：先求出支付期（即一年）的实际利率，再根据等额支付序列资金回收公式（3-19）计算每年年末应偿还的金额 A。

$$i = (1 + r/m)^m - 1 = (1 + 12\%/12)^{12} - 1 = 12.68\%$$

$$A = P\left[\frac{i \times (1+i)^n}{(1+i)^n - 1}\right] = 200 \times \left[\frac{12.68\% \times (1+12.68\%)^3}{(1+12.68\%)^3 - 1}\right] = 84.24\ (\text{万元})$$

即该企业每年年末应偿还 84.24 万元。

【**例 3-17**】　某房地产企业向建设银行贷款，年利率为 5%，第 1 年初贷款 3 000 万元，第 2 年初贷款 2 000 万元，该房地产企业第 3 年末起开始用盈利偿还贷款，按协议至第 10 年末还清，问该企业每年末应等额偿还的金额为多少？

解：

画出现金流量图，如图 3-26 所示。

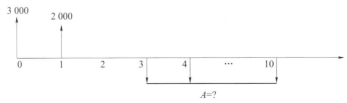

图 3-26　例 3-17 的现金流量图

思路：依据资金等值原理，需要将不同时点上发生的现金流量折算到同一时点后才能进行加减运算。因此，首先将第1年初和第2年初的贷款额根据一次支付终值公式折算到第10年末，求出第10年末的贷款总额；其次，根据贷款总额＝还款总额，可以得出第10年末的还款总额；最后，将还款总额根据等额支付序列偿债基金公式计算出每年末的还款额。

步骤1：已知两年贷款额 $P_0 = 3\,000$ 万元，$P_1 = 2\,000$ 万元，根据一次支付终值公式（3-9）计算出第10年末的贷款总额。

$$F_{10贷} = 3\,000(1 + 5\%)^{10} + 2\,000(1 + 5\%)^9 = 7\,989.34（万元）$$

步骤2：由步骤1可知第10年末的还款总额＝贷款总额，即 $F_{10还} = 7\,989.34$ 万元，$i = 5\%$，$n = 8$ 年，根据等额支付序列偿债基金公式（3-15）计算出每年的还款额。

$$A = F\left[\frac{i}{(1 + i)^n - 1}\right] = 7\,989.34 \times \left[\frac{5\%}{(1 + 5\%)^8 - 1}\right] = 836.66（万元）$$

即该企业每年末应等额偿还836.66万元。

3.4.2　计算未知利率

在工程经济分析中，有时会遇到这样的情况：现值 P、终值 F、年值 A 及计算期 n 都是已知量，而利率 i 却是未知量，比如求方案的收益率就属于这种情况。这时，可以通过计算时间价值系数，然后查阅复利表确定利率 i 的范围，最后采用线性内插法近似求出利率 i。

具体步骤如下。

（1）根据题目已知条件计算时间价值系数，即一次支付终值系数、等额支付序列年金终值系数、等额支付序列资金回收系数三者中的一个，并令该系数为 f_0。

（2）根据不同时间价值系数结合复利表找出与 f_0 相邻的两个系数 $f_1(f_1 < f_0)$ 和 $f_2(f_2 > f_0)$ 及对应的利率 i_1 和 i_2，如图3-27所示。

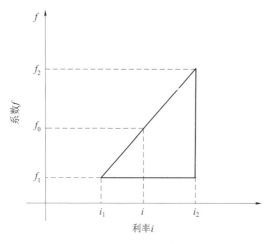

图3-27　系数 f 与利率 i 的对应图

（3）利用线性内插法近似求出利率 i，则有：

$$\frac{f_0 - f_1}{f_2 - f_1} = \frac{i - i_1}{i_2 - i_1}$$

整理后得：

$$i = i_1 + \frac{(f_0 - f_1)(i_2 - i_1)}{f_2 - f_1} \quad\quad (3-29)$$

【例 3-18】 某企业欲投资一个项目，投资总额为 300 万元，预计该项目 9 年后可一次性获得 525 万元，求该项目的收益率 i 为多少？

解：

画出现金流量图，如图 3-28 所示。

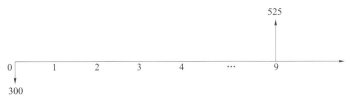

图 3-28 例 3-18 的现金流量图

已知 $P = 300$ 万元，$F = 525$ 万元，$n = 9$ 年，求 $i = ?$

根据一次支付终值公式（3-10）$F = P(F/P, i, n)$ 可以得出：

$$525 = 300(F/P, i, 9)$$

即：

$$f_0 = (F/P, i, 9) = 525/300 = 1.750\ 0$$

查复利表得出，当 $i = 6\%$ 时，$(F/P, 6\%, 9) = 1.689\ 5$；当 $i = 7\%$ 时，$(F/P, 7\%, 9) = 1.838\ 5$。

即：$i_1 = 6\%$，$f_1 = 1.689\ 5$；$i_2 = 7\%$，$f_2 = 1.838\ 5$。

根据线性内插法公式（3-29）可以得出：

$$i = i_1 + \frac{(f_0 - f_1)(i_2 - i_1)}{f_2 - f_1} = 6\% + \frac{(1.750\ 0 - 1.689\ 5) \times (7\% - 6\%)}{1.838\ 5 - 1.689\ 5} = 6.41\%$$

即该项目的收益率为 6.41%。

3.4.3 计算未知期数

在工程经济分析中，可能遇到的另外一种情况是：现值 P、终值 F、年值 A 及利率 i 都是已知量，而计算期 n 却是未知量，比如求借款偿还期就属于这种情况。这时，仍可以通过计算时间价值系数，然后查阅复利表确定计算期 n 的范围，最后采用线性内插法近似求出 n 来，其求解思路和步骤与计算未知利率大致相同。

具体步骤如下。

（1）根据题目已知条件计算时间价值系数，即一次支付终值系数、等额支付序列年金终值系数、等额支付序列年金现值系数三者中的一个，并令该系数为 f_0。

（2）根据不同时间价值系数结合复利表找出与 f_0 相邻的两个系数 $f_1(f_1 < f_0)$ 和 $f_2(f_2 > f_0)$，以及对应的计算期 n_1 和 n_2，如图 3-29 所示。

（3）利用线性内插法近似求出计算期 n，则有：

$$\frac{f_0 - f_1}{f_2 - f_1} = \frac{n - n_1}{n_2 - n_1}$$

整理后得：

$$n = n_1 + \frac{(f_0 - f_1)(n_2 - n_1)}{f_2 - f_1} \tag{3-30}$$

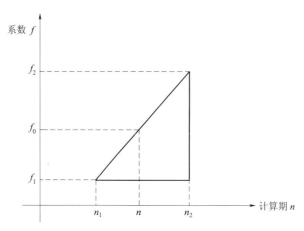

图 3-29　系数 f 与计算期 n 的对应图

【例 3-19】　某企业欲投资一项目，投资总额为 242 万元，预计该项目每年末可获利 40 万元，年利率为 10%，问需要多少年才能收回全部投资？

解：

画出现金流量图，如图 3-30 所示。

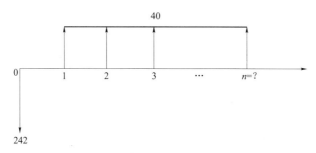

图 3-30　例 3-19 的现金流量图

已知 $P = 242$ 万元，$A = 40$ 万元，$i = 10\%$，求 $n = ?$

根据等额支付序列年金现值公式（3-18）$P = A(P/A, i, n)$ 可以得出：

$$242 = 40(P/A, 10\%, n)$$

即：

$$f_0 = (P/A, 10\%, n) = 242/40 = 6.050\ 0$$

查复利表得出，当 $n = 9$ 时，$(P/A, 10\%, 9) = 5.759\ 0$；当 $n = 10$ 时，$(P/A, 10\%, 10) = 6.144\ 6$。

即：$n_1 = 9$，$f_1 = 5.759\ 0$；$n_2 = 10$，$f_2 = 6.144\ 6$。

根据线性内插法公式（3-30）可以得出：

$$n = n_1 + \frac{(f_0 - f_1)(n_2 - n_1)}{f_2 - f_1} = 9 + \frac{(6.050\ 0 - 5.759\ 0)(10 - 9)}{6.144\ 6 - 5.759\ 0} = 9.75\ (年)$$

即需要 9.75 年才能收回全部投资。

练习题

一、选择题

1. 以下属于现金流入的是（ ）。

A. 固定资产投资　　　　B. 经营成本　　　　C. 税金　　　　　　D. 销售收入

2. 将不同时点上的资金，按照一定的利率换算成同一时点的等值资金，这一换算过程称为资金的（ ）。

A. 利率折算　　　　　　B. 价值转换　　　　C. 时间价值　　　　D. 等值计算

3. 工商银行贷款年利率为 12%，按月复利计息，则实际利率为（ ）。

A. 12%　　　　　　　　B. 13%　　　　　　C. 12.68%　　　　　D. 10%

4. 年利率为 10%，存款 1 000 元，存期 3 年，一次支付的终值 F 为（ ）元。

A. 1 331　　　　　　　B. 1 221　　　　　　C. 1 440　　　　　　D. 980

5. 年利率为 5%，第 5 年末的 5 000 元，一次支付的现值 P 为（ ）元。

A. 4 917.5　　　　　　B. 3 917.5　　　　　C. 3 615.5　　　　　D. 3 817.5

6. 一次支付终值系数与一次支付现值系数的关系是（ ）。

A. 一定的倍数关系　　　B. 互为倒数　　　　C. 差值为 1　　　　D. 没有任何关系

7. 当一年内复利计息两次时，其名义利率与实际利率之间的关系为（ ）。

A. 实际利率等于名义利率　　　　　　　　B. 实际利率大于名义利率

C. 实际利率小于名义利率　　　　　　　　D. 两者无显著关系

8. 影响资金等值的因素主要有（ ）。

A. 资金数额的大小　　　　　　B. 资金发生的时点　　　　　C. 利率

D. 资金的现值　　　　　　　　E. 资金的终值

9. 等额支付序列年金现值公式应满足的条件是（ ）。

A. 每次支付金额相等　　　　　　B. 支付期 n 中每期间隔相等

C. 每次支付金额可以不等　　　　D. 每次支付均发生在期初

E. 每次支付均发生在期末

二、判断题

1. 在相同的利率下，发生在不同时点的两笔数额不等的资金可能具有相同的价值。（ ）

2. 项目结束时回收的流动资金是现金流出。（ ）

3. 当一年中计息次数大于 1 时，实际利率低于名义利率。（ ）

4. $(A/F, i, n) = 1/(F/A, i, n)$。（ ）

5. 公积金贷款的计息周期为月，月利率为0.5%，则贷款的名义利率为6%。(　　)

三、简答题

1. 什么是现金流量图？如何绘制现金流量图？

2. 如何理解资金的时间价值？

3. 利息的计算方法有几种？如何计算？

4. 名义利率与实际利率的关系如何？

四、计算题

1. 某人在银行存款10 000元，存期10年，试计算下列两种方式下的本利和：(1) 单利，年利率为5%；(2) 复利，年利率为3%。

2. 一笔10万元的贷款，年利率为8%，要求每季度计息一次，问2年末的本利和为多少？

3. 某企业对投资收益率为10%的项目进行投资，期望5年后可获得1 000万元的收益，问现在应投资多少？

4. 某工程项目建设采用银行贷款，贷款数额为每年初贷款100万元，连续五年向银行贷款，年利率为10%，求5年贷款总额的现值及第5年末的未来值各为多少？

5. 某房地产企业向银行贷款，第1年年初贷款100万元，第2年年初贷款200万元，年利率为6%，问第5年年末应还给银行多少万元？

6. 小李于2014年6月毕业于某高校，毕业后每月工资5 000元，小李计划5年后购置一套商品房，为了实现自己的目标，小李计划每月末往银行存入2 000元作为自己的购房基金，年利率为6%，问5年后能够积累多少购房基金？

7. 某企业购置一台设备，设备投产后第一年的折旧为5万元，以后每年的折旧会在前一年的基础上增加1%，年利率为5%，则10年末该设备的折旧总额是多少？

8. 某人年初从银行贷款100万元，并与银行商定从第3年开始每年年末偿还15万元，若年利率为8%，那么该人在第几年能还清贷款？

9. 现有一投资项目，如果现在投资100万元，10年后可一次性获得200万元，求该项目的收益率为多少？

10. 某家庭计划购买一套住宅，单价为12 000元/平方米，该家庭月收入为10 000元，其中40%可用来支付房款，银行可为该家庭提供20年期的住房抵押贷款，贷款年利率为5.5%，抵押贷款价值的比例最大为75%，问该家庭最多可以购买多少平方米的住宅？

五、案例分析

个人房贷新利率昨日起执行

2012年1月1日起，部分涉及民生的法规规章正式施行，将给市民生活带来一定影响，特别是房贷利率调整。

2011年，央行在2月9日、4月6日和7月7日三次加息，这就意味着大多数的贷款者将从2012年1月1日起按新利率还贷了，月供族将要背负更重的利息负担。

按照新利率，到底月供族要多还多少？按年初 6.40% 基准利率计算，办理 100 万元的贷款、期限 20 年，采取等额本息还款方式，那么月供需 7 397 元，20 年需支付利息总额为 77.53 万元；若按新利率 7.05% 计算，月供需 7 783 元，支付利息总额 86.79 万元。即每月将多还利息 386 元，共需多付利息 9.27 万元。明年怎么向银行贷款更加划算呢？业内人士表示还是公积金贷款。目前公积金贷款利率为 4.9%，商业贷款的利率为 7.05%，相差 2.15 个百分点。

目前房价有所下降，对于资金实力强的全额购房市民，是一个入手的好机会，毕竟房价已低下高傲的头颅。但如果是打算贷款购房的月供族，需要仔细斟酌，因为目前房价的确有所下降，但首付和利率都涨到历史高峰，房贷成本已相当高，下降的房价部分能不能冲抵这些增加的成本部分是个疑问。

问题：

文中提到"按年初 6.40% 基准利率计算，办理 100 万元的贷款、期限 20 年，采取等额本息还款方式，那么月供需 7 397 元"，请写出"月供 7 397 元"的计算过程。

第 **4** 章

工程项目经济评价指标

☞ **本章导读**

本章主要介绍工程项目经济评价指标。通过本章的学习，要求学生掌握各种静态、动态经济评价指标的概念、计算和判别准则；熟悉现金流量表的概念及种类；了解项目计算期、基准收益率的概念。

☞ **专有名词**

投资回收期　净现值　内部收益率　净年值

4.1　工程项目经济评价概述

4.1.1　工程项目经济评价指标

经济评价是工程项目评价的核心内容，其目的在于保证投资决策的正确性和科学性，降低工程项目投资风险，提高工程项目投资的综合经济效益。因此，选择正确的经济评价指标是非常重要的。

工程项目经济评价指标是多种多样的，它们从不同角度反映项目的经济性。本书所介绍的仅是那些重要而又在实际工程中经常用到的指标。这些指标主要分为两大类：一类是静态评价指标，如投资收益率、静态投资回收期等，这类指标的特点是不考虑资金的时间价值，因而计算简便、直观，便于理解，但不够准确，主要用于经济数据不齐全的项目初选阶段及可行性研究初始阶段的粗略分析和评价；另一类是动态评价指标，如净现值、净年值、内部收益率等，这类指标的特点是考虑了资金的时间价值，而且考察了项目在整个计算期内的收入与支出的全部经济数据，因此这类指标更加全面、科学，主要用于项目的详细可行性研究及最终决策阶段。

4.1.2　项目计算期

对工程项目或技术方案进行分析和评价时，往往都是根据项目或方案特定时期内的现金流量展开的。因此，在进行经济评价之前应该了解项目的计算期。

项目计算期是指工程项目从开始投资建设起至项目报废为止所经历的时间，它是对拟建项目进行现金流量分析时应确定的服务年限。项目计算期包括建设期和运营期两个阶段，具体如图 4-1 所示。

图 4-1　项目计算期

项目建设期是指从项目开始施工至全部建成投产所需要的时间。建设期的长短与项目投资规模、行业性质及建设方式有关，要根据项目的实际情况进行确定。一般来说，在项目建设期内只有投资，很少有产出，所以从投资成本及获利的角度分析，在保证工程项目质量的前提下，应尽可能缩短项目建设期。

项目运营期是指从项目建成投入使用起至项目报废为止所经历的时间。运营期又包括投产期和达产期两个阶段。投产期是指从项目投入生产开始直至达到设计生产能力时所需要的时间，而达到设计生产能力后的时间称为达产期。项目运营期应该根据项目的性质、技术水平及实际服务期的长短来确定。通常工业项目的运营期是根据固定资产综合折旧寿命期来确定的，一般不超过 20 年，而某些水利、交通等特殊项目的运营可延长至 25 年，甚至 30 年以上。

项目计算期的确定是否合理，对工程项目经济评价有很大的影响。当项目计算期太短时，就有可能在对项目进行比选时错过一些具有很大潜在盈利机会的投资项目；当项目计算期太长时，由于经济情况发生变化的可能性较大，从而会大大提高计算误差。因此，在对工程项目进行经济评价和决策过程中应该合理地确定项目计算期。

4.1.3　现金流量表

现金流量表是指能够直观、清楚地反映项目在整个计算期内不同时点上现金流量的一种表格。运用现金流量表可以进行现金流量分析，计算各种动态和静态评价指标，是对项目进行经济效果评价的重要工具。

根据投资计算基础的不同，现金流量表可以分为项目投资现金流量表、项目资本金现金流量表和投资各方现金流量表。

1. 项目投资现金流量表

项目投资现金流量表又称全部投资现金流量表，如表 4-1 所示。该表是指在不分投资资金来源的情况下，以全部投资作为计算基础，用以计算项目投资所得税前及所得税后的投资回收期、净现值和内部收益率等评价指标，考察项目全部投资的盈利能力。

表 4-1　项目投资现金流量表　　　　　　　　　　　　　　　　　单位：万元

序号	项　　目	合　计	计　算　期			
			1	2	…	n
	生产负荷/%					
1	现金流入					
1.1	营业收入					
1.2	补贴收入					

续表

序号	项 目	合 计	计 算 期			
			1	2	…	n
1.3	回收固定资产余值					
1.4	回收流动资金					
2	现金流出					
2.1	固定资产投资					
2.2	流动资金投资					
2.3	经营成本					
2.4	营业税金及附加					
2.5	维持运营投资					
3	所得税前净现金流量（1-2）					
4	累计所得税前净现金流量					
5	所得税					
6	所得税后净现金流量（3-5）					
7	累计所得税后净现金流量					

2. 项目资本金现金流量表

项目资本金现金流量表又称自有资金现金流量表，如表 4-2 所示。该表是从投资者的角度出发，以投资者的出资额作为计算基础，把借款本金偿还和借款利息支付作为现金流出，用以计算资本金投资回收期、净现值和内部收益率等评价指标，考察项目资本金的盈利能力。

表 4-2　项目资本金现金流量表　　　　　　　　　　单位：万元

序号	项 目	合 计	计 算 期			
			1	2	…	n
	生产负荷/%					
1	现金流入					
1.1	营业收入					
1.2	补贴收入					
1.3	回收固定资产余值					
1.4	回收流动资金					
2	现金流出					
2.1	项目资本金					
2.2	借款本金偿还					
2.3	借款利息支付					
2.4	经营成本					
2.5	营业税金及附加					
2.6	维持运营投资					
2.7	所得税					
3	净现金流量（1-2）					

3. 投资各方现金流量表

投资各方现金流量表如表 4-3 所示。该表是以投资各方的出资额作为计算基础，以各方因该项目的实施实际获得的各种收入作为现金流入，以各方因该项目的实施实际投入的各种支出作为现金流出，编制各方的财务现金流量表，用于计算投资各方的投资收益率。

表 4-3　投资各方现金流量表　　　　　　　　　　单位：万元

序号	项　　目	合　　计	计　算　期			
			1	2	…	n
1	现金流入					
1.1	实分利润					
1.2	资产处置收益分配					
1.3	租赁费收入					
1.4	技术转让或使用收入					
1.5	其他现金流入					
2	现金流出					
2.1	实缴资本					
2.2	租赁资产支出					
2.3	其他现金流出					
3	净现金流量（1-2）					

4.1.4　基准收益率

基准收益率又称为目标收益率、期望收益率，是指投资项目可以被投资者接受的最低收益率。影响基准收益率的因素主要有资金成本、投资的机会成本、投资风险和通货膨胀率等。

1. 资金成本

资金成本是指企业筹集和使用资金而付出的代价。通常所说的资金成本是指单位资金成本，用百分数表示，它是确定基准收益率必须考虑的因素。项目实施后所获利润额必须能够补偿资金成本，然后才能有利可言，因此基准收益率的最低限额不应低于项目的资金成本，否则便无利可图。关于资金成本的计算详见本书第 8 章。

2. 投资的机会成本

投资的机会成本是指投资者将有限的资金用于特定投资项目而放弃的其他投资机会所造成的损失，这个损失等于所放弃的其他投资机会中所获得的最大收益。因此，项目的收益率必须大于它的机会成本，否则便应选择其他项目。

3. 投资风险

投资风险是指在项目计算期内，由于各种不确定因素的影响，投资者面临的收益损失甚至本金损失的风险。为了补偿可能发生的损失，投资者要求获得一个适当的风险补贴率，项目的投资风险越大，要求的风险补贴率越高。

4. 通货膨胀率

在通货膨胀的影响下，各种原材料等成本支出都会上涨。因此，为了评价拟建项目在未来真实的经济效果，在确定基准收益率时，要结合市场经济状况和项目特点，选择一个合适的通货膨胀率。

基准收益率是项目内部收益率指标的基准判据，也是项目在财务上是否可行的最低要求，还是用作计算项目净现值的折现率。因此，基准收益率确定得是否合理，对决策项目在财务上是否可行至关重要。对基准收益率设立的原则规定：如果有行业发布的本行业基准收益率，即以其作为项目的基准收益率；如果没有行业规定，则由项目评价人员设定。设定方法：一是参考本行业一定时期的平均收益水平并考虑项目的风险系数确定；二是按项目占用的资金成本加一定的风险系数确定。

4.2 静态评价指标

静态评价指标是在不考虑资金时间价值的情况下，对工程项目在计算期内的现金流量进行分析、计算、评价的方法。常用的静态评价指标有投资收益率和静态投资回收期。

4.2.1 投资收益率

1. 投资收益率的概念

投资收益率是指项目在正常生产年份的年净收益额与投资总额的比率，它表明投资项目在正常生产年份中单位投资所创造的净收益额。对各年的净收益额变化幅度较大的项目，可计算年平均净收益额与投资总额的比率。投资收益率的计算公式为：

$$R = \frac{A}{I} \times 100\% \tag{4-1}$$

式中：R——投资收益率；

I——投资总额，通常指全部投资额或投资者的权益投资额；

A——正常年份的年净收益额或年平均净收益额。

2. 投资收益率的判别准则

用投资收益率对项目进行经济评价时，需要将计算所得的项目投资收益率与同类项目的历史数据及投资者意愿等确定的基准投资收益率进行比较。设基投资收益率为 R_b，判别准则为：当 $R \geqslant R_b$ 时，项目可以考虑接受；当 $R < R_b$ 时，项目应予以拒绝。

【例 4-1】 某工程项目投资总额为 3 000 万元，工程建成投产后年平均净收益为 1 200 万元，设基准投资收益率为 25%，试用投资收益率判断项目的可行性。

解：

$$R = \frac{A}{I} \times 100\% = \frac{1\ 200}{3\ 000} \times 100\% = 40\%$$

由于 40% > 25%，即 $R > R_b$，因此该项目是可行性。

3. 投资收益率的类型

在实际评价过程中，根据分析的目的不同，投资收益率又具体分为投资利润率、资本金利润率等。

1）投资利润率

投资利润率是指项目在正常生产年份的年利润总额或年平均利润总额与投资总额的比

率。其计算公式为：

$$R_Z = \frac{Z}{I} \times 100\% \qquad (4-2)$$

式中：R_Z——投资利润率；

$\quad\quad Z$——正常年份的年利润总额或年平均利润总额。

其中，年利润总额＝年产品销售收入－年总成本费用－年销售税金及附加。

用投资利润率对项目进行经济评价时，需要将计算所得的项目投资利润率与行业的平均投资利润率进行比较，以判断项目单位投资盈利能力是否达到行业的平均水平。

【例 4-2】　某工程项目投资估算总额为 85 000 万元，投产后前 3 年的年利润总额分别为 3 156 万元、4 105 万元、4 590 万元，以后 15 年的年利润总额保持在 6 015 万元不变，试计算该项目的投资利润率。

解：

（1）按年利润总额计算：

$$R_Z = \frac{Z}{I} \times 100\% = \frac{6\ 015}{85\ 000} \times 100\% = 7.08\%$$

（2）按年平均利润总额计算：

$$R_Z = \frac{Z}{I} \times 100\% = \frac{(3\ 156 + 4\ 105 + 4\ 590 + 6\ 015 \times 15)/18}{85\ 000} \times 100\%$$

$$= \frac{5\ 670.89}{85\ 000} \times 100\% = 6.67\%$$

2）资本金利润率

资本金利润率是指项目在正常生产年份的年利润总额或年平均利润总额与项目资本金的比率。其计算公式为：

$$R_C = \frac{Z}{C} \times 100\% \qquad (4-3)$$

式中：R_C——资本金利润率；

$\quad\quad C$——项目资本金。

资本金利润率反映了投资者每元投资所取得的利润，资本金利润率越高，说明资本金的利用效果越好，盈利能力越强；反之，则说明资本金的利用效果不佳，盈利能力较弱。

4. 投资收益率的优缺点

投资收益率的优点是计算公式较为简单，在一定程度上反映了投资效果的优劣，能适用于各种投资规模的方案；缺点是没有考虑资金的时间价值，忽视了资金具有时间价值的重要性，且在正常生产年份的选择上主观随意性强，往往带有一定的不确定性和人为因素。因此，在对项目进行经济评价时，投资收益率一般不作为主要决策依据，而是作为一个辅助性评价指标。

4.2.2　静态投资回收期

投资回收期是指以项目的净收益收回全部投资所需的时间，通常是从项目建设开始年算起，一般以年为单位，若从项目投产开始算起时，应予以特别说明。按照是否考虑资金的时间价值，投资回收期可以分为静态投资回收期和动态投资回收期。

1. 静态投资回收期的概念

静态投资回收期是指在不考虑资金时间价值的情况下，以项目的净收益收回全部投资所需要的时间。其表达式为：

$$\sum_{t=0}^{P_t} (CI - CO)_t = 0 \tag{4-4}$$

式中：P_t——静态投资回收期；

  CI——现金流入量；

  CO——现金流出量；

  $(CI-CO)_t$——第 t 年的净现金流量。

大多数情况下，静态投资回收期并不是整数，所以在实际计算过程中，需要借助项目现金流量表来进行计算，具体如表4-4所示。

表4-4　现金流量表
单位：万元

项　　目	年　　份						
	0	1	2	3	4	…	n
现金流入量	0	0	200	300	300	…	300
现金流出量	1 000	1 000	50	60	60	…	80
净现金流量	-1 000	-1 000	150	240	240	…	220
累计净现金流量	-1 000	-2 000	-1 850	-1 610	-1 370	…	780

表中累计净现金流量等于零的年份，即为项目投资全部收回的年份。具体的计算公式为：

$$P_t = (累计净现金流量开始出现正值的年份数 - 1) + \frac{上年累计净现金流量的绝对值}{当年净现金流量}$$

(4-5)

2. 静态投资回收期的判别准则

用静态投资回收期对项目进行经济评价时，需要将计算所得到的项目静态投资回收期与同类项目的历史数据及投资者意愿等确定的基准静态投资回收期进行比较。设基准静态投资回收期为 P_b，判别准则为：当 $P_t \leqslant P_b$ 时，项目可以考虑接受；当 $P_t > P_b$ 时，项目应予以拒绝。

【例4-3】　某投资方案各年的现金流量如图4-2所示，假设基准静态投资回收期为4年，试计算该项目的静态投资回收期并判断该方案是否可行。

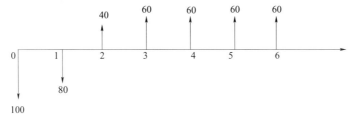

图4-2　投资方案现金流量图

解：

根据该方案的现金流量图画出其现金流量表，并计算各年的累计净现金流量，如表 4-5 所示。

表 4-5　投资方案现金流量表　　　　　　　　　单位：万元

项　目	年　份						
	0	1	2	3	4	5	6
净现金流量	-100	-80	40	60	60	60	60
累计净现金流量	-100	-180	-140	-80	-20	40	100

根据公式（4-5）可以得出：

$$P_t = （累计净现金流量开始出现正值的年份数 - 1）+ \frac{上年累计净现金流量的绝对值}{当年净现金流量}$$

$$= (5 - 1) + \frac{|-20|}{60} = 4.33（年）$$

由于 4.33>4，即 $P_t > P_b$，因此该方案是不可行的。

3. 静态投资回收期的优缺点

静态投回收期的优点是能够直观地反映项目投资的返本期限，便于理解，计算简单。此外，该指标在一定程度上还能反映项目的风险大小。工程项目在前期决策阶段面临着很多风险，随着时间的延长这种风险会增加，为了降低风险，投资者就希望投资回收期越短越好。因此，静态投资回收期在项目评价中具有重要的地位，被广泛用做工程项目评价的辅助性指标。静态投资回收期的缺点也是显而易见的。首先，该指标忽略了资金的时间价值；其次，该指标仅以投资回收速度的快慢作为决策依据，没有考虑投资回收期之后各年的收入和支出，所以不能全面反映工程项目在整个计算期内的现金流量。

4.3　动态评价指标

动态评价指标是指在考虑资金时间价值的情况下，将工程项目在整个计算期内不同时期的现金流入量和现金流出量，换算成同一时点的现金流量进行分析、计算、比较，为不同项目的经济比较提供了相同的基础。常用的动态评价指标有：动态投资回收期、净现值、净年值和内部收益率。

4.3.1　动态投资回收期

1. 动态投资回收期的概念

动态投资回收期是指在考虑资金时间价值的情况下，按照设定的基准收益率（基准折现率），以项目的净收益收回全部投资所需要的时间。其表达式为：

$$\sum_{t=0}^{P_t^*} (CI - CO)_t (1 + i_0)^{-t} = 0 \tag{4-6}$$

式中：i_0——基准收益率（或基准折现率）；

P_t^*——动态投资回收期。

与静态投资回收期一样，在计算动态投资回收期时也需要借助于现金流量表，具体如表4-6所示。

表4-6　现金流量表（$i_0 = 10\%$）　　　　单位：万元

项　目	年　份						
	0	1	2	3	4	…	n
现金流入量	0	0	200	300	300	…	300
现金流出量	1 000	1 000	50	60	60	…	80
净现金流量	-1 000	-1 000	150	240	240	…	220
净现金流量现值	-1 000	-909.09	123.97	180.32	163.92	…	52.67
累计净现金流量现值	-1 000	-1 909.09	-1 785.12	-1 604.80	-1 440.88	…	102.32

表中累计净现金流量现值等于零的年份，即为项目投资全部收回的年份。具体的计算公式为：

$$P_t^* = （累计净现金流量现值开始出现正值的年份数 - 1） + \frac{上年累计净现金流量现值的绝对值}{当年净现金流量现值} \tag{4-7}$$

2. 动态投资回收期的判别准则

用动态投资回收期对项目进行经济评价时，需要将计算所得到的项目动态投资回收期与同类项目的历史数据及投资者意愿等确定的基准动态投资回收期进行比较。设基准动态投资回收期为P_b^*，判别准则为：当$P_t^* \leqslant P_b^*$时，项目可以考虑接受；当$P_t^* > P_b^*$时，项目应予以拒绝。

【例4-4】　某工程项目各年的净现金流量如表4-7所示，基准收益率为12%，试计算该项目的动态投资回收期。

表4-7　某工程项目现金流量表　　　　单位：万元

项　目	年　份							
	0	1	2	3	4	5	6	7
净现金流量	-60	-80	30	40	60	60	60	60

解：

根据项目的现金流量表，按照给定的基准收益率12%，计算各年的净现金流量现值和累计净现金流量现值，如表4-8所示。

表4-8　例4-4的现金流量表　　　　单位：万元

项　目	年　份							
	0	1	2	3	4	5	6	7
净现金流量	-60	-80	30	40	60	60	60	60
净现金流量现值	-60	-71.429	23.916	28.471	38.131	34.046	30.398	27.141
累计净现金流量现值	-60	-131.429	-107.513	-79.042	-40.911	-6.865	23.533	50.674

根据公式（4-7）可以得出：

$$P_t^* = （累计净现金流量现值开始出现正值的年份数 - 1） + \frac{上年累计净现金流量现值的绝对值}{当年净现金流量现值}$$

$$= 6 - 1 + \frac{|-6.865|}{30.398} = 5.23（年）$$

则该项目的动态投资回收期为 5.23 年。

3. 动态投资回收期的优缺点

动态投资回收期除了考虑资金的时间价值外，它具有与静态投资回收期相同的特点，在实际应用过程中也只能作为一个辅助性评价指标。

4.3.2　净现值

1. 净现值的概念

净现值（Net Present Value）是对工程项目进行经济评价时最重要的指标之一，它是指按照预期的基准收益率（或基准折现率）将项目在整个计算期内各年发生的净现金流量折算到同一时点（通常是期初）的所有现值的代数和。净现值的计算公式为：

$$NPV = \sum_{t=0}^{n} (CI - CO)_t (1 + i_0)^{-t} \tag{4-8}$$

式中：NPV——净现值；

n——项目计算期。

2. 净现值的判别准则

从式（4-8）可知，当 NPV＝0 时，说明项目所达到的收益和预期目标恰好相等；当 NPV>0 时，说明除了保证项目的预期收益外，还有超额收益；当 NPV<0 时，说明项目没有达到预期的基准收益率，但并一定亏损。因此，用净现值对单个工程项目进行评价的判别准则是：当 NPV≥0 时，项目可以考虑接受；当 NPV<0 时，项目应予以拒绝。

【例 4-5】　某投资项目的数据如表 4-9 所示，基准收益率为 10%，计算该项目的净现值，并判断该项目是否可行。

表 4-9　某投资项目的现金流量表　　　　　　　　　单位：万元

项　　目	年　份		
	0	1	2～10
净现金流量	-2 500	-2 000	1 200

解：

画出现金流量图，如图 4-3 所示。

结合图 4-3，根据公式（4-8）可得：

$$NPV = -2\,500 - 2\,000(P/F,10\%,1) + 1\,200(P/A,10\%,9)(P/F,10\%,1)$$

$$= -2\,500 - \frac{2\,000}{1+10\%} + 1\,200\frac{(1+10\%)^9 - 1}{10\%(1+10\%)^9}\frac{1}{1+10\%} = 1\,964.39（万元）$$

由于 NPV>0，所以该项目是可行的。

净现值也可以通过现金流量表来计算，如表 4-10 所示。

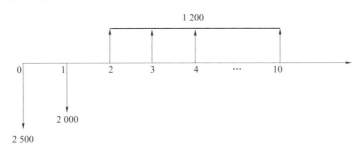

图 4-3   例 4-5 的现金流量图

表 4-10   例 4-5 的现金流量表   单位：万元

年份	净现金流量 ①	现值系数 $(P/F, 10\%, t)$ ②	净现金流量现值 ③=①×②	累计净现金流量现值 ④=Σ③
0	-2 500	1.000 0	-2 500	-2 500
1	-2 000	0.909 1	-1 818.2	-4 318.2
2	1 200	0.826 4	991.68	-3 326.52
3	1 200	0.751 3	901.56	-2 424.96
4	1 200	0.683 0	819.6	-1 605.36
5	1 200	0.620 9	745.08	-860.28
6	1 200	0.564 5	677.4	-182.88
7	1 200	0.513 2	615.84	432.96
8	1 200	0.466 5	559.8	992.76
9	1 200	0.424 1	508.92	1 501.68
10	1 200	0.385 5	462.6	1 964.28

通过表 4-10 可知，第 10 年末的累计净现金流量现值为 1 964.28 万元，即该项目的净现值为 1 964.28 万元，与根据公式（4-8）计算的结果是一致的。

3. 净现值函数

从净现值的计算公式（4-8）可知，当项目的净现金流量确定的情况下，净现值 NPV 会随着折现率 i 的增加而减少，若 i 连续变化，可得出净现值 NPV 随折现率 i 变化的函数，此函数即为净现值函数。

例如，某工程项目初始投资 2 000 万元，第 1 年末至第 4 年末每年年末的净现金流量为 800 万元，根据公式（4-8）可知项目的净现值为：

$$NPV = -2\ 000 + 800(P/A, i, 4) = -2\ 000 + 800\frac{(1+i)^4 - 1}{i(1+i)^4}$$

则该项目的净现值 NPV 随折现率 i 变化而变化的关系如表 4-11 所示。

表 4-11   净现值函数

折现率（i）	0	10%	20%	21.86%	30%	40%	∞
NPV(i)/万元	1 200	535.89	70.99	0	-267.01	-520.62	-2 000

根据表 4-11 中的数据，以横坐标表示折现率 i，纵坐标表示净现值 NPV，则可以绘制出净现值函数曲线，如图 4-4 所示。

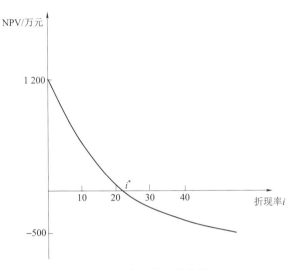

图 4-4　净现值函数曲线

从图 4-4 可以看出净现值函数曲线具有以下特点。

（1）同一净现金流量的净现值随着折现率 i 的增加而减少，因此，当基准折现率 i_0 取值的很高时，项目被接受的可能性就比较小。

（2）随着 i 的增大净现值由正值变为负值，因此，必然会有当 i 为某一数值 i^* 时，使得净现值 NPV $=0$。如图 4-4 所示，当 $i < i^*$ 时，NPV$(i)>0$；当 $i > i^*$ 时，NPV$(i)<0$；只有当净现值函数曲线与横坐标相交时（即图 4-4 中 $i^* = 21.86\%$），NPV $(i) = 0$。i^* 是一种具有重要意义的折现率，后面会对它进行详细分析。

4. 净现值率

在运用净现值对工程项目进行经济评价时，为了考察投资资金的利用效率，通常用净现值率作为净现值的辅助指标。所谓净现值率，是指项目的净现值与投资总额现值之比。其计算公式为：

$$\text{NPVR} = \frac{\text{NPV}}{\sum_{t=0}^{n} I_t (1 + i_0)^{-t}} \tag{4-9}$$

式中：NPVR——净现值率；

I_t——第 t 年的投资额。

净现值率的经济含义是在预期的基准收益率下，单位投资现值所取得的净现值额，也就是单位投资现值所取得的超额净收益。

对于单个工程项目而言，净现值率的判别准则与净现值相同：当 NPVR $\geqslant 0$，项目可以考虑接受；当 NPVR<0 时，项目应予以拒绝。

【例 4-6】　某物流项目第 1 年初和第 2 年初的投资均为 2 000 万元，该项目从第 2 年年末起的 6 年中，每年末都能获得 1 400 万元的净收益，基准收益率为 10%，试用净现值率指标评价项目的可行性。

解：

画出现金流量图，如图 4-5 所示。

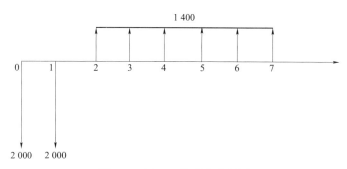

图 4-5   例 4-6 的现金流量图

根据公式（4-8）可得项目的净现值为：

$$NPV = -2\,000 - 2\,000(P/F,10\%,1) + 1\,400(P/A,10\%,6)(P/F,10\%,1)$$
$$= -2\,000 - \frac{2\,000}{1+10\%} + 1\,400 \times \frac{(1+10\%)^6 - 1}{10\%(1+10\%)^6} \times \frac{1}{1+10\%} = 1\,724.88$$

根据公式（4-9）可得项目的净现值率为：

$$NPVR = \frac{1\,724.88}{2\,000 + 2\,000(1+10\%)^{-1}} = 0.45$$

因为 0.45>0，即 NPVR>0，所以该物流项目是可以接受的。

5. 净现值的优缺点

首先，净现值不仅考虑了资金的时间价值，而且运用了投资项目在整个计算期的现金流量，更能够全面地反映项目的经济状况；其次，净现值直接以货币额表示项目的净收益，经济意义更加明确。净现值的缺点是需要确定一个符合经济现实的基准收益率，而基准收益率的确定往往是比较困难的。

4.3.3   净年值

1. 净年值的概念

净年值是年度等值的简称，是指按照基准收益率（基准折现率）将项目计算期内的净现金流量折算成与其等值的等额支付序列的年金。其计算公式为：

$$NAV = NPV(A/P,i,n) \qquad\qquad (4-10)$$

式中：NAV——净年值。

2. 净年值的判别准则

由公式（4-10）可知，当 NPV≥0 时，NAV≥0；当 NPV<0 时，NAV<0，因此净年值的判别准则与净现值的判别准则是相同的，即：当 NAV≥0，项目可以考虑接受；当 NAV<0 时，项目应予以拒绝。

净年值的经济含义是在预期的基准收益率下，项目在计算期内每年可以获得的超额净收益。

【例 4-7】　某投资方案的现金流量如图 4-6 所示，设基准收益率为 10%，试计算该方案的净年值，并判断该投资方案的可行性。

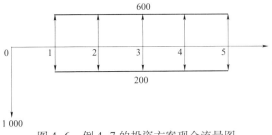

图 4-6　例 4-7 的投资方案现金流量图

解：

根据公式（4-10）可得方案的净年值为：

$$NAV = -1\ 000(A/P,10\%,5) + (600 - 200)$$

$$= -1\ 000\frac{10\%(1 + 10\%)^5}{(1 + 10\%)^5 - 1} + (600 - 200) = 136.20（万元）$$

因为 NAV>0，所以该方案是可行的。

对于特定的工程项目而言，净现值和净年值是等效的，无论采用哪一种指标，对项目的经济评价结论都是一致的。但在实际应用过程中，人们更多地习惯于用净现值，而净年值常用在计算期不等的互斥方案的经济比较中，有关内容详见本书第 5 章。

4.3.4　内部收益率

1. 内部收益率的概念

内部收益率（Internal Rate of Return），又称为内部报酬率，是除净现值以外的另一个重要的经济评价指标。它是指项目在计算期内各年净现金流量现值代数和等于零（即净现值等于零）时的折现率，即：

$$\sum_{t=0}^{n}(CI - CO)_t(1 + IRR)^{-t} = 0 \tag{4-11}$$

式中：IRR——内部收益率。

在图 4-4 中，随着折现率 i 的不断增大，净现值不断减小，当折现率增至 i^*，即 21.86% 时，项目的净现值为零，对于该项目而言，其内部收益率即为 21.86%。一般而言，内部收益率是净现值函数曲线与横坐标交点处的折现率。

2. 内部收益率的判别准则

内部收益率实际上反映的是项目全部投资所能获得的最大收益率，是项目可承受的最大贷款利率。换句话说，是指在项目的整个计算期内按利率 $i = IRR$ 计算，始终存在未能收回的投资，而在计算期结束时，投资恰好被完全收回。因此，内部收益率越高，表明项目的经济效益越好。

利用内部收益率对项目进行经济评价时，需要将计算求得的内部收益率 IRR 与行业基准收益率 i_0 进行比较，具体为：当 IRR≥i_0 时，项目可以考虑接受；当 IRR<i_0 时，项目应予以拒绝。

3. 内部收益率的计算

通过观察可以发现，公式（4-11）是一个高次方程，直接求解比较复杂，因此在实际应用过程中，通常采用"线性插值法"求 IRR 的近似解。

线性插值法求解 IRR 的基本思想如图 4-7 所示，净现值函数曲线与横坐标的交点即为内部收益率 IRR，当 $i_2 - i_1$ 足够小时，可以将曲线段 $\overset{\frown}{AB}$ 近似看成直线段 $\overline{AB}$，因此直线段 $\overline{AB}$ 与横坐标的交点 i^* 即为 IRR 的近似值。此时 $\triangle ACE$ 相似于 $\triangle BDE$，于是有：

$$\frac{i^* - i_1}{i_2 - i^*} = \frac{\text{NPV}(i_1)}{|\text{NPV}(i_2)|}$$

整理得：

$$\text{IRR} \approx i^* = i_1 + \frac{\text{NPV}(i_1)}{\text{NPV}(i_1) + |\text{NPV}(i_2)|}(i_2 - i_1) \tag{4-12}$$

由上式可以看出，IRR 的计算误差与 $(i_2 - i_1)$ 的大小有关，且 i_2 与 i_1 相差越大，误差会越大。为了控制误差，i_2 与 i_1 之差 $(i_2 - i_1)$ 一般不应超过 5%。

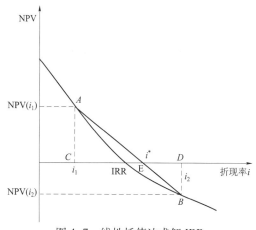

图 4-7　线性插值法求解 IRR

具体的求解过程如下。

（1）根据经验选定一个折现率 i，并计算该折现率所对应的净现值 NPV（i）。

（2）若 NPV(i)>0，则令 $i=i_1$，NPV(i)= NPV(i_1)，并适当增加 i_1 的数值，确定 i_2，使得 NPV(i_2)<0；若 NPV(i)<0，则令 $i=i_2$，NPV(i)= NPV(i_2)，并适当减小 i_2 的数值，确定 i_1，使得 NPV(i_1)>0。

（3）运用线性插值法公式求出 IRR。

【例 4-8】　某工程项目的净现金流量如表 4-12 所示，若基准收益率为 12%，试计算该项目的内部收益率并判断该项目是否可行。

表 4-12　项目净现金流量表　　　　　　　　　　　　　　　　　单位：万元

项　　目	年　份					
	0	1	2	3	4	5
净现金流量	−1 000	−800	500	500	500	1 200

解:

画出现金流量图,如图 4-8 所示。

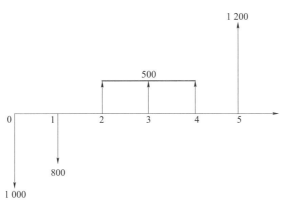

图 4-8　例 4-8 的现金流量图

(1) 根据公式 (4-8) 可得该项目净现值的计算公式为:

$$\text{NPV}(i) = -1\,000 - 800(P/F, i, 1) + 500(P/A, i, 3)(P/F, i, 1) + 1\,200(P/F, i, 5)$$

$$= -1\,000 - \frac{800}{1+i} + 500\frac{(1+i)^3 - 1}{i(1+i)^3}\frac{1}{(1+i)} + \frac{1\,200}{(1+i)^5}$$

(2) 首先选定 $i = 12\%$,并计算其对应的净现值:

$$\text{NPV}(12\%) = -1\,000 - \frac{800}{1+12\%} + 500\frac{(1+12\%)^3 - 1}{12\%(1+12\%)^3}\frac{1}{(1+12\%)} + \frac{1\,200}{(1+12\%)^5}$$

$$= 38.87 > 0$$

因此,令 $i_1 = 12\%$, $\text{NPV}(i_1) = 38.87$。

(3) 适当增加 i_1,确定 i_2,令 $i_2 = 13\%$,并计算其对应的净现值:

$$\text{NPV}(13\%) = -1\,000 - \frac{800}{1+13\%} + 500\frac{(1+13\%)^3 - 1}{13\%(1+13\%)^3}\frac{1}{(1+13\%)} + \frac{1\,200}{(1+13\%)^5}$$

$$= -11.89 < 0$$

因此,令 $i_2 = 13\%$, $\text{NPV}(i_2) = -11.89$。

(4) 根据公式 (4-12) 可得:

$$\text{IRR} = i_1 + \frac{\text{NPV}(i_1)}{\text{NPV}(i_1) + |\text{NPV}(i_2)|}(i_2 - i_1)$$

$$= 12\% + \frac{38.87}{38.87 + |-11.89|}(13\% - 12\%) = 12.77\%$$

由于 12.77%>12%,即 $\text{IRR} > i_0$,因此该项目是可行的。

4. 内部收益率的适用范围

本书所讨论的内部收益率仅适用于"常规项目"的经济评价,这类项目的净现值函数曲线如图 4-4 所示。所谓常规项目,是指项目的净现金流量从计算期初净现金流量一般是负值,项目进入运营期后,净现金流量就变为正值,即计算期内净现金流量的符号变化一次且由负变正的项目。因此,在实际项目中,绝大多数投资项目都属于常规项目,只要项目的累计净现金流量大于零，内部收益率就有唯一解，此时就可以采用内部收益率对项目进行经济评价。

5. 内部收益率的优缺点

内部收益率的优点是：第一，考虑了资金的时间价值及项目在整个计算期内的现金流量；第二，不需要像净现值那样事先确定一个基准收益率或折现率，而只需知道基准收益率的大致范围；第三，能够直观反映项目的最大盈利能力或最大利息偿还能力。

但在使用内部收益率对投资项目进行评价时也存在一定的局限性。

（1）以下两种情况不能使用内部收益率评价指标。首先，如果项目只有现金流入或现金流出时，此时就不存在明确经济意义的内部收益率；其次，当项目的净现金流量的正负号改变不止一次时，就会出现多个内部收益率（若符号改变 1 次，则有 1 个内部收益率；若符号改变 2 次，则有 2 个内部收益率；若符号改变 n 次，则有 n 个内部收益率，此规律称为"狄斯卡尔符号规则"）。如图 4-9 所示，符号改变 4 次，此时有 4 个内部收益率，此时就不能使用内部收益率去评价项目。

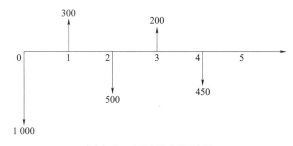

图 4-9 项目现金流量图

（2）由于内部收益率是根据项目自身现金流量计算出来的，而不是专门给定的，所以内部收益率不能直接反映资金价值的大小。

（3）如果只根据内部收益率对工程项目进行评价，可能会使那些投资比较大，内部收益率较小，而净收益很高、对国民经济有重大影响的项目落选。因此，内部收益率指标经常与净现值指标结合起来使用。

综上所述，动态投资回收期、净现值、净年值及内部收益率四个动态评价指标各有优点与不足，在实践过程中要根据项目的特点灵活选用。

练 习题))))

一、选择题

1. 某投资方案的动态投资回收期为 5 年，基准动态投资回收期为 6 年，则该方案（　　）。

A. 可行　　　　　B. 不可行　　　　　C. 无法确定　　　　　D. 以上答案均不对

2. 当项目的净现金流量给定时，则项目的净现值会随着折现率 i 的增加而（　　）。

A. 增大　　　　　B. 减少　　　　　C. 不变　　　　　D. 在一定范围内波动

3. 在项目计算期内，使项目净现值等于零时的折现率称为（　　）。

A. 内部收益率　　　　　　　　　　B. 基准收益率

C. 投资收益率　　　　　　　　　　D. 净现值率

4. 净现值率是用项目的净现值与（　　　）的比值。

A. 投资总额　　　　　　　　　　　B. 利润总额

C. 投资总额现值　　　　　　　　　D. 利润总额现值

5. 某项目第 6 年末的累计净现金流量现值为零，则该项目的动态投资回收期为
（　　　）。

A. 大于 6 年　　　　B. 小于 6 年　　　　C. 等于 6 年　　　　D. 等于 5 年

6. 若某投资方案当 $i_1 = 15\%$ 时，净现值为 56 万元；$i_2 = 18\%$ 时，净现值为 -44 万元。则
该方案的内部收益率为（　　　）。

A. 16.68%　　　　B. 17.65%　　　　C. 15.46%　　　　D. 18.43%

7. 某项目的内部收益率为 16%，基准收益率为 18%，则该项目（　　　）。

A. 可行　　　　　　B. 不可行　　　　C. 无法确定　　　　D. 以上答案均不对

8. 动态评价指标包括（　　　）。

A. 净现值　　　　B. 投资收益率　　　　C. 投资利润率

D. 内部收益率　　　　E. 净年值

9. NPV、NAV 同为经济效果评价指标，下列有关表述正确的是（　　　）。

A. 二者总是同为正或同为负

B. 二者在计算过程中均考虑了资金的时间价值

C. 二者在方案评价时能得出相同的结论

D. 在计算期不同的互斥方案比选时，NPV 比 NAV 更合适

E. 对单个项目进行评价时，人们更习惯于运用 NAV

二、判断题

1. 项目计算期是指工程项目从建成投产起直至项目报废为止所经历的时间。（　　　）

2. 投资利润率属于静态评价指标。（　　　）

3. 按是否考虑资金的时间价值，投资回收期可以分为静态投资回收期和动态投资回收
期。（　　　）

4. 某项目第 5 年的累计净现金流量为零，则该项目的静态投资回收期一定小于 5 年。
（　　　）

5. 当项目的净现值小于零时，说明项目一定发生了亏损。（　　　）

三、简答题

1. 简述投资收益率的概念及类型。

2. 简述静态投资回收期的概念及判别准则。

3. 如何用净现值对方案进行评价？净现值有何优缺点？

4. 什么是内部收益率？有何经济意义？

5. 净现值函数的特点是什么？

四、计算题

1. 某工程项目总投资为 750 万元,正常年份的销售收入为 500 万元,年销售税金为 10 万元,年经营成本为 190 万元,试计算该项目的投资利润率。

2. 某项目各年的现金流量如表 4-13 所示,基准静态投资回收期为 6 年,试根据静态投资回收期判断该项目是否可行?

表 4-13 某项目的现金流量表   单位:万元

项 目	年 份			
	0	1～3	4～8	9
投资	1 800			
销售收入		300	380	400
经营成本		100	120	130

3. 某投资项目,期初投资 2 000 万元,两年后建成并开始投产,投产后每年末的净收益为 400 万元,生产期为 13 年,第 15 年末的残值为 200 万元,假设基准收益率为 10%,试计算该项目的净现值,并判断该项目是否可行。

4. 某拟建项目,第 1 年初投资 120 万元,第 2 年初追加投资 100 万元,从第 3 年末起至第 8 年末,每年末可获得净收益 120 万元,假设残值为 0,基准收益率为 12%,试用内部收益率来判断项目是否可行。

5. 某投资项目各年的净现金流量如表 4-14 所示,基准收益率为 12%,试计算该项目的动态投资回收期、净现值、净现值率和内部收益率。

表 4-14 某投资项目现金流量表   单位:万元

项 目	年 份			
	0	1	2	3～10
净现金流量	−1 000	−1 500	−1 200	1 550

五、案例分析

ABC 物流总部基地项目经济评价案例

1. 项目概况

ABC 物流总部基地项目规划开发建设机械加工园、钢铁物流园及总部基地,该项目占地面积 219.08 亩,总建筑面积 213 575.07 米^2,分两期建设,其中一期规划建设 9 栋 20 套别墅式总部楼、1 栋 26 层的商务中心,总建筑面积共计 82 143.26 米^2,计划 2015 年 6 月竣工;二期总建筑面积为 118 554.31 米^2,同时园区内配有停车位、环保、消防、节能、道路、绿化等基础设施。项目建设期为两年半,分两期建设,其中一期从 2014 年 2 月—2015 年 6 月;二期从 2015 年 3 月—2016 年 8 月。

2. 估算依据

本项目建设投资依据某市建筑工程相关预算定额、房产开发各项配套费用标准及相关政策，参照类似工程实例测算。

（1）土地费用。土地费用按挂牌成交价（225 元/米²）计算，另加 3% 的契税和 0.005% 土地使用权交易服务费。

（2）建筑安装工程费。根据《2008 年某市建筑工程预算基价》、《某市造价工程信息》，以市场上类似项目的建筑安装工程费的平均水平为依据，经过造价指数调整，确定该项目的建筑安装工程费，其中商务中心的建安工程费为 3 500 元/米²，别墅式总部楼的建安工程费为 3 350 元/米²，公寓式总部楼的建安工程费为 3 300 元/米²，地下车库的建安工程费为 1 700 元/米²。

（3）前期工程费。前期工程费包括工程勘察设计费、招标管理费、合同审查费、工程监理费、配套和增容费等。根据某市有关部门的规定、文件及相关市场信息，估算该项目的前期工程费为建筑安装工程费的 15%。

（4）不可预见费。不可预见费为项目的前期、建设期等期间不可预见的费用，取建筑安装工程费和前期工程费之和的 4%。

（5）管理费用。管理费用指房地产开发商为组织和管理房地产开发经营活动的必要支出。根据某市有关部门规定，管理费费率为建筑安装工程费、前期工程费和不可预见费之和的 3%。

（6）销售税费。销售税费包括销售费用、销售税金及附加、其他销售税费。一般按售价的一定比率计算，本项目取销售收入的 6.55%。

（7）财务费用。综合考虑融资成本及现行贷款作政策，本项目的平均贷款年利率按 6.5% 计算。

3. 投资估算（一期项目）

1）开发内容

一期拟建 9 栋 20 套别墅式总部楼、1 栋 26 层高的商务中心，其中 20 套别墅式总部楼的建筑面积为 15 465.16 米²，商务中心的地上建筑面积为 58 864 米²，地下车库的建筑面积为 7 814.1 米²，总占地面积为 23 411 米²。

2）销售收入测算

根据目前某市房地产市场走势，结合项目特点和竞争项目的价格走势，暂定各类物业项目价格（具体如表 4-15 所示），一期销售收入总计为 74 720.42 万元。

表 4-15　一期销售收入计算表

楼层单元或楼房名称	计量单位	单价/元	建筑面积/米²	销售收入/万元
商务中心	元/米²	7 500	63 392	47 544
别墅式总部楼	元/米²	11 000	15 465.16	17 011.68

3）具体费用

一期总开发成本为 37 627.73 万元，各分项费用如表 4-16 所示

表 4-16　一期开发成本测算汇总表

工程项目（费用）名称	成本合计/万元
一、土地费用	542.58
二、建筑安装工程费	24 563.89
三、前期工程费	3 500.35
四、不可预见费	841.93
五、管理费用	867.19
六、销售税费	4 894.19
七、财务费用	2 417.6
一期项目总投资	37 627.73

4）资金筹措

项目总投资 37 627.73 万元，其资金筹措一是申请银行贷款 24 000 万元，分三年等额本金还款；二是业主自筹资本金 13 627.73 万元。

5）现金流量

本项目从全部投资角度，针对 ABC 物流总部基地设计方案，编制一期项目现金流量表，如表 4-17 所示。

表 4-17　一期现金流量表　　　　　　　　　　　单位：万元

序号	项目名称	合计	第 0 年年末	第 1 年年末	第 2 年年末	第 3 年年末
1	现金流入	74 720.42	0.00	14 944.08	29 888.168	29 888.168
1.1	销售收入	74 720.42	0.00	14 944.08	29 888.168	29 888.168
2	现金流出（项目总投资）	37 627.73	542.58	24 368.28	9 819.77	2 897.10
2.1	土地费用		542.58			
2.2	前期工程费			3 500.35		
2.3	建筑安装工程费			18 422.917 5	6 140.972 5	
2.4	不可预见费			252.58	420.965	168.386
2.5	管理费用			433.595	260.157	173.438
2.6	销售税费			978.84	1 957.676	1 957.676
2.7	财务费用			780.00	1 040	597.6
3	净现金流量	37 092.69	−542.58	−9 424.20	20 068.40	26 991.07
4	累计净现金流量		−542.58	−9 966.78	10 101.62	37 092.69

问题：

根据上述资料计算一期项目的动态投资回收期、净现值和内部收益率（基准收益率为 13%）。

第 **5** 章

工程项目多方案的比较与选择

☞ **本章导读**

本章主要介绍工程项目多方案的比较与选择问题。通过本章的学习，要求学生掌握互斥型方案、独立型方案的比较与选择方法；熟悉混合型方案的比较与选择方法；了解方案的相关性与类型。

☞ **专有名词**

互斥型方案　独立型方案　混合型方案

5.1　方案的相关性与类型

在工程实践过程中，经常会遇到多方案的比较与选择问题。往往存在这种情况，单独去分析这些方案在技术都是可行的，并且经济上也是合理的，这时工程经济分析的任务就是如何从中选择出最好的方案。

5.1.1　方案的相关性

方案之间的相关性是指采纳或放弃一个方案会直接影响到其他方案的选择。方案之间的相关性可以分为正相关性、负相关性、非相关性和互不相容性几种方式。

正相关性是指一个方案的采纳将提高另一方案的经济利益，例如建设住宅小区与改善该住宅小区周边环境之间存在正相关性。负相关性是指一个方案的采纳将降低另一方案的经济利益，例如在北京与天津之间修建高速铁路项目与修建高速公路项目，二者在经济利益上是负相关的。非相关性是指一个方案的采纳或放弃对另一个方案的经济利益没有影响，例如在资金充足的情况下，企业在住宅项目的投资与写字楼项目的投资是两个非相关（或不相关）项目。互不相容性是指如果采纳某一方案就会排斥其他方案的选择，即这些方案之间存在着互不相容性。例如在某块用途为商业的土地上投资建商场和建宾馆之间就是互不相容的方案，因为这两者只允许一个方案被选中。

影响方案经济相关性的因素主要有以下两种。

（1）资金和资源的有限性。无论什么样的投资主体，可用于投资的资金往往是有限的，所能调动的资源也是有限的，正是由于资金或资源的限制导致不可能实施所有可行的方案，这时就必须对各种方案进行组合或择优选择。

（2）项目的不可分性。一个项目总是完整地被采纳或被拒绝的，不可能将一个完整的项目分成若干小项目来执行。因此，由于资金和资源的有限性，就会使得接受一个大项目方案的同时就必须放弃若干个小项目。

5.1.2 方案的类型

所谓方案类型是指一组备选方案之间所具有的相互关系。这种关系一般分为互斥型、独立型和混合型。

1. 互斥型方案

互斥型方案是指在若干备选方案中，各个方案之间是相互排斥的，选择一个方案就必须要放弃其他方案。例如计划修建一座桥梁，有两种设计方案，一种是石梁桥，另一种是钢梁桥，这两种方案之间就是互斥关系，因为最终仅有一种备选方案会被采纳。

2. 独立型方案

独立型方案是指各个方案之间是相互独立的，不具有排他性，在条件允许的情况下（如资源充足），可以同时选择多个方案，采纳一个方案并不影响其他方案的选择。例如某大型企业为丰富职工的业余生活，要修建一个网球馆、一个游泳馆，在没有资金限制的条件下，这两个项目之间不存在排他性，它们就是一组独立型方案。

3. 混合型方案

混合型方案是指各个方案之间既有互斥关系，又有独立关系。具体又可以分为两种形式：其一，在一组独立型方案中，每个独立型方案是由若干个互斥型方案组成；例如某施工企业欲投资购买一辆吊车和一辆搅拌机，在没有资金限制的条件下，这两个方案之间是相互独立的，后来企业从市场上选择了 A、B、C 三家生产吊车的企业，计划从中选择一家，这时这三家生产吊车的企业之间又是互斥关系。其二，在一组互斥型方案中，每个互斥型方案又是由若干个独立型方案组成。

不同类型方案的评价指标和方法是不同的，因此在进行方案评价之前，需要弄清各方案之间是属于何种类型，如果方案类型划分不当，则会带来错误的评价结果。

5.2 互斥型方案的比较与选择

互斥型方案是指各个方案之间存在着互相排斥、互不相容的关系，在多个方案中只能选择其中一个方案。对互斥型方案进行比较与选择时要经过两个步骤，第一是要进行绝对经济效果检验，即要用工程经济评价指标（如净现值、内部收益率等）检验各个方案自身的经济效果，只有通过绝对效果检验的方案才能进入下一步的相对效果检验，否则应予以拒绝；第二是进行相对效果检验，即对通过绝对经济效果检验的各备选方案进行优劣排序，确定方案之间的相对经济效果，从中选择最优方案。通常这两个步骤缺一不可，它们共同构成了互斥型方案比选的主要内容。

互斥型方案进行比较与选择时，必须保证参加比选的方案之间具有可比性，即费用与效益计算范围的可比性、计算期的可比性、时间单位的可比性。

下面根据各方案寿命期是否相同，把互斥型方案的选择分为两种情况分别进行讨论，即各方案寿命期相同和各方案寿命期不同。

5.2.1　寿命期相同的互斥型方案的比较与选择

寿命期相同的互斥型方案的比选方法主要有净现值比较法、差额净现值法、差额内部收益率法、费用现值法等。

1. 净现值比较法

当互斥型方案的寿命期相同时，可以通过比较各个方案的净现值来选择最优方案。具体步骤如下。

（1）计算各个方案的净现值，淘汰净现值小于零的方案。

（2）比较剩余方案的净现值，净现值最大的方案即为最优方案。

【例 5-1】　有 3 个互斥型方案，各方案的现金流量如表 5-1 所示，设基准收益率为 10%，试从中选择一个最优的方案。

表 5-1　3 个互斥型方案现金流量表

方案	初始投资/万元	年净收益/万元	寿命/年
A	600	100	10
B	700	120	10
C	780	130	10

解：

由于 A、B、C 三个互斥型方案的寿命期均为 10 年，因此可以采用净现值比较法。三个方案的净现值如下：

$$\text{NPV}(A) = -600 + 100(P/A, 10\%, 10) = -600 + 100\frac{(1+10\%)^{10}-1}{10\%(1+10\%)^{10}} = 14.46 \text{（万元）}$$

$$\text{NPV}(B) = -700 + 120(P/A, 10\%, 10) = -700 + 120\frac{(1+10\%)^{10}-1}{10\%(1+10\%)^{10}} = 37.35 \text{（万元）}$$

$$\text{NPV}(C) = -780 + 130(P/A, 10\%, 10) = -780 + 130\frac{(1+10\%)^{10}-1}{10\%(1+10\%)^{10}} = 18.79 \text{（万元）}$$

由于三个方案的净现值均大于零，并且 B 方案的净现值最大，因此 B 方案为最优方案。

2. 差额净现值法

差额净现值是指两个互斥型方案构成的差额现金流量（即投资额较大方案的现金流量减去投资额较小方案的现金流量）的净现值，通常用 ΔNPV 表示。设 A、B 两个互斥型方案的寿命期均为 n 年，A 方案比 B 方案的投资大，基准收益率为 i_0，则两方案的差额净现值为：

$$\Delta\text{NPV} = \sum_{t=0}^{n}\left[(\text{CI}_A - \text{CO}_A)_t - (\text{CI}_B - \text{CO}_B)_t\right](1+i_0)^{-t} \tag{5-1}$$

式中：ΔNPV——差额净现值；

　　　$(\text{CI}_A - \text{CO}_A)_t$——方案 A 第 t 年的净现金流量；

　　　$(\text{CI}_B - \text{CO}_B)_t$——方案 B 第 t 年的净现金流量。

用差额净现值法进行互斥型方案比选时，判别准则如下。

（1）若 $\Delta NPV \geq 0$，表明投资大的方案比投资小的方案多投入的资金可以通过前者比后者多获得的净收益收回并能取得超过基准收益率的收益，其超额收益的现值为 ΔNPV，即增量投资获得满意的增量收益，这时投资大的方案优于投资小的方案。

（2） $\Delta NPV < 0$，表明投资大的方案比投资小的方案多投入的资金与多获得的净收益相比达不到基准收益率，多投入的资金不能通过多获得的净收益收回，即增量投资不能获得满意的增量收益，这时投资小的方案优于投资大的方案。

具体操作步骤如下。

（1）对各方案进行绝对效果检验，淘汰经济上不可行的方案。

（2）将余下的方案按投资额从小到大的顺序排列。

（3）将投资额最小的方案作为比较基准，认为是当前最优方案。

（4）将排列第二的方案与当前的最优方案（投资最小的方案）进行比较，通过差额净现值法选出两者中较优的方案替代当前最优方案。

（5）以此类推，分别将排列于第三、第四……的方案与各步的当前最优方案进行比较，直至所有的方案比较完毕。

（6）最后保留的当前最优方案即为这一组互斥型方案中在经济上最优的方案。

【例5-2】 用差额净现值法比较例5-1中的最优方案。

解：

（1）计算各个方案的净现值。根据净现值计算公式有：

$$NPV(A) = -600 + 100(P/A, 10\%, 10) = -600 + 100\frac{(1+10\%)^{10} - 1}{10\%(1+10\%)^{10}} = 14.46 \text{（万元）}$$

$$NPV(B) = -700 + 120(P/A, 10\%, 10) = -700 + 120\frac{(1+10\%)^{10} - 1}{10\%(1+10\%)^{10}} = 37.35 \text{（万元）}$$

$$NPV(C) = -780 + 130(P/A, 10\%, 10) = -780 + 130\frac{(1+10\%)^{10} - 1}{10\%(1+10\%)^{10}} = 18.79 \text{（万元）}$$

由于三个方案的净现值均大于零，因此三个方案在经济上均是可行的。

（2）按投资额从小到大排列，顺序为：A、B、C。

（3）选定投资额最小的方案 A 为当前最优方案。

（4）将排在第二的 B 方案与当前最优方案（A 方案）进行比较，计算差额净现值：

$$\Delta NPV = -(700 - 600) + (120 - 100)(P/A, 10\%, 10)$$

$$= -(700 - 600) + (120 - 100)\frac{(1+10\%)^{10} - 1}{10\%(1+10\%)^{10}} = 22.89 \text{（万元）}$$

由于 $\Delta NPV > 0$，所以应该选择投资额大的 B 方案，此时 B 方案为当前最优方案。

（5）将排在第三的 C 方案与当前最优方案（B 方案）进行比较，计算差额净现值：

$$\Delta NPV = -(780 - 700) + (130 - 120)(P/A, 10\%, 10)$$

$$= -(780 - 700) + (130 - 120)\frac{(1+10\%)^{10} - 1}{10\%(1+10\%)^{10}} = -18.55 \text{（万元）}$$

由于 $\Delta NPV < 0$，所以应该选择投资额较小的 B 方案，此时 B 方案仍为当前最优方案。

综上所述，所有的方案都比较完毕，因此 B 方案为最优方案。

从例5-1和例5-2可以看出，对于寿命期相同的互斥型方案来讲，净现值比较法和差额净现值法的比较结果是一致的。因此，在实际工作中应根据具体情况选择比较简便的方法。

3. 差额内部收益率法

1）内部收益率比较法的不合理性

通过前面分析可知，根据净现值比较法可以选择出最优方案，那么是否可以根据内部收益率比较法来判断方案的优劣呢？下面通过一个例子来分析。

例如，A、B 两个互斥型方案的现金流量如表 5-2 所示。

表 5-2   A、B 两个互斥型方案的现金流量表

方案	初始投资/万元	年净收益/万元	寿命/年
A	20 000	7 000	6
B	30 000	9 500	6

根据净现值比较法，计算各个方案的净现值：

$$\text{NPV(A)} = -20\ 000 + 7\ 000(P/A, 10\%, 6)$$
$$= -20\ 000 + 7\ 000\frac{(1+10\%)^6-1}{10\%(1+10\%)^6} = 10\ 486.82\ (万元)$$

$$\text{NPV(B)} = -30\ 000 + 9\ 500(P/A, 10\%, 6)$$
$$= -30\ 000 + 9\ 500\frac{(1+10\%)^6-1}{10\%(1+10\%)^6} = 11\ 374.98\ (万元)$$

由于两个方案的净现值均大于零，并且 B 方案的净现值较大，因此 B 方案为最优方案。

根据差额净现值法，计算两个方案的差额净现值：

$$\Delta\text{NPV} = -10\ 000 + 2\ 500(P/A, 10\%, 6)$$
$$= -10\ 000 + 2\ 500\frac{(1+10\%)^6-1}{10\%(1+10\%)^6} = 888.15\ (万元)$$

由于 $\Delta\text{NPV}>0$，所以应该选择投资额较大的 B 方案，因此 B 方案为最优方案。

综上所述，净现值比较法和差额净现值法的比较结果是一致的，B 方案为最优方案。

利用线性内插法计算 A、B 两个方案的内部收益率：$\text{IRR}_A = 26.44\%$，$\text{IRR}_B = 22.12\%$。

如果采用内部收益率比较法可行的话，可以发现 A 方案的内部收益率较大，A 方案应为最优方案，但很显然结论是不对的。A、B 两个方案的净现值函数如图 5-1 所示，两条曲线交点为 i_c，即 $-20\ 000 + 7\ 000\frac{(1+i_c)^6-1}{i_c(1+i_c)^6} = -30\ 000 + 9\ 500\frac{(1+i_c)^6-1}{i_c(1+i_c)^6}$。

求得 $i_c = 12.98\%$。

如果直接按照各方案内部收益率的大小进行比较的话，A 方案为最优方案，但是从图 5-1 可以发现：

（1）当基准收益率 $i_0 < i_c$ 时，NPV(A)<NPV(B)，即 B 方案优于 A 方案；

（2）当基准收益率 $i_0 > i_c$ 时，NPV(A)>NPV(B)，即 A 方案优于 B 方案。

因此，在对寿命期相同的互斥型方案进行比较时，不能简单地直接根据各方案内部收益率的大小进行判断，否则将会导致错误的决策。

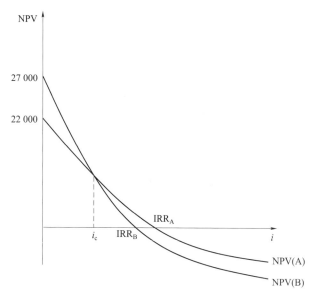

图 5-1 A、B 两个方案的净现值函数曲线

2) 差额内部收益率

差额内部收益率是指使两个互斥型方案构成的差额现金流量（即投资额较大方案的现金流量减去投资额较小方案的现金流量）的净现值等于零时的折现率，通常用 ΔIRR 表示。设 A、B 两个互斥型方案的计算期均为 n 年，A 方案比 B 方案的投资大，则两方案的差额内部收益率的表达式为：

$$\sum_{t=0}^{n} \left[(CI_A - CO_A)_t - (CI_B - CO_B)_t \right] (1 + \Delta IRR)^{-t} = 0 \qquad (5-2)$$

式中：ΔIRR——差额内部收益率。

将公式（5-2）展开有：

$$\sum_{t=0}^{n} (CI_A - CO_A)_t (1 + \Delta IRR)^{-t} - \sum_{t=0}^{n} (CI_B - CO_B)_t (1 + \Delta IRR)^{-t} = 0$$

整理后得：

$$\sum_{t=0}^{n} (CI_A - CO_A)_t (1 + \Delta IRR)^{-t} = \sum_{t=0}^{n} (CI_B - CO_B)_t (1 + \Delta IRR)^{-t}$$

因此，差额内部收益率也就是两个互斥型方案净现值相等时的折现率，如图 5-1 所示。图 5-1 中 A、B 两方案的净现值函数的交点 i_c 即为差额内部收益率 ΔIRR。

结合图 5-1 可知，用差额内部收益率法进行互斥型方案比选时，判别准则如下。

（1）若 $\Delta IRR \geq i_0$，投资大的方案优于投资小的方案，表明投资大的方案比投资小的方案多投入的资金所取得的收益率大于基准收益率，因此应选择投资大的方案。

（2）若 $\Delta IRR < i_0$，投资小的方案优于投资大的方案，表明投资大的方案比投资小的方案多投入的资金所取得的收益率未达到基准收益率，因此应选择投资小的方案。

利用差额内部收益率法进行互斥型方案比选的操作步骤与差额净现值法的过程相同，只是在比较和淘汰方案时使用 ΔIRR 作为衡量标准。具体步骤如下。

（1）对各方案进行绝对效果检验，淘汰经济上不可行的方案。

（2）将余下的方案按投资额从小到大的顺序排列。

（3）将投资额最小的方案作为比较基准，认为是当前最优方案。

（4）将排列第二的方案与当前的最优方案（投资最小的方案）进行比较，通过差额内部收益率法选出两者中较优的方案替代为当前最优方案。

（5）以此类推，分别将排列于第三、第四……的方案与各步的当前最优方案进行比较，直至所有的方案比较完毕。

（6）最后保留的当前最优方案即为这一组互斥型方案中在经济上最优的方案。

【例5-3】　用差额内部收益率法比较例5-1中的最优方案。

解：

（1）对各方案进行绝对效果检验，计算各方案的净现值，具体如下：NPV（A）＝14.46万元，NPV（B）＝37.35万元，NPV（C）＝18.79万元。由于三个方案的净现值均大于零，因此三个方案在经济上均是可行的。

（2）按投资额从小到大排列，顺序为：A、B、C。

（3）选定投资额最小的方案A为当前最优方案。

（4）将排在第二的B方案与当前最优方案（A方案）进行比较，计算差额内部收益率：

$$- (700 - 600) + (120 - 100) \frac{(1 + \Delta IRR_{B-A})^{10} - 1}{\Delta IRR_{B-A}(1 + \Delta IRR_{B-A})^{10}} = 0$$

利用线性插值法，可以求得 $\Delta IRR_{B-A} = 15.10\%$，由于 $\Delta IRR > i_0$，所以应该选择投资额大的B方案，此时B方案为当前最优方案。

（5）将排在第三的C方案与当前最优方案（B方案）进行比较，计算差额内部收益率：

$$- (780 - 700) + (130 - 120) \frac{(1 + \Delta IRR_{C-B})^{10} - 1}{\Delta IRR_{C-B}(1 + \Delta IRR_{C-B})^{10}} = 0$$

同理，利用线性插值法，可以求得 $\Delta IRR_{C-B} = 4.28\%$，由于 $\Delta IRR < i_0$，所以应该选择投资额小的B方案，此时B方案仍为当前最优方案。

综上所述，所有的方案都比较完毕，因此B方案为最优方案。

4. 费用现值法

在工程经济分析中有时会遇到这样一种情况，在对多个互斥型方案进行比选时，各个方案的产出价值相同，或者各个方案能够满足同样需要但其产出效益难以用价值形态（货币）直接计量，如国防项目、教育项目、环保项目等。在这种情况下，假定各方案的产出价值是相等的，可以通过对各方案费用现值或费用年值进行比较，选择费用较低的方案作为最优方案。这里重点介绍费用现值法，费用年值法会在计算期不同的互斥型方案比选时介绍。

费用现值法实际上是净现值法的一个特例，费用现值是指按照基准收益率将项目在整个寿命期内各年发生的现金流出量折算到基准年（期初）的所有现值的代数和。费用现值越小，方案的经济效益越好。其计算公式为：

$$PC = \sum_{t=0}^{n} CO_t (1 + i_0)^{-t} \tag{5-3}$$

式中：PC——费用现值；

　　　CO_t——第 t 年的现金流出量。

【例 5-4】　某项目有 A、B 两个方案均能满足同样的需要，其有关费用支出如表 5-3 所示。在基准折现率为 10% 的情况下，试用费用现值法选择最优方案。

表 5-3　两个方案的费用支出表

方案	投资/万元 （第 1 年末）	年经营成本/万元 （2～10 年末）	寿命/年
A	200	80	10
B	300	50	10

解：

A、B 两个方案的费用现值如下：

$$PC(A) = 200(P/F,10\%,1) + 80(P/A,10\%,9)(P/F,10\%,1)$$

$$= \frac{200}{1+10\%} + 80\frac{(1+10\%)^9 - 1}{10\%(1+10\%)^9}\frac{1}{1+10\%} = 600.66（万元）$$

$$PC(B) = 300(P/F,10\%,1) + 50(P/A,10\%,9)(P/F,10\%,1)$$

$$= \frac{300}{1+10\%} + 50\frac{(1+10\%)^9 - 1}{10\%(1+10\%)^9}\frac{1}{1+10\%} = 534.50（万元）$$

由于 PC(B)<PC(A)，因此方案 B 为最优方案。

5.2.2　寿命期不同的互斥型方案的比较与选择

当互斥型方案的寿命期不同时，评价指标在时间上不具有可比性，此时就不能直接采用净现值比较法、差额净现值法等进行比选。为了能进行比较，必须对各备选方案的计算期进行相应的处理，以保证时间的可比性。

为满足时间可比条件而进行处理的方法很多，常见的有净年值比较法、费用年值法、最小公倍数法和年值折现法等。

1. 净年值比较法

净年值比较法是指将各备选方案在寿命期发生的净现金流量按基准折现率换算成与其等值的等额支付序列年金后再进行评价和比选的方法。在对寿命期不等的互斥型方案进行比选时，尤其是参加比选的方案数目比较多时，净年值比较法是最为简便的方法。

设 m 个互斥型方案，其寿命期分别为 n_1，n_2，n_3，…，n_m，其中方案 j（$j=1$，2，3，…，n）在其寿命期内的净年值为：

$$NAV_j = NPV_j(A/P,i_0,n_j) \tag{5-4}$$

利用净年值比较法对互斥型方案进行比选时，首先要进行绝对效果检验，即淘汰净年值小于零的方案，再比较剩余方案的净年值，净年值最大的方案即为最优方案。

【例 5-5】　某建筑公司拟从现有的两部施工机械中选择一部用于施工，设基准折现率为 10%，各设备数据如表 5-4 所示，试进行设备选择。

表 5-4　设备数据表

设备	投资/万元	年收入/万元	年经营成本/万元	残值/万元	寿命/年
A	11 000	7 000	3 500	1 200	6
B	18 000	8 000	3 200	2 000	9

解：

由于 A、B 两个设备的寿命期不等，因此可以采用净年值比较法。两个设备的净年值如下：

$$NPV(A) = -11\ 000 + (7\ 000 - 3\ 500) \frac{(1+10\%)^6 - 1}{10\%(1+10\%)^6} + \frac{1\ 200}{(1+10\%)^6} = 4\ 920.78\ (万元)$$

$$NAV(A) = NPV(A/P, 10\%, 6) = 4\ 920.78 \frac{10\%(1+10\%)^6}{(1+10\%)^6 - 1} = 1\ 129.85\ (万元)$$

$$NPV(B) = -18\ 000 + (8\ 000 - 3\ 200) \frac{(1+10\%)^9 - 1}{10\%(1+10\%)^9} + \frac{2\ 000}{(1+10\%)^9} = 10\ 491.51\ (万元)$$

$$NAV = NPV(A/P, 10\%, 9) = 10\ 491.51 \frac{10\%(1+10\%)^9}{(1+10\%)^9 - 1} = 1\ 821.75\ (万元)$$

由于 A、B 两个设备净年值均大于零，且 B 设备的净年值最大，因此应该选择 B 设备。

用净年值比较法对寿命期不同的互斥型方案进行比选时，实际上是假定各备选方案在其寿命期结束时均可按原方案重复实施或以与原方案经济效果水平相同的方案接续。对于一个给定方案来讲，无论其重复实施多少次，净年值是不变的，所以净年值比较法实际上是假定了各方案可以无限多次重复实施。在这一假定前提下，使得寿命期不同的互斥型方案之间具有可比性。

2. 费用年值法

费用年值法与前面介绍的费用现值法是一对等效评价指标，当多个互斥型方案的寿命期不同时，可以通过计算各个互斥型方案的费用年值来进行比选。费用年值是将各方案在寿命期内各年发生的现金流出量折算成与其等值的等额支付序列年费用。费用年值的计算公式为：

$$AC = \left[\sum_{t=0}^{n} CO_t (1+i_0)^{-t} \right] (A/P, i_0, n) \tag{5-5}$$

式中：AC——费用年值。

设 m 个互斥型方案，其寿命期分别为 n_1, n_2, n_3, $\cdots$, n_m，其中方案 j ($j=1$, 2, 3, $\cdots$, n) 在其寿命期内的费用年值为：

$$AC_j = PC_j(A/P, i_0, n_j) \tag{5-6}$$

利用费用年值法对互斥型方案进行比选时，费用年值最小的方案为最优方案。

【例 5-6】　现有两个互斥型方案，其现金流量如表 5-5 所示，基准折现率为 15%，试用费用年值法选择最优方案。

表 5-5　两个互斥型方案的现金流量表

方案	投资/万元	年经营费用/万元	寿命/年
A	3 000	1 800	3
B	4 000	1 500	5

解：

A、B 两方案的费用年值如下：

$$AC(A) = 3\ 000(A/P,15\%,3) + 1\ 800$$

$$= 3\ 000\ \frac{15\%(1+15\%)^3}{(1+15\%)^3 - 1} + 1\ 800 = 3\ 113.93(万元)$$

$$AC(B) = 4\ 000(A/P,15\%,5) + 1\ 500$$

$$= 4\ 000\ \frac{15\%(1+15\%)^5}{(1+15\%)^5 - 1} + 1\ 500 = 2\ 693.26(万元)$$

根据费用年值最小法的比选方法，B 方案为最优方案。

3. 最小公倍数法

最小公倍数法是指以各方案寿命期的最小公倍数作为共同的计算期，然后通过比较各方案的净现值来选择最优方案。这一方法是假定各方案在其寿命期结束后均能按原方案重复实施直到共同计算期。

【例 5-7】　某施工企业拟从现有的两部施工机械中选择一部用于施工，设基准折现率为 10%，两部设备的数据如表 5-6 所示，试从中选择一部最优设备。

表 5-6　两部设备的数据表

设备	投资/万元	年净收益/万元	寿命/年
A	10	3	6
B	16	4	9

解:

由于两部设备寿命不同，它们的最小公倍数为 18 年，其现金流量图如图 5-2 所示。

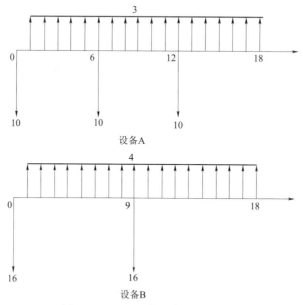

图 5-2　A、B 两部设备现金流量图

$$NPV(A) = -10 - 10(P/F,10\%,6) - 10(P/F,10\%,12) + 3(P/A,10\%,18)$$

$$=-10-\frac{10}{(1+10\%)^6}-\frac{10}{(1+10\%)^{12}}+3\frac{(1+10\%)^{18}-1}{10\%(1+10\%)^{18}}=5.77（万元）$$

$$\text{NPV(B)}=-16-16(P/F,10\%,9)+4(P/A,10\%,18)$$

$$=-16-\frac{16}{(1+10\%)^9}+4\frac{(1+10\%)^{18}-1}{10\%(1+10\%)^{18}}=10.02（万元）$$

由于 NPV(B)>NPV(A)，因此应该选择设备 B。

4. 年值折现法

年值折现法是净年值比较法的一种变形，是指按照某一共同的计算期将各互斥型方案的净年值折现得到净现值，根据净现值的大小来选择最优方案。

设 m 个互斥型方案，其寿命期分别为 n_1，n_2，n_3，$\cdots$，n_m，共同计算期为 N，按年值折现法，方案 j（$j=1$，2，3，$\cdots$，n）的净现值为：

$$\text{NPV}_j=\left[\sum_{t=0}^{n_j}(\text{CI}-\text{CO})_t(P/F,i_0,t)\right](A/P,i_0,n_j)(P/A,i_0,N)\tag{5-7}$$

利用年值折现法对互斥型方案进行比选时，首先要根据各方案寿命期确定共同计算期，通常共同计算期 N 的取值不大于最长的方案寿命期，不小于最短的方案寿命期；其次要计算各方案的净现值，并淘汰净现值小于零的方案；最后要比较剩余方案的净现值，净现值最大的方案即为最优方案。

【例5-8】　有 A、B 两个互斥型方案，各方案的净现金流量如表5-7所示，其中 A 方案的寿命为 5 年，B 方案为 3 年，基准折现率为 10%，试用年值折现法选择最优方案。

表5-7　方案 A、B 的现金流量表　　　　　单位：万元

方案	年　份					
	0	1	2	3	4	5
方案 A	−300	90	90	90	90	90
方案 B	−100	50	50	50		

解：

取最短的寿命期 3 年作为共同的计算期，各方案的净现值如下：

$$\text{NPV(A)}=[-300(A/P,10\%,5)+90](P/A,10\%,3)$$

$$=\left[-300\frac{10\%(1+10\%)^5}{(1+10\%)^5-1}+90\right]\frac{(1+10\%)^3-1}{10\%(1+10\%)^3}=27.01（万元）$$

$$\text{NPV(B)}=-100+50(P/A,10\%,3)=-100+50\frac{(1+10\%)^3-1}{10\%(1+10\%)^3}=24.34（万元）$$

由于 A、B 两个方案净现值均大于零，且方案 A 净现值较大，因此应该选择方案 A。

5.3　独立型方案的比较与选择

独立型方案是指各个方案的现金流是独立的，不具有相关性。在对独立型方案进行比选时，当资源充裕不受限制时，可以从备选方案中选择多个甚至全部；当资源有限时，要以资

源为制约条件来选择最佳的方案组合。

下面根据资源是否受限，将独立型方案的选择分为两种情况分别进行讨论，即无资源限制和有资源限制下的方案比选。

5.3.1 无资源限制的独立型方案的比较与选择

在没有资源限制的情况下，各独立型方案的采用与否，只取决于方案自身的经济性，即只需进行绝对经济效果的检验，凡是能够通过绝对效果检验的方案（如 $NPV \geq 0$，$IRR \geq i_0$），就应予以接受，否则应予以拒绝。

【例5-9】 A、B、C 三个独立型方案的净现金流量如表 5-8 所示，基准折现率为 10%，在资源不受限制的情况选择最优方案。

表 5-8　A、B、C 三个独立型方案的净现金流量表　　　单位：万元

方　案	年　份	
	0	1～10
A	−20	6
B	−30	8
C	−40	9

解：

对各方案进行绝对效果检验，计算各方案的净现值、内部收益率。

（1）A、B、C 三个方案的净现值如下：

$$NPV(A) = -20 + 6(P/A,10\%,10) = -20 + 6 \frac{(1+10\%)^{10}-1}{10\%(1+10\%)^{10}} = 16.87（万元）$$

$$NPV(B) = -30 + 8(P/A,10\%,10) = -30 + 8 \frac{(1+10\%)^{10}-1}{10\%(1+10\%)^{10}} = 19.16（万元）$$

$$NPV(C) = -40 + 9(P/A,10\%,10) = -40 + 9 \frac{(1+10\%)^{10}-1}{10\%(1+10\%)^{10}} = 15.30（万元）$$

由于 $NPV(A)>0$，$NPV(B)>0$，$NPV(C)>0$，因此 A、B、C 三个方案均可以接受。

（2）A、B、C 三个方案的内部收益率如下：

$$-20 + 6 \frac{(1+IRR_A)^{10}-1}{IRR_A(1+IRR_A)^{10}} = 0$$

$$-30 + 8 \frac{(1+IRR_B)^{10}-1}{IRR_B(1+IRR_B)^{10}} = 0$$

$$-40 + 9 \frac{(1+IRR_C)^{10}-1}{IRR_C(1+IRR_C)^{10}} = 0$$

采用线性内插法，可以求得 $IRR_A = 27.33\%$，$IRR_B = 23.42\%$，$IRR_C = 18.32\%$。由于 $IRR_A \geq i_0$，$IRR_B \geq i_0$，$IRR_C \geq i_0$，因此 A、B、C 三个方案均可以接受。

对于资源不受限制的独立型方案而言，经济上是否可行的评价方法与单一方案的评价方法是相同的，不论采用净现值或内部收益率，其结论是一致的。

5.3.2 有资源限制的独立型方案的比较与选择

在大多数情况下资源总是有限的，不能同时满足所有方案对投资的要求，这就意味着在接受某几个方案的同时必须放弃另一些方案。此时，常用的比选方法有两种：方案组合法和净现值率排序法。

1. 方案组合法

方案组合法是指首先列出独立型方案所有可能的组合，形成若干个组合方案，这些组合方案之间是互斥关系，然后利用互斥型方案的比选方法选择最优的组合方案。具体步骤如下。

（1）列出所有相互排斥的组合方案（m 个独立型方案有 2^m-1 个组合方案）。

（2）将所有组合方案按投资额从小到大排序，淘汰净现值小于零和投资额超过投资限额的组合方案。

（3）对剩余的所有组合方案按互斥型方案的比选方法确定最优的组合方案。

【例 5-10】 现有 A、B、C 三个独立型方案，各个方案的数据如表 5-9 所示，基准收益率为 10%，投资限额为 800 万元，试选择最优方案。

表 5-9 A、B、C 三个独立型方案的数据表

方案	投资/万元	年净收益/万元	寿命/年
A	200	40	10
B	350	60	10
C	430	75	10

解：

（1）列出所有相互排斥的组合方案，如表 5-10 所示。

表 5-10 A、B、C 三个方案形成的互斥组合方案

序号	方案及组合方案	投资/万元	年净收益/万元	寿命/年	净现值/万元	决策
1	A	200	40	10	45.78	
2	B	350	60	10	18.67	
3	C	430	75	10	30.84	
4	A+B	550	100	10	64.46	
5	A+C	630	115	10	76.63	最优组合
6	B+C	780	135	10	49.52	
7	A+B+C	980	175	10	95.30	淘汰

（2）将所有组合方案按投资额从小到大排序，计算各组合方案的净现值，淘汰净现值小于零和投资额超过投资限额 800 万元的组合方案，计算结果如表 5-10 所示。

（3）根据净现值比较法的判别准则，A、C 组合的净现值最大，所以应该选择 A、C 两个方案。

2. 净现值率排序法

净现值率排序法是指在计算各方案净现值率的基础上，排除净现值率小于零的方案，将

剩余方案按净现值率从大到小排列,并依次选取方案,直至所选取方案的投资总额达到或最大限度地接近投资限额为止。

【例 5-11】 根据例 5-10 的资料,试用净现值率排序法选择最优方案。

解:

(1)计算 A、B、C 三个方案的净现值率。

$$NPVR(A) = \frac{45.78}{200} = 0.23$$

$$NPVR(B) = \frac{18.67}{350} = 0.05$$

$$NPVR(C) = \frac{30.84}{430} = 0.07$$

(2)将各方案按净现值率从大到小顺序排列,结果如表 5-11 所示。

表 5-11   A、B、C 三个方案的净现值率排序表

方案	净现值率	投资额/万元	累计投资额/万元
A	0.23	200	200
C	0.07	430	630
B	0.05	350	980

根据表 5-11 可知,满足资金约束的方案包括 A、C,所用资金总额为 630 万元,即应该选择 A、C 两个方案。

在资源限制条件下对独立型方案进行比选时,净现值率排序法和方案组合法各有其优缺点。净现值率排序法计算简便,但由于投资方案的不可分性,经常会出现资金没能得到充分利用的情况,因而不一定能获得最优组合方案;方案组合法在各种情况下均能保证得到最优的组合方案,但当方案数目较多时,计算量较大。因此,在实际应用过程中,要综合考虑各种因素,根据具体情况选择适当的方法进行方案的比选。

5.4   混合型方案的比较与选择

混合型方案是指一组方案中既包含互斥型方案,又包含独立型方案,在对混合型方案进行比选时,不论方案的结构类型如何,其采用的方法是一样的,即列出所有的投资方案组合,然后进行排序和取舍。具体步骤如下。

(1)计算各方案的净现值,淘汰净现值小于零的方案。

(2)对于剩余方案,列出所有可能的组合方案;当有资金限制时,淘汰超过投资限额的组合方案。

(3)按互斥型方案的比选方法选择最优的组合方案。

【例 5-12】 在一组方案中,A、B 两方案是相互独立的,A 方案由 A_1 和 A_2 两个互斥型方案组成,B 方案由 B_1 和 B_2 两个互斥型方案,四个方案的数据如表 5-12 所示,基准收益率为 10%,投资限额为 25 万元,试选择最优方案。

表 5-12　四个方案的数据表

方案	投资/万元	年净收益/万元	寿命/年
A_1	12	7	5
A_2	16	9	5
B_1	8	2.5	5
B_2	7	2.3	5

解:

（1）计算各方案的净现值:

$$NPV(A_1) = -12 + 7(P/A, 10\%, 5) = -12 + 7\frac{(1 + 10\%)^5 - 1}{10\%(1 + 10\%)^5} = 14.54（万元）$$

$$NPV(A_2) = -16 + 9(P/A, 10\%, 5) = -16 + 9\frac{(1 + 10\%)^5 - 1}{10\%(1 + 10\%)^5} = 18.12（万元）$$

$$NPV(B_1) = -8 + 2.5(P/A, 10\%, 5) = -8 + 2.5\frac{(1 + 10\%)^5 - 1}{10\%(1 + 10\%)^5} = 1.48（万元）$$

$$NPV(B_2) = -7 + 2.3(P/A, 10\%, 5) = -7 + 2.3\frac{(1 + 10\%)^5 - 1}{10\%(1 + 10\%)^5} = 1.72（万元）$$

四个方案的净现值均大于零, 表明所有方案都是可行的。

（2）列出所有的组合方案, 如表 5-13 所示。

表 5-13　四个方案形成的组合方案

序号	方案及组合方案	投资/万元	年净收益/万元	寿命/年	净现值/万元	决策
1	B_2	7	2.3	5	1.72	
2	B_1	8	2.5	5	1.48	
3	A_1	12	7	5	14.54	
4	A_2	16	9	5	18.12	
5	$A_1 + B_2$	19	9.3	5	16.25	
6	$A_1 + B_1$	20	9.5	5	16.01	
7	$A_2 + B_2$	23	11.3	5	19.83	最优组合
8	$A_2 + B_1$	24	11.5	5	19.59	

（3）将所有组合方案按投资额从小到大排列, 计算各组合方案的净现值, 淘汰投资额超过投资限额 25 万元的组合方案, 计算结果如表 5-13 所示。

（4）根据净现值比较法的判别准则, A_2、B_2 组合的净现值最大, 所以应该选择 A_2、B_2 这两个方案。

练习题

一、选择题

1. 一个方案的采纳将提高另一方案的经济利益, 这两个方案之间是（　　　）。

A. 正相关　　　　B. 负相关　　　　C. 非相关性　　　　D. 互不相容

2. 在北京与上海之间修建高速铁路项目与修建高速公路项目，二者在经济利益上是（　　）。

A. 正相关　　　　B. 负相关　　　　C. 非相关性　　　　D. 互不相容

3. 在若干备选方案中，各个方案之间是相互排斥的，选择一个方案就必须要放弃其他方案，这种方案类型是（　　）。

A. 互斥型　　　　B. 独立型　　　　C. 混合型　　　　D. 条件型

4. 对于寿命期不同的互斥型方案，在进行比选时可采用的方法有（　　）。

A. 净现值比较法　　B. 差额净现值法　　C. 费用现值法　　D. 净年值比较法

5. 对于效益基本相同但又难以具体估算的互斥型方案比选时，常选用（　　）。

A. 净现值比较法　　B. 净年值比较法　　C. 费用现值法　　D. 差额净现值法

6. 差额内部收益率小于基准收益率，则说明（　　）。

A. 投资小的方案不可行　　　　　　B. 投资大的方案不可行

C. 投资小的方案较优　　　　　　　D. 投资大的方案较优

7. 对于寿命期相同的互斥型方案，在进行方案比选时可采用的方法有（　　）。

A. 净现值比较法　　　　　　　　　B. 差额净现值法

C. 最小公倍数法　　　　　　　　　D. 费用现值法

E. 年值折现法

8. 对于独立型方案而言，对各方案进行绝对经济效果检验的指标有（　　）。

A. 净现值　　　　　　　　　　　　B. 内部收益率

C. 净年值　　　　　　　　　　　　D. 贷款偿还期

E. 利润率

9. 对于有资金限制的独立型方案进行比选时，常用的方法有（　　）。

A. 方案组合法　　　　　　　　　　B. 净现值率排序法

C. 费用现值法　　　　　　　　　　D. 差额内部收益率法

E. 净现值比较法

10. 方案组合法的特点有（　　）。

A. 计算简便

B. 当备选方案数量较少时，该法简便实用

C. 经常出现资金没有被充分利用的情况

D. 一般能得到投资经济效果较大的方案组合

E. 可以保证得到已知条件下最优的方案组合

二、判断题

1. 采用净现值比较法对寿命期相同的互斥型方案进行比选时，判别准则为净现值最大且大于零的方案为最优方案。（　　）

2. 对寿命期相同的互斥型方案进行比选时，当差额净现值小于零时，应该选择投资额较大的方案。（　　）

3. 用净现值率排序法对独立型方案进行比选时，经常会出现资金没能得到充分利用的

情况。（　　）

4. 用净年值比较法对寿命期不同的互斥型方案进行比选时，假定了各方案可以无限多次重复实施。（　　）

三、简答题

1. 举例说明投资方案的几种类型。
2. 简述差额净现值法的操作步骤。
3. 寿命期不同的互斥型方案的比选方法有哪些？
4. 独立型方案的比选方法有哪些？

四、计算题

1. 某企业计划购买一台机床，现有 A、B、C 三种型号的机床可供选择，其有关数据如表 5-14 所示，基准折现率为 10%，试为该企业选择一台最优的机床。

表 5-14　三种型号机床的有关数据

型号	初始投资/万元	年收入/万元	年支出/万元	寿命/年
A	30	18	8	6
B	36	22	10	6
C	45	26	12	6

2. 已知 A、B 为两个互斥型方案，其相关数据如表 5-15 所示，基准折现率为 12%，试用费用年值法选择最优方案。

表 5-15　A、B 两方案的相关数据

方案	初始投资/万元	年经营成本/万元	寿命/年
A	150	15	15
B	100	20	10

3. 某城市现有两个备选的交通运输系统，第一个系统的寿命期为 20 年，初始投资为 1 亿元，第二个系统的寿命期为 40 年，初始投资为 1.5 亿元，两个系统的年净收益均为 0.3 亿元，基准收益率为 12%，假设残值为零，试为该城市选择一个最优的交通运输系统。

4. 现有 5 个可供选择的独立型方案，各方案的初始投资及年净收益如表 5-16 所示，基准收益率为 10%，若资金总限额为 2 000 万元，试选择最优方案。

表 5-16　五个方案的相关数据

项　目	方　案				
	A	B	C	D	E
投资/万元	600	640	700	750	720
年净收益/万元	250	280	310	280	240
寿命期/年	10	10	10	10	10

5. 某总公司下设的三个子公司各提出了若干个技术改造方案，各方案的相关数据如表5-17 所示。已经各子公司之间是相互独立的，但各子公司内部的技术改造方案是互斥的，假定各方案的寿命期均为 5 年，基准折现率为 12%，资金限额为 220 万元，试从总公司的角度做出最优决策。

表 5-17　各方案的相关数据

子公司	方案	投资/万元	年净收益/万元
A	A_1	50	18
	A_2	60	25
B	B_1	65	21
	B_2	72	28
C	C_1	100	40
	C_2	110	48

五、案例分析

某企业靠近市区，因污染问题企业发展遇到困难，管理层提出两套解决方案。

方案一：将企业迁往郊县，需新增投资 5 000 万元。搬迁后，部分设备可继续利用，预计项目计算期为 12 年。

方案二：考虑到职工上班和生活问题，企业不搬迁，但需要投资 2 000 万元用于污染设施建设，同时为再生产 12 年，还要投入 500 万元进行设备更新，两种方案的数据比较如表5-18 所示。

表 5-18　两种方案的数据比较表　　　　　　单位：万元

方案	项目	年　份				
		1 年	2 年	3 年	4 年	5～12 年
方案一	净收益	0	0	2 500	2 800	3 200
	现有资产		2 000			
	新增投资	5 000				
	净现金流量	−5 000	−2 000	2 500	2 800	3 200
方案二	净收益	0	2 400	2 200	2 500	3 200
	现有资产	3 000				
	新增投资	2 000	500			
	净现金流量	−5 000	1 900	2 200	2 500	3 200

问题：

针对两个方案的现金流量，在基准收益率为 10% 的情况下，为该企业选择一个最优的方案。

第 **6** 章

不确定性分析

☞ **本章导读**

本章主要介绍不确定性分析的基本方法。通过本章的学习，要求学生掌握线性盈亏平衡分析、单因素敏感性分析和概率分析的概念、方法；熟悉非线性盈亏平衡分析的概念、方法；了解多因素敏感性分析的概念、方法。

☞ **专有名词**

不确定性分析　盈亏平衡分析　敏感性分析　概率分析

6.1　不确定性分析概述

6.1.1　不确定性分析的概念

在前面几个章节，计算中使用的各种数据均是估算出的数值，再计算得出需要的评价指标。显然，由于估算时掌握的信息不完整及时效性等各种原因，使得这些作为计算基础的数据，一开始就存在着误差，那么最终得出的指标结果也就不一定准确，存在着不确定性。

从概念上来说，不确定性是指对有关该项目的所有的信息不能完全掌握，导致估计、计算出的评价指标结果与真实值之间存在的差异。不确定性分析，就是运用定量方法，计算不确定性因素的变动对评价结果的影响，从而预测该项目存在的风险，分析项目的可靠性。很多学者将不确定性和风险加以区分，认为不确定性是由于情报的不完整，导致根本不知道未来可能发生的结果；而风险是知道未来可能发生的结果及其概率，但由于随机原因，导致计算结果与真实值的差异。将风险和不确定性加以区分，是具有理论意义的，但是在进行实际工程项目投资评价时，是没有太大必要的。所以，本书不将其进行区分，统称为不确定性分析。

6.1.2　不确定性产生的原因

产生不确定性的原因很多，主要有以下几个方面。

（1）基础数据的误差。一般是由于原始统计造成的，比如样本量不足、统计方法的局限性、套用的公式或模型过于简化等。

（2）存在不能定量表示的定性因素，以及未知因素的限制。

（3）技术进步。生产工艺或技术装备的发展变化和突破，以及新产品、替代品的出现。

（4）经济结构、经济形势的调整和变化。比如通货膨胀、市场供求关系等。

（5）政策的变化。比如法律法规的推陈出新、国内外政治形势的变化等。

此外，还有很多因素会导致项目的不确定性，分析时很难做到全部考虑周全，只要把握住几个对不确定性影响较大的因素，就能有效地提高项目经济上的可靠性、降低项目风险。

6.1.3　不确定性分析的作用

前面几个章节的项目评价，都是以给出的确定性数据为基础进行的，比如投资总额、建设期、经营期、年收入、折现率等。在进行评价时，认为这些数据都是真实的、确定的，计算出各种评价指标，比如 NPV、IRR、P_t 等，进而得出项目是否可行的结论。但实际上，由于上述多种可以产生不确定性的因素的存在，会影响计算出的评价指标的准确性，甚至影响评价结果的正确性。举例来说，给出某项目的折现率为 10%，计算其内部收益率为 13%，显然这时会得出项目可行的结论。但是，一般情况下，在项目实施过程中会存在通货膨胀，如果通胀指数一直小于 3%，则没有问题，一旦通胀指数超过 3%，前述的结论就是不可行的。所以，除了要掌握前几章介绍的确定性的项目评价方法，还应该掌握本章将要介绍的不确定性分析方法，包括盈亏平衡分析、敏感性分析和概率分析。

6.2　盈亏平衡分析

6.2.1　盈亏平衡分析的概念

盈亏平衡分析（Break-Even-Analysis），又称量本利分析，是指在一定的市场环境、生产经营能力的条件下，分析研究项目收入与成本之间平衡关系的一种方法。所谓"量本利"，是指产量、成本和利润。此方法正是对这三者之间相互关系的研究，计算出当利润为零（即收入与成本相等）时的产量，找出盈亏平衡点（Break-Even-Points），分析项目的风险，为投资决策提供依据。广义上讲，盈亏平衡点是指恰好使得某决策指标达到临界值时，某个因素的数值，该因素可以是产量、年利率、寿命期等影响项目风险的不确定性因素，例如前面章节介绍的 IRR，就是当项目的全部投入与全部收益相等时折现率的值。

盈亏平衡分析的基本内容就是通过产量与成本的函数及销售量与收入的函数，找出使成本与收入平衡的临界值——盈亏平衡点，用以判断项目对不确定因素变化的承受能力，为决策提供依据。根据上述的两个函数是否是线性的，可将盈亏平衡分析分为线性和非线性的盈亏平衡分析。

6.2.2　线性盈亏平衡分析

1. 线性盈亏平衡分析的假设

（1）产量与销售量相等（当年生产的产品当年全部销售出去）。

（2）产量变动，单位变动成本不变，即总成本是产量的线性函数。

（3）销售量变动，单位产品销售价格不变，即销售收入是销售量的线性函数。

（4）若生产多种产品，则换算成单一产品计算。

2. 线性盈亏平衡分析的基本模型

将成本分为固定成本和变动成本，再结合上述假设，可以得出总成本与产量、销售收入与销售量的两个基本函数：

$$TC = F + vQ \tag{6-1}$$

$$TR = (P - T)Q \tag{6-2}$$

式中：TR——总销售收入；

　　　TC——总成本费用；

　　　Q——产品产量（销售量）；

　　　F——固定成本；

　　　v——单位产品变动成本；

　　　P——单位产品的销售价格；

　　　T——单位产品销售税金。

3. 线性盈亏平衡点的计算

盈亏平衡点有多种表现形式，如产品产量、单位产品变动成本、销售单价、销售收入、生产能力利用率等，其中运用最为广泛的是产品产量和生产能力利用率。

1）盈亏平衡产量

根据盈亏平衡点的定义，若将产品产量作为不确定性因素，那么需要求出当利润为零时的产品产量。

利润＝总销售收入-总成本，因此利润为零时，即：

$$TR = TC \tag{6-3}$$

将公式（6-1）、（6-2）代入上式，得到：

$$Q_{BEP} = \frac{F}{P - T - v} \tag{6-4}$$

Q_{BEP} 为达到盈亏平衡点时的产量，如图 6-1 所示，TR 与 TC 的交点，为盈亏平衡点。由图 6-1 可以看出，在该点左侧，即产量小于 Q_{BEP} 时，$TR<TC$，利润小于零，项目处于亏损状态；在该点右侧，即产量大于 Q_{BEP} 时，$TR>TC$，利润大于零，项目处于盈利状态。

Q_{BEP} 又可理解为项目不发生亏损所必须要达到的产量，Q_{BEP} 的值越小，说明该项目承受风险的能力越大，适应市场变化的能力越强。

2）盈亏平衡销售收入

将 Q_{BEP} 代入公式（6-2），得到：

$$TR_{BEP} = (P - T)Q_{BEP} = \frac{(P - T)F}{P - T - v} \tag{6-5}$$

TR_{BEP} 为达到盈亏平衡点时所对应的销售收入，即项目不发生亏损所必须要达到的最低销售收入。TR_{BEP} 的值越小，说明该项目承受风险的能力越大，适应销售收入变化的能力越强。

3）盈亏平衡单位产品变动成本

将公式（6-1）、（6-2）代入公式（6-3），得到：

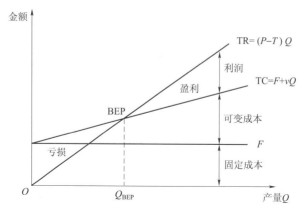

图 6-1　线性盈亏平衡分析图

$$v_{\text{BEP}} = P - T - \frac{F}{Q_{\text{C}}} \tag{6-6}$$

式中，Q_{C} 为项目设计生产能力。

v_{BEP} 为达到盈亏平衡点时的单位产品变动成本，是项目按设计生产能力进行生产和销售时，不发生亏损所能承受单位产品变动成本的最高值。v_{BEP} 的值越小，说明该项目承受风险的能力越大，适应生产技术改进的能力越强。

4）盈亏平衡销售单价

将公式（6-1）、（6-2）代入公式（6-3），得到：

$$P_{\text{BEP}} = \frac{F}{Q_{\text{C}}} + T + v \tag{6-7}$$

P_{BEP} 为达到盈亏平衡点时的销售单价，是项目按设计生产能力进行生产和销售时，不发生亏损所必须要达到的最低销售单价。P_{BEP} 的值越小，说明该项目承受风险的能力越大，适应售价变化的能力越强。

5）盈亏平衡生产能力利用率

生产能力利用率为：

$$f_{\text{BEP}} = \frac{Q_{\text{BEP}}}{Q_{\text{C}}} \times 100\% \tag{6-8}$$

将公式（6-4）代入公式（6-8），得到：

$$f_{\text{BEP}} = \frac{F}{(P - T - v)Q_{\text{C}}} \times 100\% \tag{6-9}$$

f_{BEP} 是达到盈亏平衡点时的生产能力利用率，也是项目不发生亏损所必须要达到的生产能力的最低值。该值越小，说明该项目承受风险的能力越大，适应市场变化的能力越强。根据市场经济发达国家的经验，当 $f_{\text{BEP}} > 70\%$ 时，说明该项目承担风险的能力较弱。

【例 6-1】　某服装厂的年设计生产能力为 50 万件，固定成本 250 万元，单位产品变动成本 70 元/件，服装的平均售价 100 元，试分别计算以产品产量、销售单价、生产能力利用率表示的盈亏平衡点，并分析说明该项目承担风险的能力。已知该项目涉及的销售税金及附加的合并税率为 5%。

解：

（1）由公式（6-4）可得用产量表示的盈亏平衡点：

$$Q_{\mathrm{BEP}} = \frac{F}{P - T - v} = \frac{2\,500\,000}{100 - 5\% \times 100 - 70} = 100\,000（件）$$

计算结果为 10 万件，说明实际年生产量超过 10 万件就能盈利，而该项目设计生产能力 50 万件，超过 10 万件的盈亏平衡点，该项目盈利。

（2）由公式（6-7）可得用销售单价表示的盈亏平衡点：

$$P_{\mathrm{BEP}} = \frac{\dfrac{F}{Q_{\mathrm{C}}} + v}{1 - t} = \frac{\dfrac{2\,500\,000}{500\,000} + 70}{1 - 5\%} = 78.95（元）$$

计算结果为 78.95 元，说明实际销售单价超过 78.95 元就能盈利，而该服装的平均销售单价为 100 元，超过 78.95 元的盈亏平衡点，该项目盈利。

（3）由公式（6-8）可得生产能力利用率：

$$f_{\mathrm{BEP}} = \frac{Q_{BEP}}{Q_{\mathrm{C}}} \times 100\% = \frac{100\,000}{500\,000} \times 100\% = 20\%$$

计算结果为 20%，远远小于 70%，说明该项目承担风险的能力比较强。

4. 线性盈亏平衡分析在多方案比选中的应用

线性盈亏平衡分析是分析产量、成本、收入之间的关系，求出在总成本等于总收入时的产量，分析在该产量平衡点左右的利润大小，从而评价项目承担风险的能力。在多方案比选中，也可以运用这种思想，分析在产量平衡点左右，应该选取哪个方案。

1）两个互斥方案比选

对于两个互斥方案，当两方案的成本函数（或收入函数）都受同一个变量 x 影响时，可以选取方案的成本（或收入）作为分析指标：

$$\mathrm{TC}_1 = f_1(x)，\mathrm{TC}_2 = f_2(x) \tag{6-10}$$

再令 $\mathrm{TC}_1 = \mathrm{TC}_2$，得：

$$f_1(x) = f_2(x) \tag{6-11}$$

从而求出平衡点，分析两方案的优劣。

【例 6-2】　现有一修路的工程，有两种方案可供选择：人工修路和机器修路。人工修路的成本为 5 元/平方米，机器修路的成本为 3 元/平方米，但是需要另付租赁费 1 万元，试分析该修路工程应选取哪种方案。

解：

设需要修 Q 平方米的路，则人工修路的总成本费为 $\mathrm{TC}_1 = 5Q$；机器修路的总成本费用为 $\mathrm{TC}_2 = 3Q + 10\,000$。

令 $\mathrm{TC}_1 = \mathrm{TC}_2$，即 $5Q = 3Q + 10\,000$，得 $Q_0 = 5\,000$（平方米）。

如图 6-2 所示，当修路的面积不足 Q_0，即不足 5\,000 平方米时，$\mathrm{TC}_2 > \mathrm{TC}_1$，说明方案 2 的成本高于方案 1，所以应选取方案 1（人工修路）；当修路的面积超过 Q_0，即超过 5\,000 平方米时，$\mathrm{TC}_1 > \mathrm{TC}_2$，说明方案 1 的成本高于方案 2，此时应选取方案 2（机器修路）。

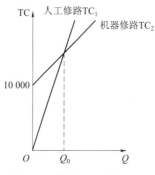

图 6-2　修路工程方案比选

2）多个互斥方案比选

若存在多个互斥的方案可供选择时，可以参照上述的两个互斥方案比选的方法进行选取。

当多个方案的成本函数（或收入函数）都受同一个变量 x 影响时，可以选取方案的成本（或收入）作为分析指标，比如：

$$TC_1 = f_1(x)，TC_2 = f_2(x)，TC_3 = f_3(x)，\cdots \qquad (6\text{-}12)$$

再令 $TC_1 = TC_2$，$TC_2 = TC_3$，$TC_3 = TC_1$，$\cdots$

分别进行两两比较，求出每对比较方案的平衡点，分析比较，选取最优方案。

【例 6-3】　现有一生产项目，由于使用的材料、器具、机械设备的不同，有三种方案可供选择，各方案的数据如表 6-1 所示，试对其进行分析比较。

表 6-1　各方案的数据　　　　　　　　　　单位：元

方案	固定成本	变动成本
方案 1	5 000	20
方案 2	3 000	40
方案 3	2 000	80

解：

设生产项目总成本是产量 Q 的函数，则有：

$$TC_1 = 5\ 000 + 20Q$$
$$TC_2 = 3\ 000 + 40Q$$
$$TC_3 = 2\ 000 + 80Q$$

再由 $TC_1 = TC_2$，得 $Q_1 = 100$（件）；$TC_2 = TC_3$，得 $Q_2 = 25$（件）；$TC_3 = TC_1$，得 $Q_3 = 50$（件）。

如图 6-3 所示，当产量 $Q < 25$ 时，$TC_1 > TC_2 > TC_3$，应选取方案 3 为最优方案；当 $25 < Q < 50$ 时，$TC_1 > TC_3 > TC_2$，应选取方案 2 为最优方案；当 $50 < Q < 100$ 时，$TC_3 > TC_1 > TC_2$，也应选取方案 2 为最优方案；当产量 $Q > 100$ 时，$TC_3 > TC_2 > TC_1$，应选取方案 1 为最优方案。

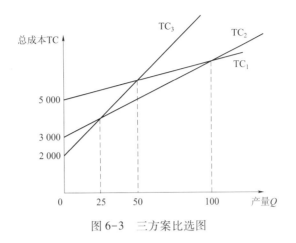

图 6-3　三方案比选图

6.2.3　非线性盈亏平衡分析

　　线性盈亏平衡分析法简单直观，能快速地达到决策的目的，但在实际的生产经营过程中，产量与成本、产量与收入之间的函数关系并不一定是线性的，更多地表现为非线性的。一方面，当企业过度增加产量时，原材料的需求就会增加，而供给跟不上，导致原材料价格上涨。另外，过度增产还需支付给员工加班费、奖金等，导致劳务费用的增加。再加上机械设备的超负荷运转，产生的设备维修费的增加、使用寿命的缩短等。最终，这些原因就会导致产量与成本之间呈现出一种非线性的关系。另一方面，当企业过度增加产量时，市场上该产品的供给增加，而需求变动不大，导致产品的销售单价下降，税收不变，导致产量与收入之间也呈现出一种非线性的关系。

　　通常用二次函数来表示产量与成本、产量与收入之间的非线性关系：

$$TC = F + aQ + bQ^2 \tag{6-13}$$

$$TR = cQ + dQ^2 \tag{6-14}$$

式中，a、b、c、d 为常数。

　　在盈亏平衡点上，有 $TC - TR = 0$，将公式（6-13）、（6-14）代入，得：

$$(b-d)Q^2 + (a-c)Q + F = 0 \tag{6-15}$$

$$Q_{BEP_{1,2}} = -\frac{a-c}{2(b-d)} \pm \frac{\sqrt{(a-c)^2 - 4(b-d)F}}{2(b-d)} \tag{6-16}$$

　　此时，有两个盈亏平衡点，即 Q_{BEP1} 和 Q_{BEP2}，如图 6-4 所示。产量在 Q_{BEP1} 和 Q_{BEP2} 之间时，利润为正，项目盈利。而且，在该区域内存在一个最大利润点，利润最大时的产量为：

$$\frac{d(TC - TR)}{dQ} = 2Q(b-d) + (a-c) = 0$$

$$Q_{max} = -\frac{a-c}{2(b-d)} \tag{6-17}$$

　　【例 6-4】　某设备生产商拟上线一个新项目，根据其他企业类似项目的相关数据分析，得知如下的成本函数与收入函数（单位/元）：

$$TC = 200\ 000 + 100Q - 0.05Q^2$$

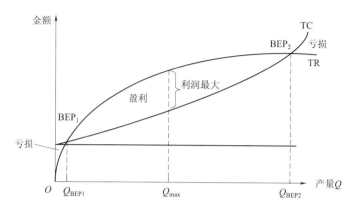

图 6-4 非线性盈亏平衡分析图

$$TR = 300Q - 0.07Q^2$$

试计算盈亏平衡点产量、利润最大点产量及最大利润。

解：

（1）盈亏平衡点上有 TC = TR，即：

$$200\ 000 + 100Q - 0.05Q^2 = 300Q - 0.07Q^2$$

$$200\ 000 - 200Q + 0.02Q^2 = 0$$

解得：$Q_{BEP1} = 1\ 127$（件），$Q_{BEP2} = 8\ 873$（件）。

说明产量在 $1\ 127 \sim 8\ 873$ 件时，利润为正，该项目盈利。

（2）利润最大时的产量为：

$$Q_{max} = \frac{200}{2 \times 0.02} = 5\ 000\ （件）$$

此时最大利润为 $TR - TC = 200Q - 0.02Q^2 - 200\ 000 = 300\ 000$ 元。

6.2.4 盈亏平衡分析法的优缺点

当项目初步可以确定固定成本、可变成本、销售税率、销售单价、设计生产能力这些参数时，用盈亏平衡分析法可以粗略地对项目中高度敏感的产量、成本、收入等不确定因素进行分析，确定项目合理的生产规模，了解项目承担风险的能力。此外，盈亏平衡分析法还可用于互斥型方案的比选。

虽然，盈亏平衡分析法有上述优点，但同时它也存在下列缺点。

（1）盈亏平衡分析法是建立在产量与销售量相等的假设上的，而在实际的生产经营活动中是很难实现当年生产的产品全部在当年销售出去的，所以该假设很难成立。

（2）盈亏平衡分析法中所使用的数据，大多是在正常年份历史数据的基础上修正得来的，没有考虑资金的时间价值，并且由于项目的长期性，其现金流量是不断变化的，所以该方法的数据精度不高。

（3）盈亏平衡分析法虽然可以衡量项目风险的大小，并且知道降低盈亏平衡点就可以降低风险，但是该方法并没有揭示项目风险产生的根源，没有说明如何降低盈亏平衡点。所以，还需要结合其他方法进行分析。

因此，盈亏平衡分析法适用于对短期项目的不确定性分析。若用其分析长期项目，则不能对项目整个寿命期进行全面的分析评价，结果是粗略的。

6.3　敏感性分析

6.3.1　敏感性分析的基本内容

1. 敏感性分析的概念

敏感性分析（Sensitivity Analysis）是一种常用的对投资项目进行不确定性分析的方法。它是研究当某一个或几个不确定性因素变动，而其他因素不变时，对投资项目决策评价指标的影响。如果不确定性因素变动很大，而评价指标变动很小，则称其为非敏感因素，即该项目对此因素不敏感；反之，如果不确定性因素变动不大，而评价指标变动很大，则称其为敏感因素，即该项目对此因素敏感。敏感性分析的目的就是要找出投资项目的敏感因素，分析该因素对项目的影响程度，预测项目可能承受的风险，进而可以制定控制敏感因素的对策，提高项目经济上的安全性。敏感性分析也可用于多方案的比较，当某不确定因素发生相同变化时，项目评价指标变化小的方案为对该因素敏感性弱的方案，一般应选取敏感性弱、承担风险能力强的方案。

敏感性分析分为单因素和多因素的敏感性分析。单因素敏感性分析是指每次只改变一个不确定性因素的数值，其他因素的值不变，分析该因素的变动对项目评价指标的影响程度。多因素敏感性分析是指每次同时改变两个或两个以上的不确定性因素的数值，其他因素的值不变，分析这些因素的变动对项目评价指标的影响。

2. 敏感性分析的步骤

（1）选取项目评价指标。投资项目的经济评价指标有很多，不可能都用来进行分析，应该根据项目的特点、所处的不同阶段和实际需求情况等，选取最重要的指标。例如，在项目的机会研究阶段，主要是确定项目的投资方向和投资机会，对深度的要求不高，再加上，此时拥有的各种数据不完整不精确，一般使用静态的评价指标，如投资收益率和投资回收期。当项目进入可行性研究阶段，则需要使用动态指标进行分析，主要采用净现值和内部收益率，通常还以投资回收期相辅。

另外，项目的敏感性分析是建立在确定性分析的基础上的，所以敏感性分析所使用的经济评价指标应与确定性分析所使用的指标相一致。当确定性分析使用的指标较多时，可以从中选取一个或几个最重要的指标进行敏感性分析。

（2）选取不确定性因素。影响投资项目评价指标的不确定性因素也有很多，不可能也没有必要对所有的不确定性因素进行分析，通常是选取一些主要的影响因素，比如项目投资额、项目寿命期、寿命期末的资产残值、经营成本、产销量、产品售价、基准折现率等。选取时一般遵循以下两条原则：第一，预计该因素的变动对项目评价指标的影响比较大，并且尽可能与其他因素相互独立；第二，未来该因素发生变化的可能性较大。

（3）设定不确定性因素的变化范围。根据项目的实际情况，确定选取的不确定性因素的变动范围，一般为 ±5%、±10%，最大不超过 ±20%。

（4）计算不确定性因素的变化对项目评价指标的影响程度。其他影响因素不变的情况下，分别计算每个不确定性因素每次变动对项目评价指标的影响程度。然后，将不确定性因素的变动及评价指标的变动结果，编制成敏感性分析表和敏感性分析图，以便于进行分析。

（5）确定敏感因素（相对测定法、绝对测定法）。敏感性分析的目的就是要找出投资项目的敏感因素。当其他因素不变，某个因素变动，甚至是微小的变动都会导致项目评价指标的巨大变动时，就称该因素是敏感因素。

确定敏感因素的方法有两种：相对测定法和绝对测定法。

① 相对测定法。设定要分析的不确定性因素均从确定性分析时所用的数值开始变动，并且每次变动的幅度相同，比较各不确定性因素在相同的变动幅度下对项目评价指标的影响程度，从而分析判断出哪些因素是敏感因素。一般采用敏感系数来衡量项目对不确定性因素的敏感程度。敏感度系数的计算公式为：

$$S = \frac{\Delta A/A}{\Delta F/F} \tag{6-18}$$

式中：S——敏感度系数；

F——不确定性因素的基准值；

ΔF——不确定性因素的变动值；

$\Delta F/F$——不确定性因素的变动率；

A——项目评价指标的基准值；

ΔA——项目评价指标随不确定性因素的变动而发生的变动值；

$\Delta A/A$——项目评价指标的变动率。

敏感度系数的绝对值越大，项目对该因素越敏感，可以此为依据对各个不确定性因素的敏感性进行排序，找出敏感因素。

（2）绝对测定法。设定不确定性因素的变动方向朝着不利于项目经济效益的方向变动，并取其有可能发生的"最坏"值，根据该"最坏"值，计算出项目评价指标的值，观察该值是否已经导致项目不可行，若真的导致项目不可行，那么该不确定性因素就是敏感因素。此方法也可先假定项目的评价指标到达临界值，如净现值为零、内部收益率等于基准折现率等，计算不确定性因素允许变动的范围，再将该变动范围与此因素可能发生的最大变动范围进行比较，如果后者超过了前者，那么项目承担的风险就大，项目对该因素就敏感。

6.3.2 单因素敏感性分析

单因素敏感性分析是指每次只改变一个不确定性因素的数值，其他因素的值不变，分析该因素的变动对项目评价指标的影响程度。

【例 6-5】 现有一投资项目，项目的年设计生产能力为 40 万件，初始投资额为 3 500 万元，预计销售单价为 20 元/件，年经营成本为 200 万元，项目寿命期 10 年，期末残值为 60 万元，基准收益率为 10%，试对该项目的投资额、产品销售单价、经营成本等因素进行单因素敏感性分析。

解：

（1）选择净现值作为该项目的经济评价指标，需要分析的不确定性因素包括投资额、产品销售单价和经营成本，设定因素的变动范围为±10%、±20%。

在基准条件下的净现值为：

$$NPV_0 = -3\ 500 + (40 \times 20 - 200)(P/A, 10\%, 10) + 60(P/F, 10\%, 10)$$
$$= 209.89\ （万元）> 0$$

因此，项目可行。

（2）计算不确定性因素变动对净现值的影响，例如投资额增加 10% 时：

$$NPV_{投,10\%} = -3\ 850 + (40 \times 20 - 200)(P/A, 10\%, 10) + 60(P/F, 10\%, 10)$$
$$= -140.11\ （万元）$$

其他计算结果如表 6-2 所示。

（3）计算敏感度系数和临界值。

① 计算敏感度系数：

$$S_{投资} = [(-140.11 - 209.89)/209.89]/(10\%) = -16.68$$

$$S_{单价} = [(701.46 - 209.89)/209.89]/(10\%) = 23.42$$

$$S_{成本} = [(87.00 - 209.89)/209.89]/(10\%) = -5.85$$

可任意挑选变动率，计算结果不变，例如：

$$S_{投资} = [(909.89 - 209.89)/209.89]/(-20\%) = -16.68$$

② 计算临界值。NPV = 0 时：

$$NPV_{投资} = -I + (40 \times 20 - 200)(P/A, 10\%, 10) + 60(P/F, 10\%, 10) = 0$$

得：

$$I = 3\ 709.89\ （万元）$$

$$变动率 = (3\ 709.89 - 3\ 500)/3\ 500 \times 100\% = 6.00\%$$

$$NPV_{单价} = -3\ 500 + (40 \times P - 200)(P/A, 10\%, 10) + 60(P/F, 10\%, 10) = 0$$

得：

$$P = 19.15\ （元）$$

$$变动率 = (19.15 - 20)/20 \times 100\% = -4.25\%$$

$$NPV_{成本} = -3\ 500 + (40 \times 20 - C)(P/A, 10\%, 10) + 60(P/F, 10\%, 10) = 0$$

得：

$$C = 234.16\ （万元）$$

$$变动率 = (234.16 - 200)/200 \times 100\% = 17.08\%$$

表 6-2　单因素敏感性分析表　　　　　　　　　　　　　　　单位：万元

因　素		变动率					敏感度系数	临界值	敏感度排序
		-20%	-10%	0	+10%	+20%			
投资额	因素值	2 800	3 150	3 500	3 850	4 200	-16.68	6.00%	2
	NPV	909.89	559.89	209.89	-140.11	-490.11			
销售单价	因素值	16	18	20	22	24	23.42	-4.25%	1
	NPV	-773.25	-281.68	209.89	701.46	1 193.03			
经营成本	因素值	160	180	200	220	240	-5.85	17.08%	3
	NPV	455.67	332.78	209.89	87.00	-35.89			

（4）敏感性分析。敏感度系数的绝对值越大，说明该因素的变动对方案的净现值影响越大，项目对该因素越敏感，按照敏感性由强到弱的排序为销售单价、投资额、经营成本。而变动率临界值的绝对值越小，净现值对该因素越敏感，按照敏感性由强到弱排序也为销售单价、投资额、经营成本。

另外，还可以通过绘制敏感性分析图确定敏感因素。敏感性分析图的横坐标为变动率，纵坐标为项目评价指标（如净现值），如图6-5所示。图6-5中有三条需要分析的不确定性因素所对应的直线，每条直线的斜率就是相应因素的敏感度系数，每条直线与横坐标的交点为该因素的临界值。通过观察敏感性分析图，可以看出三者斜率的绝对值由大到小为销售单价、投资额、经营成本，还可看出各直线与横坐标交点的绝对值由小到大同样为销售单价、投资额、经营成本。所以，无论是通过相对测定法还是绝对测定法，无论是通过编制表格还是绘制分析图，均能得到同样的结论：该项目的净现值对各因素的敏感程度由强到弱依次是销售单价、投资额、经营成本。由此可见，该项目应该加强对产品销售单价的测算，如果未来产品单价变动的可能性较大，那么该项目所承担的风险就大。

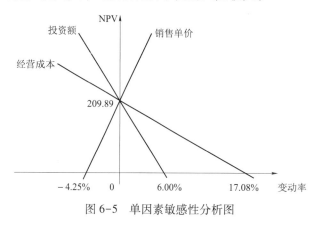

图6-5　单因素敏感性分析图

【例6-6】　对例6-5用内部收益率进行单因素敏感性分析。

解：

（1）选择内部收益率作为该项目的经济评价指标，需要分析的不确定性因素包括投资额、产品销售单价和经营成本，设定因素的变动范围为±10%、±20%。

基准条件下的内部收益率为：

$$-3\ 500+(40×20-200)(P/A,IRR,10)+60(P/F,IRR,10)=0$$

这里使用 Excel 求得 IRR=11.37% > 10%，项目可行。（也可使用插值法，得出 IRR 的近似值11.40%。）

（2）计算不确定性因素变动对内部收益率的影响，计算结果如表6-3所示。

（3）计算敏感系数和临界值。

① 计算敏感度系数：

$$S_{投资}=[(9.15\%-11.37\%)/11.37\%]/(10\%)=-1.95$$

$$S_{单价}=[(14.46\%-11.37\%)/11.37\%]/(10\%)=2.72$$

$$S_{成本}=[(10.57\%-11.37\%)/11.37\%]/(10\%)=-0.70$$

② 计算临界值。IRR=10%时：

$$-I+(40×20-200)(P/A,10\%,10)+60(P/F,10\%,10)=0$$

得：

$$I=3\ 709.89\ (万元)$$
$$变动率=(3\ 709.89-3\ 500)/3\ 500×100\%=6.00\%$$
$$-3\ 500+(40×P-200)(P/A,10\%,10)+60(P/F,10\%,10)=0$$

得：

$$P=19.15\ (元)$$
$$变动率=(19.15-20)/20×100\%=-4.25\%$$
$$-3\ 500+(40×20-C)(P/A,10\%,10)+60(P/F,10\%,10)=0$$

得：

$$C=234.16\ (万元)$$
$$变动率=(234.16-200)/200×100\%=17.08\%$$

表 6-3　单因素变动情况下的内部收益率表

因　素	变动率					敏感度系数	临界值	敏感度排序
	−20%	−10%	0	+10%	+20%			
投资额	17.07%	13.97%	11.37%	9.15%	7.23%	−1.95	6.00%	2
销售单价	4.62%	8.11%	11.37%	14.46%	17.41%	2.72	−4.25%	1
经营成本	12.93%	12.16%	11.37%	10.57%	9.76%	−0.70	17.08%	3

按项目内部收益率对各因素的敏感性由强到弱为销售单价、投资额、经营成本。最敏感的因素是销售单价，所以应加强对该因素的测算。另外，应该注意到，运用内部收益率作为经济评价指标进行敏感性分析时，项目基准收益率的变动不会影响到内部收益率，即无论基准收益率如何变化，内部收益率还是如表 6-3 所示。所以，基准收益率是内部收益率的非敏感因素，如果需要对基准收益率进行敏感性分析，则不能使用内部收益率作为经济评价指标。

6.3.3　多因素敏感性分析

单因素敏感性分析是分析当一个不确定性因素发生变动时对项目评价指标的影响。而实际情况是很多因素之间是有相关性的，一个因素的变动会带动其他某些因素值的改变，因此就有必要对项目进行多因素敏感性分析。

多因素敏感性分析是指每次同时改变两个或两个以上的不确定性因素的数值，其他因素的值不变，分析这些因素的变动对项目评价指标的影响。多因素敏感性分析的计算比单因素复杂得多，单因素得到的分析图中是一条条敏感性分析曲线，若是双因素敏感性分析则会在分析图中得到敏感性分析曲面，而当分析的不确定因素超过两个时，得到的则是一个个三维的敏感性分析体。下面结合案例仅进行两个因素同时变动的多因素敏感性分析。

【例 6-7】　某建设项目期初投资额为 230 000 元，年收入 80 000 元，年经营费用 38 000，寿命期 10 年，期末残值 20 000 元，基准收益率 12%。假定该项目最关键的两个不确定性因素是期初投资额和年收入，试用净现值对这两个因素进行双因素敏感性分析。

解：

设期初投资额的变动率为 x，年收入的变动率为 y，则净现值为：

$$NPV = -230\ 000(1+x) + [80\ 000(1+y) - 38\ 000](P/A, 12\%, 10) + 20\ 000(P/F, 12\%, 10)$$

化简得：

$$NPV = 13\ 748.4 - 230\ 000x + 452\ 016y$$

因为当 NPV ≥ 0 时，项目可行。

所以，令 NPV ≥ 0，即 $13\ 748.4 - 230\ 000x + 452\ 016y \geq 0$，得：

$$y \geq 0.508\ 8x - 0.030\ 4$$

绘制横坐标为期初投资额变动率，纵坐标为年收入的双因素敏感性分析图，如图 6-6 所示。图 6-6 中直线为 $y = 0.508\ 8x - 0.030\ 4$，是一条临界线，直线上 NPV = 0。直线上方，NPV > 0；直线下方，NPV < 0。也就是说，当期初投资额与年收入同时变动时，如果两者变化的变动率所对应的点，落在临界线的上方，则项目依旧可行，该区域就是这两个因素允许同时变动的范围；若落在临界线下方，则项目变为不可行了。另外，从图 6-6 中可以看出，在两者都在±20%的范围变动时，临界线上方的区域大于其下方的区域，说明项目可行的可能性大于不可行的可能性，该项目承担风险的能力较强。

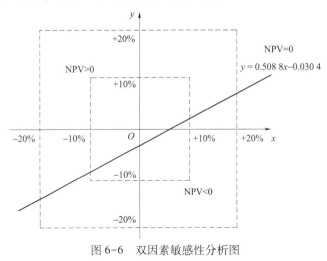

图 6-6　双因素敏感性分析图

6.3.4　敏感性分析的优缺点

敏感性分析能够指出不确定性因素的变动对项目评价指标的影响程度，找出项目的敏感因素，弄清楚项目对这些因素所允许的变动范围，从而有助于进一步对敏感性强的不确定性因素进行深入的分析测算，制定出限制该因素变动的应对措施，以降低项目所承担的风险，提高决策的可靠性。

敏感性分析也存在一定的缺点。敏感性分析只是找出哪个或哪些不确定性因素是项目的敏感因素，但是却无法说明未来项目运作时这些因素实际发生变动的可能性，以及实际变动的大小。有时项目非常敏感的因素，在实际情况下很少会发生变动；或者，项目不是很敏感的因素，在实际情况下却容易发生巨大的变动，这样给项目带来的风险可能会大于敏感因素。而这些问题是敏感性分析解决不了的，需要借助于概率分析。

6.4　概　率　分　析

6.4.1　概率分析的基本内容

1. 概率分析的概念

概率是指事件发生的可能性的大小。概率分析（Probability Analysis），是运用不确定性因素变动对项目评价指标的影响，以及其相应变动的概率，进行不确定性分析的一种定量方法。概率分析的目的是确定影响项目经济效益的不确定性因素及其可能的变动范围，并根据经验、历史数据等得出不确定性因素变动的概率分布，从而求出项目评价指标的期望、离差等，最终得出项目可行的累计概率，说明项目承担风险的大小。

2. 概率分析的步骤

（1）选取项目经济评价指标。

（2）确定需要进行概率分析的不确定性因素。可以在敏感性分析的基础上，选取敏感性强的不确定性因素进行概率分析。

（3）设定不确定性因素可能发生的变动范围，再根据经验、历史数据等得出不确定性因素各种变动状况的概率，且每种不确定性因素发生各种状况的概率之和为 1。

（4）根据不确定性因素的变动状况及其概率分布，求出相应状态下的项目经济评价指标的数值及其概率分布。

（5）求出项目评价指标的期望值。期望值的计算公式为：

$$E(x) = \sum_{i=1}^{n} x_i P_i \tag{6-19}$$

式中：$E(x)$——项目评价指标 x 的期望值；

　　　x_i——第 i 种状况下项目评价指标的数值；

　　　P_i——第 i 种状况发生的概率。

（6）求出项目可行的累计概率。例如，使用净现值作为评价指标，则求出净现值大于等于零的累计概率。

（7）对概率分析结果进行说明。

6.4.2　概率分析的方法

1. 单方案概率分析

只对单一方案进行概率分析，一般采用净现值作为项目评价指标，计算净现值大于等于零的累计概率，累计概率越大说明方案承担的风险越小，经济效益的可靠性越好。

【例 6-8】　某工程项目期初投资额为 25 万元，年经营费用为 2 万元，基准收益率为 10%，期末残值为 0。有关人员根据历史数据预测，该项目年收入有三种可能：7 万元、15 万元、20 万元，对应的概率分别为 0.2、0.4、0.4；项目的寿命期也有三种可能：5 年、10 年、12 年，对应的概率为 0.3、0.6、0.1。试计算该项目净现值的期望及净现值大于等于零的累计概率。

解：

（1）项目评价指标为净现值，需要分析的不确定性因素为年收入和寿命期，题中给出了各因素可能发生的状况，如表6-4前两行所示，分别列出了各因素状况的数值和概率。

（2）联合概率为每个事件发生的概率。例如，年收入7万元，寿命期5年，该种情况的概率为前述两种状况的概率的乘积，即 $P_1 = 0.2 \times 0.3 = 0.06$，其他结果如表6-4第四行所示。

（3）求出每种情况的净现值。例如：

$$\text{NPV}_1 = -25 + (7-2)(P/A, 10\%, 5) = -6.05 \text{（万元）}$$
$$\text{NPV}_2 = -25 + (7-2)(P/A, 10\%, 10) = 5.72 \text{（万元）}$$

其他结果如表6-4第5行所示。

（4）求出净现值的期望值。

$$E(\text{NPV}) = \sum_{i=1}^{9} \text{NPV}_i \times P_i = 48.77 \text{（万元）}$$

（5）求出净现值大于等于零的概率。先将NPV的值从小到大进行排序，并列出累计概率，再运用插值法求出净现值小于零的概率，进而得出净现值不小于零的概率。

$$P(\text{NPV}<0) = 0.06 + (0.18-0.06) \times \frac{6.05}{6.05+5.72} = 0.121\ 7$$

$$P(\text{NPV} \geqslant 0) = 1 - P(\text{NPV}<0) = 1 - 0.012\ 17 = 0.878\ 3$$

（6）结果分析。根据计算结果，该项目的净现值为48.77万元，且净现值大于等于零的概率达到87.83%，说明该项目所承担的风险比较小，经济效益比较可靠。

表6-4 项目各种可能状况的净现值

年收入/万元	7(0.2)			15(0.4)			20(0.4)			合计
寿命期/年	5(0.3)	10(0.6)	12(0.1)	5(0.3)	10(0.6)	12(0.1)	5(0.3)	10(0.6)	12(0.1)	—
状况 i	1	2	3	4	5	6	7	8	9	—
联合概率 P_i	0.06	0.12	0.02	0.12	0.24	0.04	0.12	0.24	0.04	1
NPV_i/万元	−6.05	5.72	9.07	24.28	54.88	63.58	43.23	85.60	97.65	—
$\text{NPV}_i \times P_i$/万元	−0.36	0.69	0.18	2.91	13.17	2.54	5.19	20.54	3.91	48.77
NPV_i从小到大排序	−6.05	5.72	9.07	24.28	43.23	54.88	63.58	85.60	97.65	—
累计概率	0.06	0.18	0.20	0.32	0.44	0.68	0.72	0.96	1	—

注：前两行括号中的值为该状况下的概率。

2. 多方案概率分析

多方案概率分析是对多个方案进行概率分析，从中选出风险最小、经济效益最好的方案。如果采用上述单方案的概率分析方法，无法比较期望值不同的方案之间的风险大小。

1）风险度分析法

（1）标准差。标准差是反映随机变量实际值与期望值之间的偏差、离散的程度。在投资项目评价中用来反映项目风险的大小。标准差的公式为：

$$\sigma(x) = \sqrt{\sum_{i=1}^{n} P_i [E(x) - x_i]^2} \tag{6-20}$$

式中：$\sigma(x)$——标准差；

$E(x)$——期望值；

x_i——第 i 种状况下该指标的值；

P_i——第 i 种状况发生的概率。

【例 6-9】　现有一兴建厂房的项目，投资者有两套方案。方案 1：建大厂，若以后产品畅销则净收益 80 万元；若产品销售量一般，则净收益 50 万元；若产品滞销，则净收益-40万元。方案 2：建小厂，产品畅销则净收益 55 万元；若产品销售量一般，则净收益 25 万元；若产品滞销，则净收益-20 万元。根据相关人员市场调查研究认为产品未来销售状况畅销、一般、滞销的概率分别为 0.3、0.5、0.2。计算两方案的期望值和标准差。

解：

两方案的期望值分别为：

$$E_1 = 80×0.3+50×0.5+(-40)×0.2=41（万元）$$
$$E_2 = 55×0.3+25×0.5+(-20)×0.2=25（万元）$$

方差为：

$$\sigma_1^2 = 0.3×(41-80)^2+0.5×(41-50)^2+0.2×[41-(-40)]^2=1\ 809$$
$$\sigma_2^2 = 0.3×(25-55)^2+0.5×(25-25)^2+0.2×[25-(-20)]^2=675$$

标准差为：

$$\sigma_1 = 42.53$$
$$\sigma_2 = 25.98$$

如果按照期望值选取方案，由于 $E_1>E_2$，则应选取方案 1；但是 $\sigma_1>\sigma_2$，说明方案 1 的风险大于方案 2，所以若单看标准差，则应选取方案 2。所以，标准差无法比较期望值不同的方案间的风险程度，需要引入变异系数作为风险度来消除期望值对标准差的影响。

（2）变异系数。变异系数的公式为：

$$CV = \frac{\sigma(x)}{E(x)} \tag{6-21}$$

式中：CV——变异系数；

$\sigma(x)$——标准差；

$E(x)$——期望值。

从公式（6-21）中可以看出，变异系数是一个相对值，它消除了期望值对风险度的影响，可以更好地反映方案的风险情况。

【例 6-10】　计算例 6-9 中两方案的变异系数。

解：

两方案的变异系数分别为：

$$CV_1 = \sigma_1/E_1 = 42.53/41 = 1.037\ 3$$
$$CV_2 = \sigma_2/E_2 = 25.98/25 = 1.039\ 2$$

$CV_1<CV_2$，说明方案 1 的风险小于方案 2，按照风险度分析法，应选取方案 1。

所以，对于期望值相同的方案，可以直接选取标准差较小的方案；而对于期望值不同的方案，则需要用变异系数来衡量各方案的风险大小，变异系数越小，风险越小。

2）决策树法

对于多阶段多方案的复杂项目，可以借助决策树进行分析。决策树是模仿树木的结构形态的一种图形决策方法。该方法直观清晰，层次分明，先画图再计算的步骤，有助于先理清复杂项目的决策思路，再进行决策。

（1）决策树的结构。

结点：决策结点（后跟需要进行决策的不同方案，用"□"表示）、状态结点（后跟可能遇到的不同情况，用"○"表示）和结局结点（表明该种方案遇到该种情况的结果，用"△"表示）

分枝：决策分枝（从决策结点伸出）和状态分枝（从状态结点伸出）。

（2）决策树法决策的步骤。

首先，按照题意从左至右绘制决策树；然后，按照决策树从右至左的顺序，计算各方案决策指标的期望值，并通过从右至左的将每个决策点后的决策分支"剪枝"（用"∥"表示）的方法淘汰期望值较小的方案；最终，没有被"剪掉"的决策分支就是最优方案。

【例 6-11】 例 6-9 的决策树如图 6-7 所示。

解：

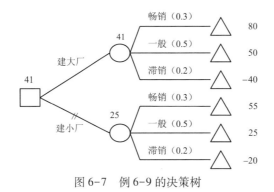

图 6-7　例 6-9 的决策树

该项目的决策比较简单，只需决策一次，下面看一个需要多次决策的例子。

【例 6-12】 某厂需要改进工艺，现有两种方案：自行研究（成功概率为 0.5）、引进（成功概率 0.7）。无论采用哪种方案，如果成功则考虑是增产还是不增产，如果失败，则不考虑增产，继续按照原工艺生产。市场有繁荣、正常、衰退三种可能的状况，概率分别为 0.4、0.5、0.1。各方案预计的净收益如表 6-5 所示。试用决策树法选取出最优方案。

表 6-5　各方案的净收益　　　　　　　　　　　　　单位：万元

市场状况	方案				失败 不增产
	自研成功		引进成功		
	增产	不增产	增产	不增产	
繁荣（0.4）	700	400	350	200	100
正常（0.5）	200	100	60	0	50
衰退（0.1）	-300	-100	-400	-100	-100

解：

（1）按题意，从左至右绘制决策树，如图 6-8 所示。

（2）从右至左计算各方案的期望值。例如，自研成功的情况下选择增产和不增产的方案的期望值分别为：

$$E（自研增产）= 700×0.4+200×0.5-300×0.1 = 350（万元）$$
$$E（自研不增产）= 400×0.4+100×0.5-100×0.1 = 200（万元）$$

E（自研增产）＞E（自研不增产），所以选取增产方案，在不增产的决策分枝上划"//"，表明淘汰该方案，再将选取的方案的期望值写在决策结点上。以此类推，一直计算到最左边的决策结点。最终，得出的决策方案为自行研究，如果成功则增产，该方案的期望值为 202.5 万元。

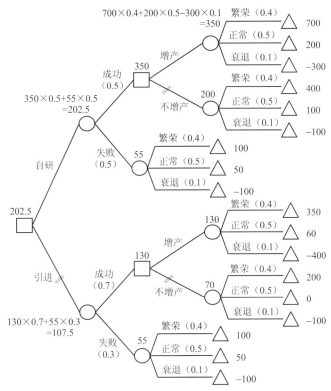

图 6-8 例 6-12 的决策树

6.4.3 概率分析的优缺点

项目风险的大小不仅和敏感性因素发生变动导致的后果有关，还与其发生变动的可能性有关。项目中各个不确定性因素发生变动的可能性是不同的，导致项目同样敏感的两个不确定性因素发生变动的可能性不同，从而最终两者对项目风险的影响程度也就不一样。这种问题是敏感性分析所不能解决，而概率分析可以解决。概率分析就是通过确定影响项目经济效益的不确定性因素可能的变动范围，及其变动的概率分布，求出项目评价指标的期望、离差等指标，从而说明项目承担风险大小的一种定量方法。

虽然概率分析解决了敏感性分析无法解决的问题，但是该方法中需要使用的概率，一般是人为根据已存在的历史数据预测估算得出的经验概率，带有一定的主观随意性。虽然现在拥有一些如德尔菲法、贝叶斯公式这样的方法，可以对人为确定的概率进行修正，但是仍然无法完全排除其主观性，所以概率分析方法中的概率确定问题，仍是一个需要不断研究、不断改进的问题。

练习题

一、选择题

1. 盈亏平衡分析是通过找到项目的（　　），据此分析项目承担的风险大小的一种（　　）方法。

A. 亏损最低点，不确定性分析　　　　　　B. 亏损到盈利的转折点，不确定性分析

C. 亏损到盈利的转折点，确定性分析　　　D. 盈利最高点，确定性分析

2. 在最基本的盈亏平衡分析图中，盈亏平衡点是指总成本线与（　　）线的交点。

A. 销售收入　　　　B. 产品产量　　　　C. 净收益　　　　D. 产品销售量

3. 某在建项目年设计生产能力为 80 万件，预计销售单价为 20 元，年固定成本 100 万元，变动成本 10 元/件，不考虑税费，该项目的生产能力利用率为（　　）。

A. 10%　　　　　　B. 12.5%　　　　　C. 13.5%　　　　　D. 15%

4. 项目不确定性因素的敏感度系数的绝对值（　　），临界值的绝对值（　　），说明不确定性因素对项目评价指标的影响越大。

A. 越大，越大　　　　　　　　　　　　　B. 越大，越小

C. 越小，越小　　　　　　　　　　　　　D. 越小，越大

5. 进行单因素敏感性分析时，令需要分析的一个不确定性因素值在一定的范围变动，其他的不确定性因素值（　　）。

A. 由大到小变化　　B. 由小到大变化　　C. 不变　　　　　D. 依此变化

6. 单因素敏感性分析中，当甲、乙、丙、丁四个不确定性因素分别发生 5%、5%、10%、15% 的变化时，项目评价指标相应地分别发生 10%、5%、25%、30% 的变化，其中最敏感的不确定性因素是（　　）。

A. 甲　　　　　　　B. 乙　　　　　　　C. 丙　　　　　　　D. 丁

7. 某工厂想要引进一条生产线，现有三套方案可供选择，三套方案的总成本如图 6-9 所示。当预计的产销量是 20、70 和 150 万件时，最佳方案分别为（　　）。

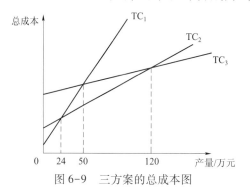

图 6-9　三方案的总成本图

A. 1、3、2　　　　B. 3、1、2　　　　C. 2、3、1　　　　D. 1、2、3

8. 某项目的单因素敏感性分析如图 6-10 所示，内部收益率对三个不确定性因素的敏感性由强到弱的排序为（　　）。

A. 1、2、3   B. 3、2、1   C. 2、3、1   D. 1、3、2

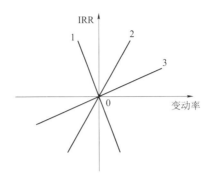

图 6-10　单因素敏感性分析图

9. 对投资项目进行概率分析时，一般需要计算（　　）。

A. 经营成本的期望值　　　　　　　　B. 净现值的期望值

C. 净现值的敏感度　　　　　　　　　D. 内部收益率的敏感度

10. 现有一投资项目，若以后市场繁荣，则净收益为 300 万元；若市场一般，则净收益为 120 万元；若市场萧条，净收益为−50 万元。据专家预测未来市场繁荣、一般、萧条的概率分别为 0.4、0.5、0.1。该项目的变异系数为（　　）。

A. 113.247 5　　　　　B. 175　　　　　C. 0.937 4　　　　　D. 0.647 1

二、判断题

1. 盈亏平衡点是指销售收入线与变动成本线的交点。（　　）

2. 线性盈亏平衡分析的假设前提之一是产量与销售量之间呈线性比例关系。（　　）

3. 敏感性分析可以粗略地预测项目可能承担的风险。（　　）

4. 敏感度系数的绝对值越大，表明项目对该不确定因素越敏感。（　　）

5. 在单方案概率分析中，累计概率越大说明方案承担的风险越大，经济效益的可靠性越差。（　　）

三、简答题

1. 什么是盈亏平衡分析法？线性盈亏平衡分析的前提条件是什么？

2. 简述敏感性分析的概念及其一般步骤。

四、计算题

1. 某在建项目的设计生产能力为每年 800 万件，固定成本为 320 万元，单位产品变动成本为 5 元/件，预计销售单价为 10 元/件，试分别计算以产品产量、销售单价、生产能力利用率表示的盈亏平衡点，并分析说明该项目承担风险的能力。已知该项目涉及的销售税金及附加的合并税率为 5%。

2. 某投资项目的基础数据如表 6-6 所示，由于某些因素的不确定性，预计投资额、年收入、年经营费用将发生较大变动，最大变动范围为 ±20%，基准收益率为 10%。试对这三个不确定性因素进行单因素敏感性分析（相对测定法和绝对测定法）。

表 6-6   某项目的基础数据表

期初投资额/元	年收入/元	年经营费用/元	期末残值/元	寿命期/年
50 000	15 000	4 000	3 000	10

3. 某项目分两期进行，一期工程结束后有 8 个月的停工整修时间，这就涉及施工现场的机器设备是否要搬走的问题。如果搬走，8 个月后还要搬回来，一共需要搬迁费 4 万元。如果不搬，那么对工地上的设备必须施加保护措施，分为普通措施和特殊措施。如果采取普通措施，费用为 0.5 万元，天气好的话，没有损失，若经常刮风下雨，那么损失为 15 万元。如果采取特殊措施，费用为 2.5 万元，天气好，没有损失，若经常刮风下雨，将遭受 3 万元的损失。另据气象专家预测，未来 8 个月天气好的概率为 0.6，经常刮风下雨的概率为 0.4。试用决策树法选取最优方案。

五、案例分析

某城市港口新建一集装箱码头，包括 3 个 3 万 t 级集装箱泊位和 3 个 7 万 t 级集装箱泊位，水深可兼顾 10 万 t 级集装箱船舶靠泊，设计年吞吐量为 300 万标准箱。该项目基准收益率为 8%，项目预计现金流量如表 6-7 所示。

表 6-7   项目预计现金流量   单位：万元

序号	项目	年　份									
		1	…	4	5	6	7	…	10	…	34
	生产负荷/%				50	80	100	100	100	100	100
1	现金流入				48 300	77 280	96 601	96 601	96 601	96 601	166 682
2	现金流出	111 590	111 590	111 590	23 203	28 337	39 120	38 069	43 847	51 203	51 203
2.1	投资	111 590	111 590	111 590							
2.2	流动资金				2 629	1 578	1 051				
2.3	营运资本				18 670	23 713	34 262	34 262	34 262	34 262	34 262
2.4	营业税额				1 904	3 046	3 807	3 807	3 807	3 807	3 807
2.5	调整所得税				0	0	0	0	5 778	13 134	13 134
3	净现金流量	-111 590	-111 590	-111 590	25 097	48 943	57 481	58 532	52 754	45 398	115 479

经过多位专家反复修正，得出几个主要的不确定性因素的变动概率，如表 6-8 所示。

表 6-8   主要不确定性因素变动概率

变动率	−20%	0	+20%
投资	0	1	0
营运收入	0.2	0.5	0.3
经营成本	0.2	0.5	0.3

问题：
1. 以净现值为评价指标，试对该项目进行单方案概率分析。
2. 列出各状况的联合概率、净现值、加权净现值、累计概率，并分析评价该项目的风险。

第 7 章

设备更新的技术经济分析

☞ **本章导读**

本章主要介绍设备更新技术经济分析的相关概念与方法。通过本章的学习，要求学生掌握设备经济寿命的概念及计算方法；掌握不同设备更新方案的比较方法；熟悉设备大修经济评价方法；了解设备的磨损与补偿方式。

☞ **专有名词**

设备更新　设备更换　大修理　现代化改装

7.1　设备更新概述

7.1.1　设备更新的概念

设备指企业生产所需要的器材、机械和生产工具等，是企业生产的物质基础，是企业技术水平的体现。随着时间的推移，无论设备处于使用中还是闲置过程中，设备的磨损都是客观存在的，既可能由于外力作用使机器发生实体磨损，又可能因为技术进步使设备产生价值形态上的损失。

设备更新，从广义上讲，是指对设备所产生的综合磨损进行补偿的过程，包括设备大修、设备更换、设备更新和设备现代化改装等。从狭义上讲，是用结构更加合理、技术更加先进、性能更加完善、生产效率更高的设备来替换陈旧落后的设备。

落后的生产设备是企业生产经营发展的严重阻碍，通过设备更新可以提高企业的生产效率，促进技术的现代化接轨，进一步提升企业的经济效益。但设备更新并不是随意进行的，应根据设备的实际磨损情况、设备的运行情况与费用变化规律等，对设备更新进行技术经济分析，解决设备是否应该更新、如何更新、何时更新等问题。进行设备更新技术经济分析，需要对设备的磨损、补偿及寿命等问题做进一步的分析与探讨。

7.1.2　设备的磨损

设备的磨损程度通常决定了设备是否需要更新，因此在研究设备更新问题前首要研究设备的磨损规律。设备磨损是指设备在使用或闲置过程中，由于受到外力、自然力或技术进步的作用而发生的磨损。设备磨损分两大类、四种形式，如图 7-1 所示。

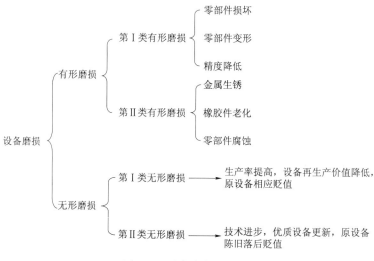

图 7-1   设备磨损的分类

1. 有形磨损

设备在使用或闲置过程中所发生的实体的磨损或损坏称为有形磨损或物质磨损。根据磨损的来源，有形磨损可分为第 I 类有形磨损和第 II 类有形磨损。

1）第 I 类有形磨损

设备在使用过程中，由于外力的作用使得零部件产生振动、摩擦和疲劳的现象，导致的设备摩擦磨损、机械磨损等实体性磨损，称为第 I 类有形磨损。常见的外力有冲击力、摩擦力、超负荷与受热不均匀等。第 I 类有形磨损通常表现为：设备零部件损坏，零部件原始尺寸甚至形状发生变化，公差配合性质的改变及精度的降低。

2）第 II 类有形磨损

设备在闲置过程中，由于自然力的作用使得设备丧失了原有的工作精度与使用价值，此类实体磨损称为第 II 类有形磨损。常见的自然环境作用力有日照、潮湿、腐蚀性液体或气体等。第 II 类有形磨损通常表现为：金属生锈，橡胶或塑料件的老化，零部件的腐蚀。

第 I 类有形磨损的程度与使用强度和使用时长有关，而第 II 类有形磨损通常与生产使用过程无关，在一定程度上由闲置时长和保管条件所决定。但在实际生产过程中，除封存未用的设备外，以上两种磨损形式一般都是伴随产生的，共同作用于设备上。造成了设备性能、精度与生产效率的降低，增加了设备运行与维修的费用，反映出设备使用价值的降低。

2. 无形磨损

无形磨损不是由被使用或自然力造成的，所以不产生设备实体的变化与损坏。所谓无形磨损，是指由于技术的进步，导致原有设备价值的贬值，也称为经济磨损。无形磨损也可分为第 I 类无形磨损与第 II 类无形磨损。

1）第 I 类无形磨损

相同技术结构与性能的设备，由于技术的进步、工艺的改进、劳动生产力的提高，使得同样设备再生产价值降低，而造成现有设备的价值相对降低，这种磨损称为第 I 类无形磨损。这种磨损是使现有设备的相对贬值，并未改变设备的技术与性能，不影响设备的使用价值，一般情况下不存在设备更新问题。

2）第Ⅱ类无形磨损

由于科学技术的进步，不断出现技术更先进、结构更优化、经济更合理、效率更高与耗能更少的设备，使得现有设备相对陈旧落后，其经济效益相对降低而产生的贬值，这种磨损称为第Ⅱ类无形磨损。这种磨损的出现，不仅降低了现有设备的相对价值，同时降低了现有设备的使用价值，往往会造成其技术经济效果的降低，所以需要考虑设备是否需要更新的问题。

无形磨损虽然没有改变现有设备的技术和性能，但伴随价格更低或性能更优的新设备的出现，现有设备的使用价值与经济效益是否合理成为需要考虑的关键问题。

3. 综合磨损

在设备的有效使用期内，既受到实体上的有形磨损，又受到价值形态上的无形磨损，这两种磨损往往不以单一形式表现出来，而是同时作用于现有设备上，称为综合磨损。

在导致现有设备原始价值贬值的问题上，有形磨损与无形磨损是相同的。不同的是，遭受有形磨损的设备，尤其是磨损严重的设备，在经过修理前，通常无法继续工作；而遭受无形磨损的设备，即使磨损非常严重，但不影响设备的正常使用，只是设备使用的经济效果是否合理，需要分析研究。

7.1.3　设备的补偿方式

设备发生磨损后，为了恢复设备的生产能力，需要对设备进行补偿。补偿方式分为局部补偿和完全补偿，根据设备磨损的形式与程度不同，所采用的补偿方式也有所不同。通常针对设备的磨损情况，主要有以下补偿对策。

（1）设备发生可消除的有形磨损时，可通过设备大修理予以局部补偿，通过更换部分已磨损的零部件和调整设备恢复设备的生产功能，也可以通过设备更新进行完全补偿。

（2）设备发生不可消除的有形磨损时，修理无法恢复其生产功能，需要通过设备更新予以完全补偿。

（3）设备发生第Ⅰ类无形磨损时，不影响设备的使用价值，无需对现有设备进行更新或更换。

（4）设备发生第Ⅱ类无形磨损时，可通过对现有设备的现代化改造予以局部补偿，通过对设备的结构进行局部的改进和技术上的更新以增加设备的生产功能，也可通过新型设备更新予以完全补偿。

设备的磨损形式及补偿方式的关系如图 7-2 所示。从图 7-2 中可以看出，同一种磨损形式有不同的补偿方式，且设备总是同时遭受到有形磨损与无形磨损，因此需要通过设备更新经济分析进一步得出如何选择设备综合磨损的补偿形式。

7.1.4　设备的寿命形态

设备寿命是指从设备投入生产开始，由于有形磨损和无形磨损的作用，使设备的使用价值和经济价值逐渐消失，需要进行更新所经历的时间。由于研究角度的不同，其内涵和意义也不同，一般有以下 4 种不同的概念。

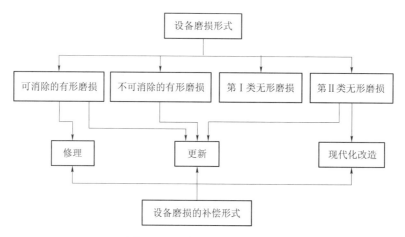

图 7-2　设备磨损的补偿形式

1. 自然寿命

设备的自然寿命，又称物理寿命，它是设备从投入使用开始，直到因磨损而失去使用价值、报废为止所经历的全部时间。自然寿命的长短主要是由设备的有形磨损来决定，正确使用、按期保养维护设备可以在一定程度上延长设备的自然寿命。但由于随着使用年限的延长，设备的磨损与老化是客观存在的，因而产生的维修费用也逐渐在增加，设备虽仍可继续使用，但经济上未必合理。所以，任何设备磨损到一定程度时，都必须进行更新。

2. 技术寿命

设备的技术寿命是指设备从开始投入使用到因技术落后而被淘汰所延续的时间。由于科学技术的发展，不断出现技术上更先进、经济上更合理的替代设备，使现有设备在自然寿命结束之前就提前报废，所以技术寿命一般比自然寿命短。技术寿命的长短主要取决于技术进步的速度，即设备的无形磨损速度，尤其在技术更新换代越快的领域，设备的技术寿命越短，如计算机、硬盘、手机等电子设备。

3. 经济寿命

设备经济寿命是指从设备投入使用开始至继续使用在经济上不合理而被更新所经历的时间。随着设备使用年限的增加，所分摊的设备年资产消耗成本（年设备购置费）就会越少，但是伴随使用年限增加的还有设备的维修费用、操作成本、能源消耗，而生产效率、生产质量却随之下降。因此，降低的年资产消耗成本会被运营成本的增加或收益的下降所抵消。在这个变化的过程中，存在着一个设备平均年成本最低、经济效益最好的年份，即设备经济寿命的截止时间。经济寿命既考虑了设备的有形磨损，又考虑了设备的无形磨损，是确定设备最佳更新时间的主要依据。

4. 折旧寿命

设备折旧寿命是指设备开始使用到其投资通过折旧方式全部收回所经历的时间，即按国家有关部门规定的折旧率，把设备总值扣除残值后的余额，折旧到接近于零时所经历的时间。折旧寿命的长短取决于国家或企业所采取的方针和政策，通常由国家有关部门定期公布各类设备计提折旧费的年限。

7.2　设备经济寿命的确定

设备的年度费用一般由设备资金费用与使用费用两部分构成。设备资金费用即设备购置费用的分摊，是指设备原始费用扣除设备残值后，在使用年限内各年的分摊值。设备使用费用即设备运行成本，包含了能源费、人工费、保养费、维修费、停工损失、废品次品损失等。随着设备的持续使用，设备的资金费用逐年递减，设备的运行成本逐年上升，当设备上升的运行成本超过了下降的购置费用分摊时，设备的年度平均费用达到最低值，此时为设备更新的最佳时刻，我们称之为设备的经济寿命。设备的年度费用与设备经济寿命的关系如图7-3 所示。确定设备经济寿命的方法可以分为静态模式和动态模式两种。

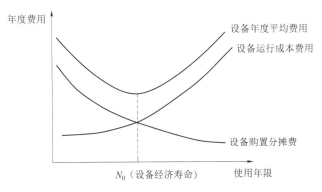

图 7-3　设备年度费用与经济寿命的关系

7.2.1　静态模式下的经济寿命

所谓静态模式下的经济寿命，是指不考虑资金时间价值的基础上计算设备的年度平均费用 $\overline{C}_n$，使 $\overline{C}_n$ 为最小的 N_0 就是设备的经济寿命。由于设备年度费用由设备资金费用与运行成本两部分构成，故其计算式为：

$$\overline{C}_n = \frac{P - L_n}{n} + \frac{1}{n}\sum_{t=1}^{n} C_t \qquad (7-1)$$

式中：$\overline{C}_n$——n 年内设备的年平均费用；

　　　P——设备的原始价值；

　　　C_t——设备第 t 年的运行成本；

　　　L_n——设备第 n 年末的净残值；

　　　n——设备的使用年限。

其中，$\dfrac{P-L_n}{n}$ 为设备的平均年度购置分摊额，$\dfrac{1}{n}\sum_{t=1}^{n} C_t$ 为该设备的平均年度运行成本。

【例 7-1】　某设备原始价值为 5 500 元，估计寿命期为 6 年，各年的运行成本和年末净值如表 7-1 所示，如不考虑资金的时间价值，试计算其经济寿命。

表7-1　设备各年使用费用与年末净值　　　　　　　单位：元

项目	年　份					
	1	2	3	4	5	6
运行成本	1 000	1 200	1 400	2 000	2 500	3 000
年末净值	4 000	3 000	2 500	2 000	1 500	1 000

解：

求得该设备在不同使用年限的年度费用如表7-2所示。

表7-2　设备年度费用计算表　　　　　　　单位：元

使用年限 (n)	运行成本 (C_t)	年均运行成本 $\left(\dfrac{1}{n}\sum_{i=1}^{n} C_t\right)$	年末残值 (L_n)	设备购置分摊 $(P-L_n)$	年均设备购置分摊 $\left(\dfrac{P-L_n}{n}\right)$	年度平均费用 $(\overline{C}_n)$
①	②	③ = $\sum$ ②/①	④	⑤ = 5 500−④	⑥=⑤/①	⑦=③+⑥
1	1 000	1 000	4 000	1 500	1 500	2 500
2	1 200	1 100	3 000	2 500	1 250	2 350
3	1 400	1 200	2 500	3 000	1 000	2 200
4	2 000	1 400	2 000	3 500	875	2 275
5	2 500	1 620	1 500	4 000	800	2 420
6	3 000	1 850	1 000	4 500	750	2 600

由表7-2所示的计算结果可以看出，该设备在使用第3年时，年平均费用最低，为2 200元，故其经济寿命在不考虑资金时间价值的情况下是3年。

上述案例中，设备的运行成本逐年增长，增长额各年不同，无规律可循。此类情况就需要用案例中的列表法来计算设备的年度平均费用，以此来判断设备的经济寿命。但如果出现设备的运行成本每年以某种速度在递增，且呈线性增长，即每年运营成本增量是均等的，我们称此均等的增量为低劣化值，用 λ 来表示。假设设备第一年的运行成本为 C_0，设备的使用期限为 n 年，其现金流量如图7-4所示，则第 n 年时设备的运行成本为：

$$C_n = C_0 + (n-1)\lambda \tag{7-2}$$

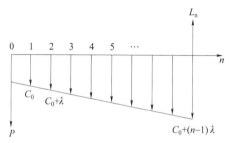

图7-4　运行成本线性增长现金流量图

那么，n 年内运行成本的平均值为：

$$\frac{1}{n}\sum_{t=1}^{n}C_t = C_0 + \frac{n-1}{2}\lambda \tag{7-3}$$

在上述情况下，设备的年平均费用为：

$$\overline{C}_n = \frac{P-L_n}{n} + C_0 + \frac{n-1}{2}\lambda \tag{7-4}$$

为求解使 $\overline{C}_n$ 最小的设备使用年数 N_0，可通过对公式（7-4）求极值的方法，找出设备的经济寿命，令：

$$\frac{\mathrm{d}\overline{C}_n}{\mathrm{d}n} = -\frac{P-L_n}{n^2} + \frac{\lambda}{2} = 0 \tag{7-5}$$

可以得到设备的经济寿命 N_0 为：

$$N_0 = \sqrt{\frac{2(P-L_n)}{\lambda}} \tag{7-6}$$

【例 7-2】　某设备的原始值为 10 000 元，初始运行成本为 800 元，预计残值为 500 元，每年设备的劣化增量式均等的，低劣化值为 400 元，求该设备的经济寿命。

解：

$$N_0 = \sqrt{\frac{2(P-L_n)}{\lambda}} = \sqrt{\frac{2(10\ 000 - 500)}{400}} = 6.9\ （年）$$

即设备的经济寿命为 6.9 年。

7.2.2　动态模式下的经济寿命

动态模式下的经济寿命是需要考虑资金时间价值时所计算得出的设备的最佳更新时刻。此时在计算年度平均费用 $\overline{C}_n$ 时，需先把各年的费用贴现到初始值与设备投资求总和，然后将此费用乘以资金回收系数，与静态模式相同的是，当 $\overline{C}_n$ 值最小时所对应的 n 即为设备经济寿命。

若设备初始投资为 P，使用年限为 n 年，设备第 n 年末的残值为 L_n，设备第 t 年的运行成本为 C_t，年度平均费用为 $\overline{C}_n$，经济寿命为 N_0，折现率为 i，则 n 年内设备的总成本现值为：

$$\mathrm{TC}_n = P - L_n(P/F, i, n) + \sum_{t=1}^{n}C_t(P/F, i, t) \tag{7-7}$$

则设备在 n 年内年度平均费用为：

$$\overline{C}_n = \mathrm{TC}_n(A/P, i, n)$$

$$= P(A/P, i, n) - L_n(A/F, i, n) + \left[\sum_{t=1}^{n}C_t(P/F, i, t)\right](A/P, i, n)$$

将 $(A/F, i, n) = (A/P, i, n) - i$ 代入上式，整理后得：

$$\overline{C}_n = \left[(P - L_n) + \sum_{t=1}^{n}C_t(P/F, i, t)\right](A/P, i, n) + L_n i \tag{7-8}$$

【例 7-3】　考虑资金时间价值，并假设基准收益率为 10%，试求例 7-1 所述情况下，设备的动态经济寿命。

解:

根据公式（7-8），计算设备不同年限的年度平均费用，计算结果如表 7-3 所示。

表 7-3 设备年度平均费用计算表　　　单位：元

使用年限 (n)	运行成本 (C_t)	现值系数 $[(P/F, i,t)]$	运行成本现值 $[C_t(P/F, i,t)]$	累计运行成本现值 $[\sum_{t=1}^{n}C_t(P/F,i,t)]$	年末残值 (L_n)	设备购置分摊 $(P-L_n)$	资金回收系数 $[(A/P, i,n)]$	$L_n i$	年度平均费用 $(\bar{C}_n)$
①	②	③	④=②·③	⑤=$\sum_{t=1}^{n}$④	⑥	⑦=5 500-⑥	⑧	⑨=⑥·i	⑩=(⑦+⑤)·⑧+⑨
1	1 000	0.909 1	909	909	4 000	1 500	1.100 0	400	3 050
2	1 200	0.826 5	992	1 901	3 000	2 500	0.576 2	300	2 836
3	1 400	0.751 3	1052	2 953	2 500	3 000	0.402 1	250	2 644
4	2 000	0.683 0	1366	4 319	2 000	3 500	0.315 5	200	2 667
5	2 500	0.620 9	1552	5 871	1 500	4 000	0.263 6	150	2 754
6	3 000	0.564 5	1694	7 565	1 000	4 500	0.229 6	100	2 870

由表 7-3 数据可知，该设备的使用年限为 3 年，其年度平均费用最低，为 2 644 元，故在考虑资金时间价值且基准收益率为 10% 的情况下，设备的经济寿命为 3 年。

7.3　设备更新及其经济分析

7.3.1　设备大修理的经济分析

设备在平均寿命期满前所必需的维修费用是相当可观的，有时可能超过设备原值的若干倍。与此同时，这一费用总额随设备所规定的平均寿命期的变化而变化，平均寿命期规定的越长，设备所用的维修费用就越高。因此，为了更合理地使用设备，必须研究设备维修的经济性问题。由于设备的日常维护、小修理、中修理等所需费用与大修理比较相对较少，因此一般主要分析设备大修理费用的经济性问题。

1. 设备修理的概念

设备是由许多材质不同的零件组合而成，这些零件在设备使用过程中所遭受的有形磨损并非均匀性的。然而，在所有零部件中，总有一部分是相对耐磨的，而有一部分零件是易于损坏的。所以，在任何条件下，都无法生产出各个组成部分寿命完全一致的设备。在实际应用中，通常将为保持在平均寿命期限内的完好使用状态而进行的局部更换或修理工作称之为维修。维修的目的是为了解决设备遇到的故障或恢复其功能和精度，根据维修的内容与工作量，通常将维修分为大修理、中修理、小修理和日常维护几种形式。

（1）大修理。大修是工作量最大的一种计划修理。设备或装备由于使用时间较长，基准零部件磨损严重，主要性能与精度大部分丧失，造成生产效率严重降低，产品质量下降，废品率增高，必须经过全面修理才能恢复其精度和性能，这种修理叫大修理。大修时，要对设备的全部或大部分部件进行解体，分解零件，修复基准件和不合格零件，更换部分零件，修复设备的附件及翻新外观等，从而达到全面消除所存在的缺陷，恢复规定的精度和性能。

（2）中修理。与大修理相比，中修理是对设备进行局部解体的修理工作，它是通过更换或修复部分不能用到下次计划修理的磨损部件，来保证设备在一个中修间隔期间能够基本恢复到出厂时的功能水平，以满足设备生产工艺的要求。

（3）小修理。小修是工作量最小的计划修理。它的工作围绕个别零部件展开，是为了保证设备在运行过程中的工作能力，而对个别零部件进行调整、修复或更换的工作。

（4）日常维护。日常维护是指与拆除和更换设备中被磨损的零部件无关的一些维修内容，比如设备的保洁与润滑、定期调整与检测、消除部分零部件的磨损等工作。

2. 设备大修理时应注意的问题

设备在使用过程中不断经受有形磨损与无形磨损的作用，因而存在一个设备的平均寿命期限，这个期限反映了设备在实物形态上保持完好的时间。维修的目的是消除设备经常性的有形磨损和排除机器运行中遇到的各种故障，以保证设备在其寿命期内保持必要的功能，发挥其正常的效用。

设备在大修后，无论在生产率、精确度、速度等方面都达到或基本达到设备的出厂标准，即通过大修理的办法恢复设备全部或接近全部的功能。但是，随着科技和装备日新月异的发展，设备修理的经济实质将发生变化，同时还暴露出所具有的某些局限性。因此，对于企业来说，如何恰当经济地对设备进行大修理，应考虑以下问题。

首先，尽管要求大修过的设备应达到出厂时的水平，但实际上大修过的设备无论是生产率、精度、速度，还是使用中技术故障的频率、有效运行时间等方面，都不如用同类型的新设备，其综合质量会有不同程度的降低，这是客观事实。

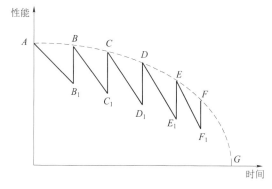

图 7-5 设备大修理后质量劣化的综合趋势

图 7-5 中的 A 点表示新设备的标准性能，事实上设备在使用过程中，其性能是沿 AB_1 线所示的趋势下降的，如不及时进行修理而继续使用，设备的寿命必将大大缩短；如果在 B_1 点所对应的时刻进行第一次大修理，设备的性能可能恢复到 B 点上。自 B 点起又进行第二个周期的使用，当其性能继续劣化，降至 C_1 点时，又进行第二次大修理，其性能可能恢复到 C 点。这样再次进行各次大修理，其各个性能可能恢复到相当的程度，一经使用，又将下降，最终达到 G 点。这时设备在技术上已不具备再进行修理的可能性了。把图 7-5 中 A、B、C、D、E、F 各点连接起来，形成一条曲线，这条曲线就反映了设备在使用过程中质量劣化的综合趋势，从这条曲线所表现出的现象可以看出，设备的大修理并非是无止境的。

其次，大修的周期会随着设备使用时间的延长而越来越短，如果新设备投入使用到第一次大修的间隔期为 5 年，则第二次大修的间隔期就可能为 3 年，第三次大修的间隔期就可能仅仅为 1 年。由此可见，大修周期会随着修理次数的增加而缩短，从而使大修的经济性逐步降低。以上现象是由于设备各组成部分长期运行而积累起来的有形磨损所引起的。尽管如此，在设备平均寿命期内，进行适度的维修工作，包括大修理在内，往往在经济上是合算的。因为修理，包括大修理在内，能够利用原有设备中保留下来的零部件，这部分比重越大，修理工作所消耗的原材料和费用就越少，因而就越具有合理性，这就是需要进行修理的经济前提。此外，一般情况下，设备的大修理总是比制造新设备的周期短得多。因此，大修理是保持生产能力的一种措施，同时还可以延长设备的使用期限。

但是，如图 7-5 所示，这个前提是有限制的，是在一定条件下才成立的。如果设备长期无止境地修理下去，一方面能被维修所利用的零部件越来越少，另一方面大修理所需要的费用越来越高，大修理经济性上的优越性就可能不复存在了。这时，应考虑选择对设备进行更新或以其他再生产方式来取代。如上述分析所示，修理作为设备再生产的方式之一，其存在的基础主要取决于对其经济性的评价。

3. 设备大修理的经济性评价

设备大修理应满足的经济条件如下。

条件 1：当某次大修理费用超过了同种设备的重置价值时，这样的大修理在经济上是不合理的。这一标准是设备大修理在经济上具有合理性的起码条件，也称其为允许的最低经济界限。该条件可以表示为：

$$R \leqslant P - L \tag{7-9}$$

式中：R——设备大修理费用；

P——同类型设备的重置费用；

L——旧设备的残值。

即大修理费用小于新置设备价值扣除该设备残值后的费用时，大修理才是合理的，该条件为设备大修理的必要条件。

在满足上述条件时，也并非所有的大修理都是合理的。如果大修理后的设备综合质量下降较大，有可能使生产单位产品的成本比用同种用途的新设备的生产成本高，这时原有设备的大修理就未必是合理的了。因此，还应考虑如果经大修的设备生产的单位产品成本高于相同用途新设备的单位产品成本时大修理是否经济的问题，即大修理的充分条件。

条件 2：大修理后，原设备单位产品成本不应超过相同新设备生产的单位产品成本，这种大修理才是合理的。该条件可以表示为：

$$C_0 < C_1 \tag{7-10}$$

其中：

$$C_0 = \frac{(R + \Delta V_0)(A/P, i, T_0) + C_{G0}}{Q_{A0}}$$

$$C_1 = \frac{\Delta V_1(A/P, i, T_1) + C_{G1}}{Q_{A1}}$$

式中：C_0——旧设备大修理后生产单位产品的成本；

C_1——同类型新设备生产单位产品的成本；

R——设备的大修理费用；

ΔV_0，ΔV_1——现有设备和新型设备运行到下一次大修理期间的价值损耗现值；

T_0，T_1——现有设备和新型设备运行到下一次大修理的间隔年数；

C_{G0}，C_{G1}——现有设备和新型设备运行到下一次大修理期间的产品经营成本；

Q_{A0}，Q_{A1}——现有设备和新型设备运行到下一次大修理期间的年均产量。

【例 7-4】 某工厂有一台已使用 8 年的设备，拟进行一次大修，预计大修费用为 8 000 元，大修前残值为 4 000 元，大修后设备增值至 7 000 元。设备大修后每年生产 10 万件产品，年运行成本为 20 000 元。该设备经此次大修后可使用 4 年，届时设备的价值为 2 500 元。现市场上该类型新设备价值为 30 000 元，预计使用 5 年后进行第一次大修，此时残值为 6 000 元，期间每年生产产品 14 万件，年运行成本为 32 000 元，基准收益率为 10%。请对该设备大修的经济合理性进行分析。

解：

（1）已知现有设备维修费用为 8 000 元，大修前设备残值为 4 000 元，合计费用 12 000 元，小于购置同类型新设备的价值 30 000 元，按大修理的必要条件，满足了最低的经济界限条件。

（2）根据例题中的已知条件，可分别求解旧设备大修后与同类新型设备生产单位产品的成本：

$$C_0 = \frac{[8\,000 + 4\,000 - 2\,500(P/F,10\%,4)](A/P,10\%,4) + 20\,000}{10} = 2\,324.73 \text{（元/万件）}$$

$$C_1 = \frac{[30\,000 - 6\,000(P/F,10\%,5)](A/P,10\%,5) + 32\,000}{14} = 2\,780.80 \text{（元/万件）}$$

由于 $C_0 < C_1$，所以不应更换设备。

7.3.2 设备更新的经济分析

从设备更新的本质来说，就是对旧设备的整体更换，所以设备更新又可分为新型设备更新与原型设备更新。原型设备更新通常用相同结构和效能的设备替代遭受严重有形磨损的设备，此方法虽对原有设备进行了更换，但由于不存在技术方面的更新或改进，故也可称之为设备的更换，具体的经济分析过程在 7.3.3 节详细说明。本部分所研究的，是否需要通过技术更优的设备来替换已失去经济使用价值的原有设备的问题，即新型设备更新的经济可行性分析。

新型设备更新就是用经济性更强、性能更好、技术更先进和使用效率更高的设备去更换已陈旧过时的设备，这些被更换的设备可能是在技术上已经不能继续使用的，也可能是在经济上不宜继续使用的。此类更新多源于技术的不断进步，致使原设备在使用一段时间后，由于无形磨损的作用，显得过于陈旧落后。在生产效率更高和经济效益更好的设备出现后，就需要比较继续使用旧设备和马上购置新设备这两种方案中哪一种在经济上更合理。常用的方法有年等值费用法。

年等值费用法是在考虑资金时间价值的基础上，分别计算原设备和新型设备在一定经济寿命期间内的年平均总费用，通过二者的比较，来决定继续使用原设备还是购置新设备的方法。

运用年等值费用法时，有以下几个需要注意的事项。

（1）在计算现有设备费用年值时，因初始购置费用发生在决策之前，与决策分析无关，无论选择设备更新还是继续使用，初始购置费用均客观存在，属于设备更新决策中的沉没成本。计算费用年值时应将设备的现时价值作为拟制购置费用处理。

（2）若设备仍需使用较长时间，需计算、比较新旧设备在各自经济寿命期内的费用年值。若原设备的费用年值小于新设备费用年值，则无须更新，继续使用原设备；否则，应考虑马上进行设备的更新。

（3）若设备还需要使用的时间是固定确切的时限，计算、比较新旧设备在该固定使用年限内的费用年值，若新设备费用年值小于原设备费用年值，则应马上进行设备更新，否则继续使用原设备。

【例 7-5】 某设备目前的净值为 8 000 元，还能继续使用 4 年，相关数据如表 7-4 所示。

表 7-4 设备各年运行费用与设备残值　　　　　　　　　　单位：元

项目	年份			
	1	2	3	4
年运行费用	3 000	4 000	5 000	6 000
年末设备残值	6 500	5 000	3 500	2 000

新设备的原始费用为 35 000 元，经济寿命为 10 年，第 10 年年末净残值为 4 000 元，平均年使用费为 500 元，基准折现率为 12%，问旧设备是否需要更换，如需更换，何时更换为宜？

解：

（1）判断是否需要更换。

若继续使用现有设备，则：

$$AC_O = [8\,000 - 2\,000 \times (P/F, 12\%, 4) + 3\,000 \times (P/F, 12\%, 1) + 4\,000 \times (P/F, 12\%, 2) + 5\,000 \times (P/F, 12\%, 3) + 6\,000 \times (P/F, 12\%, 4)](A/P, 12\%, 4)$$
$$= 6\,574.23 \ (元)$$

若更新为新的设备，则：

$$AC_N = [35\,000 - 4\,000 \times (P/F, 12\%, 10)](A/P, 12\%, 10) + 500 = 6\,467.02(元)$$

因为 $AC_O > AC_N$，即原设备的费用年值大于新设备的费用年值，所以应该更换现有设备。

（2）计算更换年限。

① 若原设备保留 1 年，则其年均总费用为：

$$AC_O(1) = [8\,000 - 6\,500 \times (P/F, 12\%, 1) + 3\,000 \times (P/F, 12\%, 1)](A/P, 12\%, 1)$$
$$= 5\,459.83(元)$$

因为 $AC_N > AC_O(1)$，所以原设备应继续使用。

② 若原设备保留 2 年，则其年均总费用为：

$$AC_O(2) = [8\,000 - 5\,000 \times (P/F, 12\%, 2)](A/P, 12\%, 2) + [3\,000 \times (P/F, 12\%, 1) + 4\,000 \times (P/F, 12\%, 2)](A/P, 12\%, 2)$$
$$= 5\,846.88(元)$$

因为 $AC_N > AC_O(2)$，所以原设备应继续使用。

③ 若原设备保留 3 年，则其年均费用为：

$$\begin{aligned} AC_O(3) = & [8\,000 - 3\,500 \times (P/F, 12\%, 3)](A/P, 12\%, 3) + [3\,000 \times (P/F, 12\%, 1) + \\ & 4\,000 \times (P/F, 12\%, 2) + 5\,000 \times (P/F, 12\%, 3)](A/P, 12\%, 3) \\ = & 6\,219.02(\text{元}) \end{aligned}$$

因为 $AC_N > AC_O(3)$，所以原设备应继续使用。

④ 若原设备保留 4 年，则其年均费用为：

$$\begin{aligned} AC_O(4) = & [8\,000 - 2\,000 \times (P/F, 12\%, 4) + 3\,000 \times (P/F, 12\%, 1)](A/P, 12\%, 4) + [4\,000 \times \\ & (P/F, 12\%, 2) + 5\,000 \times (P/F, 12\%, 3) + 6\,000 \times (P/F, 12\%, 4)](A/P, 12\%, 4) \\ = & 6\,573.63(\text{元}) \end{aligned}$$

因为 $AC_N < AC_O(4)$，故原设备应该更换，即使用 3 年后更换。若原设备使用 4 年的话，其年均费用比新设备的年均费用高。

7.3.3　设备更换的经济分析

设备更换也称为原型设备更新，即使用结构相同的新设备去更换有形磨损严重而不能继续使用的旧设备。这种更新主要解决的是设备的损坏问题，不具有更新设备技术的性质。所以，所更换的设备在整个使用期内并不过时，即一定时期内没有更先进的设备出现，但是随着设备的使用，大修理费用和设备运行费用不断增加，达到一定程度后，用新的原型设备更换在经济上更合算，这就是设备原型更新问题。对于设备更换问题，其基本方法就是通过分析设备的经济寿命来进行更新决策。具体的静态经济寿命与动态经济寿命的计算方法已在本章 7.2 节中详细说明。

【例 7-6】　某企业设备投资额为 300 万元，其运行成本第一年为 50 万元，以后逐年以 15% 的速度递增；设备的残值第一年年末为 200 万元，以后逐年残值为前一年的 70%。该设备预计原型更新，自然寿命为 10 年，基准收益率为 10%。试分析该设备多少年更换有利，此时设备的年平均费用为多少？

解：

已知基准收益率 $i = 10\%$ 时，根据动态经济寿命方法，计算设备在不同年度的平均费用，计算过程与结果如表 7-5 内容所示。

表 7-5　设备年度平均费用计算表　　　　　　　　单位：万元

使用年限 (n)	运行成本 (C_t)	现值系数 $[(P/F, i, t)]$	运行成本现值 $[C_t(P/F, i, t)]$	累计运行成本现值 $[\sum\limits_{t=1}^{n} C_t (P/F, i, t)]$	年末残值 (L_n)	设备购置分摊 ($P - L_n$)	资金回收系数 $[(A/P, i, n)]$	$L_n i$	年度平均费用 ($\bar{C}_n$)
①	②	③	④=②·③	⑤=$\sum\limits_{t=1}^{n}$④	⑥	⑦=300−⑥	⑧	⑨=⑥·i	⑩=(⑦+⑤)·⑧+⑨
1	50	0.909 1	45	45	200	100	1.100 0	20	180
2	58	0.826 5	48	93	140	160	0.576 2	14	160
3	66	0.751 3	50	143	98	202	0.402 1	10	148
4	76	0.683 0	52	195	69	231	0.315 5	7	141

使用年限 (n)	运行成本 (C_t)	现值系数 $[(P/F,i,t)]$	运行成本现值 $[C_t(P/F,i,t)]$	累计运行成本现值 $[\sum_{t=1}^{n}C_t(P/F,i,t)]$	年末残值 (L_n)	设备购置分摊 ($P-L_n$)	资金回收系数 $[(A/P,i,n)]$	L_ni	年度平均费用 ($\overline{C}_n$)
5	87	0.620 9	54	249	48	252	0.263 8	5	137
6	101	0.564 5	57	306	34	266	0.229 6	3	135
7	116	0.513 2	59	365	24	276	0.205 4	2	134
8	133	0.466 5	62	427	16	284	0.187 4	2	135
9	153	0.424 1	65	492	12	288	0.173 6	1	137
10	176	0.385 5	68	560	8	292	0.162 8	1	139

由表7-4可知，该设备的动态经济寿命为7年，即该设备使用7年后更换原型设备更为有利，此时设备的年平均费用为134万元。

7.3.4　设备现代化改装的经济分析

设备现代化改装是针对设备的磨损，尤其是无形磨损进行的一种实体性的补偿形式，是指通过现代化的科学技术改变原有落后的设备，使设备的技术性能部分达到或全部达到先进设备的水平。与设备更新相比，设备现代化改装既解决了设备陈旧落后的问题，同时也减少了设备的投资。因此，在多数情况下，现代化改装是具备经济上的优越性的。

现代化改装的具体方式有对原有设备的零部件进行更新，安装新的装置，增加新的附件。在某些情况下，改装后的设备从适应程度和技术特性方面可以超过新型设备。在考虑现代化改装经济性时，需要考虑的问题与设备更新类似，就是在两个或两个以上的方案中，比较选择出最佳方案，即总费用现值进行最小的方法。具体方法为通过对所有方案使用年限内的总费用现值进行计算与比较，根据设备实际使用年限，选择出总费用现值最低的方案。

一般情况下，与现代化改装可以进行比较的方案有：继续使用旧设备不更换；对旧设备进行大修理；进行原型设备更换；进行新型设备更新。具体的方法如下。

继续使用旧设备：

$$\mathrm{PC}_0 = \frac{1}{\beta_0}\Big[L_0 + \sum_{t=1}^{n}C_{0t}(P/F,i,t) - L_{0n}(P/F,i,n)\Big] \tag{7-11}$$

设备大修理：

$$\mathrm{PC}_1 = \frac{1}{\beta_1}\Big[I_1 + L_0 + \sum_{t=1}^{n}C_{1t}(P/F,i,t) - L_{1n}(P/F,i,n)\Big] \tag{7-12}$$

原型设备更换：

$$\mathrm{PC}_2 = \frac{1}{\beta_2}\Big[I_2 - L_0 + \sum_{t=1}^{n}C_{2t}(P/F,i,t) - L_{2n}(P/F,i,n)\Big] \tag{7-13}$$

新型设备更新：

$$\mathrm{PC}_3 = \frac{1}{\beta_3}\Big[I_3 - L_0 + \sum_{t=1}^{n}C_{3t}(P/F,i,t) - L_{3n}(P/F,i,n)\Big] \tag{7-14}$$

现代化改装：

$$PC_4 = \frac{1}{\beta_4}\left[I_4 + L_0 + \sum_{t=1}^{n} C_{4t}(P/F,i,t) - L_{4n}(P/F,i,n) \right] \qquad (7-15)$$

式中：PC_0、PC_1、PC_2、PC_3、PC_4——继续使用旧设备、设备大修理、原型设备更换、新型设备更新、现代化改装的总费用现值；

L_0——原有设备在决策时的市场价值或净残值；

I_1、I_2、I_3、I_4——设备大修理、原型设备更换、新型设备更新、现代化改装所需的投资；

C_{0t}、C_{1t}、C_{2t}、C_{3t}、C_{4t}——继续使用旧设备、设备大修理、原型设备更换、新型设备更新、现代化改装方案中设备使用第 t 年的运行成本；

L_{0n}、L_{1n}、L_{2n}、L_{3n}、L_{4n}——继续使用旧设备、设备大修理、原型设备更换、新型设备更新、现代化改装方案中设备使用到第 t 年的市场价值或净残值；

β_0、β_1、β_2、β_3、β_4——继续使用旧设备、设备大修理、原型设备更换、新型设备更新、现代化改装的生产率系数。

【例 7-7】 现对某大型设备是否需要更新进行经济分析，已知该设备继续使用旧设备、设备大修理、原型设备更换、新型设备更新、现代化改装五种更新方案各年分项费用的原始数据如表 7-6 所示，试分析与选择该设备的最佳更新方案。（$i = 10\%$，$L_0 = 600$）

表 7-6 各更新方案的分项费用原始数据表　　单位：万元

更新方案	投资 (I)	生产效率系数 (β)	项目	年限								
				1	2	3	4	5	6	7	8	9
继续使用旧设备	0	0.7	C_{0t}	280	360	440	520					
			L_{0n}	240	120	60	30					
设备大修理	1 400	0.98	C_{1t}	140	190	240	290	340	390	440	490	540
			L_{1n}	1 280	1 160	1 040	920	800	680	560	440	320
原型设备更换	3 200	1	C_{2t}	90	110	130	150	170	190	210	230	250
			L_{2n}	1 872	1 664	1 456	1 248	1 040	832	624	416	260
新型设备更新	4 000	1.3	C_{3t}	70	84	98	112	126	140	154	168	182
			L_{3n}	2 304	2 048	1 720	1 450	1 140	940	800	600	400
现代化改装	2 200	1.2	C_{4t}	110	136	162	188	214	240	266	292	318
			L_{4n}	1 800	1 600	1 340	1 140	940	740	540	340	200

解：

根据公式（7-11）～（7-15），计算出五个方案中不同使用年限各个方案的总费用现值，如表 7-7 所示。

表 7-7   各方案逐年费用现值表   单位：万元

年限	PC₀	PC₁	PC₂	PC₃	PC₄	总费用现值最小方案
1	909.1	983.3	980.0	1 053.1	1 053.0	0
2	1 504.2	1 352.6	1 397.4	1 415.7	1 408.3	1
3	2 053.7	1 717.6	1 776.5	1 780.3	1 772.8	1
4	2 596.2	2 075.8	2 120.5	2 071.4	2 069.9	4
5		2 425.6	2 432.7	2 348.9	2 343.1	4
6		2 765.4	2 716.0	2 546.0	2 594.3	3
7		3 094.3	2 973.2	2 699.2	2 825.2	3
8		3 411.3	3 206.7	2 860.0	3 037.5	3
9		3 716.0	3 396.5	3 004.2	3 211.4	3

通过以上计算结果可知，无论设备工作几年，采用原型设备更换的设备更新方法都是不经济的；如果该大型设备计划使用时间为 1 年，则继续使用原设备的方案为最佳选择；如果计划使用 2～3 年，选择设备大修理是最佳方案；如果计划使用时间是 4～5 年，最佳方案是对该大型设备进行现代化改装；如果计划使用时间在 6 年以上，则采用技术更优的新型设备更新为最佳方案。

练 习题

一、选择题

1. 下列属于设备无形磨损的是（   ）。

A. 零部件变形   B. 塑料件老化   C. 设备技术淘汰   D. 设备精度降低

2. 用现代化的科学技术改变现有落后设备，以使设备的技术性能达到先进水平的方法称之为（   ）。

A. 设备大修理   B. 设备现代化改装   C. 设备原型更新   D. 设备新型更新

3. （   ）是设备从投入使用开始，直到因磨损而失去使用价值、报废为止所经历的全部时间。

A. 折旧寿命   B. 经济寿命   C. 技术寿命   D. 自然寿命

4. 下列属于设备寿命的有（   ）。

A. 折旧寿命   B. 经济寿命   C. 技术寿命   D. 自然寿命

5. 下列属于常见设备修理形式的有（   ）。

A. 大修理   B. 中修理   C. 日常维护   D. 小修理

6. 下列属于设备有形磨损的是（   ）。

A. 设备贬值   B. 零部件损坏   C. 金属件生锈   D. 橡胶件老化

二、判断题

1. 设备发生不可消除的有形磨损时，可以通过修理或原型设备更新来进行补偿。

（　　）

2. 设备可通过大修理对设备的磨损进行修复，所以从技术上和经济上来讲，大修理都是没有限度的。（　　）

3. 设备更新是指对旧设备的整体更换，其中包括原型设备更新和新型设备更新两种。（　　）

4. 设备静态模式下经济寿命的确定，是在不考虑资金时间价值基础上进行的。（　　）

三、简答题

1. 设备的磨损形式有哪些？

2. 简述设备经济寿命的种类有哪些？

3. 设备磨损的补偿方式有哪些？

四、计算题

1. 某设备的原始价值为 10 000 元，预计残值为 800 元，年运行成本劣化值为 500 元/年，求设备的经济寿命。

2. 某设备原值为 16 000 元，各年设备残值及运行费用如表 7-8 所示，求设备的合理更新期。

表 7-8　设备各年运行费用与设备残值　　　　　单位：元

项目	年份						
	1	2	3	4	5	6	7
运行费用	2 000	2 500	3 500	4 500	5 500	7 000	9 000
设备残值	10 000	6 000	4 500	3 500	2 500	1 500	1 000

3. 某搅拌机原始价值为 10 000 元，第一年的操作维护费用为 4 000 元，此后每年按 6% 的比例增长，基准收益率为 8%，搅拌机的使用寿命为 4 年，各年的净值如表 7-9 所示，试求该搅拌机的经济寿命。

表 7-9　设备各年的净值　　　　　单位：元

项目	年份			
	1	2	3	4
设备净值	6 000	3 500	2 000	500

4. 某公司使用一种旧式水泵，现计划更新，若购买安装一套圆形新水泵需要 1 925 元，每年消耗电费需要 900 元。现有一种新式水泵，购买安装需要 2 450 元，电费每年不超过 500 元。新旧水泵残值均为零，以 8 年为分析时期，基准投资收益率为 10%，判断是否应该购买新的水泵。

五、案例分析

青岛某密封件公司是市高新技术企业。企业为提高产品竞争力，计划对 20 世纪八、九十年代的重要设备进行更新。已知在更新过程中，将面对两种不同的选择。大型设备1的买价为84 000元，经济寿命为10年，10年后的残值为1 500元；使用新设备1后6年，每年的净现金效益量为18 000元。小型设备2的买价为71 400元，经济寿命也为10年，10年后的残值为1 000元，用新设备2后5年，每年的净现金效益量为15 000元。每年因质优价高可增加的销售收入由市场销售状况而定，若采用大型设备1，则企业的投入成本较高，在产品定价方面为弥补初始投资会定高价格20元，采用小型设备2会定低价格15元。使用大型设备1时每年可比旧设备节约原料2 000元，人工3 000元。使用小型设备2时每年可比旧设备节约原料1 600元，人工2 400元。运费为1 000元，安装费分别为4 000元和3 000元；旧设备目前出售可得10 000元。假定资金成本为10%。对第1年和第2年的销售进行预期：假定在这2年中每年都会遇到三种可能的高、中、低需求（现假定通过市场调查，估计第一年高、中、低需求的概率分别为0.2、0.3和0.5，第二年分别为0.4、0.4和0.2）。试分析企业进行设备更新决策的实施过程。

1. 该企业设备更新的经济分析

1）10年内设备更新决策的财务分析

设计两种不同设备的现金流量表（略）。

比较两种设备的净现值，即两种设备带来的经济利润。计算公式为：

$$NPV = \sum_{i}^{n} \frac{R_i}{(1+i)^i} - C$$

不考虑市场需求概率时两种设备的NPV计算如下：

设备1的净现值 $NPV_1 = -84\,000 - 1\,000 - 4\,000 + 5\,000 \times (P/A, 10\%, 6) + (18\,000 + 5\,000) \times (P/F, 10\%, 6) \times (P/A, 10\%, 4) + 1\,500 \times (P/F, 10\%, 10)$

设备2的净现值 $NPV_2 = -71\,400 - 1\,000 - 3\,000 + 4\,000 \times (P/A, 10\%, 5) + (15\,000 + 4\,000) \times (P/F, 10\%, 5) \times (P/A, 10\%, 5) + 1\,000 \times (P/F, 10\%, 10)$

运算得知：$NPV_1 = 1\,766.695$；$NPV_2 = -15\,120$。

分析以上两种设备的净现值可知，设备1的净现值大于设备2的净现值，但是这属于两种互斥方案的比较，因初始投资不同，在寿命周期都假设为10年时，不具有可比性。这时要用增量分析的方法，研究相等的投资额所带来的效益量，即单位投资的净现值。

设备1：

$$\frac{NPV_1}{C_1} = 1\,766.695/84\,000 = 0.021$$

设备2：

$$\frac{NPV_2}{C_2} = -15\,120/71\,400 = -0.212$$

因此，在决策时选择平均净现值较大的设备1，尽管这时初始投入较大，但是可以用旧设备的残值和以后的销售收入来弥补。

2）市场需求分析

该公司主要销售客户是海尔洗衣机、潍柴、常柴、东风、一汽等，已发展成为行业内排名第二的公司，垄断长江以北市场份额。分析市场对公司产品的需求得知，该产品的专用性和技术性很强，几乎无替代品且任何厂商进入这个行业的壁垒太高，所以在目标市场上，消费者的选择十分有限，而且只能被迫接受这家企业的定价。该项产品的需求价格弹性为缺乏弹性，即<1。

基于产品需求价格弹性的盈利能力分析（图略）。

此时，$|E_p| = \left|\dfrac{\Delta Q/Q}{\Delta P/P}\right| = \left|\dfrac{1\,800-1\,400/1\,400}{12-16/16}\right| < 1$ 是符合市场分析的，再分析和计算两种不同设备的盈利能力，由（$1\,400$，16）、（$1\,800$，12）拟合需求方程 $Y = -100X + 3\,000$。设备 1 的产品定价为 20 元时，$TR = 20\,000$；设备 1 的产品定价为 15 元时，$TR = 22\,500$。由此分析得知，企业可以采用小型设备 2 来更新现有的设备水平，在市场分析上是可行的。

3) 基于前两年不确定的市场需求概率分布的财务分析

前面的需求弹性分析假设市场固定、客户关系稳定，之所以还会出现前两年销售市场需求变化是因为相关行业和客户市场萎缩，国家政策可能限制某些大排量发动机和白色家电发展，以及行业竞争者变化等。

对不同需求概率下的净现金效益量进行假定。对于设备而言的现金流量包括前两年不同需求情况下的销售收入、节约的原材料费用、旧设备的残值收入。

为了进行决策，必须计算这两种设备前两年在不同需求概率下的期望总净现值。

根据以上数据进行分析（图略）。

设备 1：

$$\frac{\text{NPV}_1}{C_1} = -48\,819.40/84\,000 = -0.581$$

设备 2：

$$\frac{\text{NPV}_2}{C_2} = -32\,656.50/71\,400 = -0.457$$

前两年设备 2 的单位期望总净现值要大于设备 1，所以应该购买和选择设备 2。

4) 综合评价

由以上分析我们不难看出，在对设备进行更新决策时得出了不同的结论，即在分析选择上产生了矛盾。首先，产生不同选择的原因是不同的数据处理方法导致的。在对整个设备生命期分析的处理上得出的结论是选择设备 1，而对前两年面对市场需求不确定的情况下，结论是选择设备 2。这是因为考察前两年时初始投入大的设备资金回收时间也长，所以得出的结论是设备 2 最优。可是，假设公司要用很长时间才更新设备时，选择设备 1 就较合适，因为我们考虑的是整个生命周期内能带来的收益总和。其次，对需求弹性分析，不能只考虑净现值方面。在需求的价格弹性一定的情况下，如果采用不同的设备生产，这时生产的产品价格就会有差异，带来消费群的需求变化，直接影响产品的盈利能力。这时就会影响企业的现金流量，对设备投资的回收产生影响。再次，公司在做决策时，要综合分析，既要考虑企业的现实财务能力、可以承担的资金水平，又要预测未来市场的变化。未来是充满风险和不确定性的，要把握国家政策的导向，合理地选择设备，才能在成本上最省，同时尽量降低转换成本，在面对不确定性时最大限度地减少损失，保持企业良好运营。如何选择设备，最大限度地规避和降低不确定性，就成为设备更新决策者面临的问题。

2. 案例总结与思考

本案例以技术经济分析为基础，采用财务分析、经济分析、市场决策分析等具体方法，研究了设备更新问题。对设备在运行期间的经济状况进行分析和研究，为是否及何时对设备进行更新做出正确的决策。具体来说有以下几点。

（1）把市场分析纳入技术经济分析的范畴，具体表现在需求弹性分析和面对市场需求不确定的两年内盈利能力的分析上。在一般理论和学者的研究论文中，在设备更新中极少考虑市场对企业产品的敏感程度。通过这两个模型，建立了产品市场与要素市场之间的联系，把产品市场问题作为企业项目决策的依据。考虑顾客对新产品的接受度，如果新设备导致产品定价过高，会导致投资回收困难，直接导致设备更新决策的失败。

（2）设备选择需要遵循一定的原则，不能盲目决策。不能只考虑眼前经济利益和短期效果，要做长远打算。设备选择既要符合安全性和经济性的要求，又要满足环保要求，注重生态效益，即经济效益和生态效益并重。

（3）为了评价不同的设备更新，首先需要估计和确定各个投资方案在不同时间点上的现金流量。在正确分析各方案的现金流量以后，考虑货币的时间价值，比较各个设备的成本和效益，从而正确地选择更新设备。在此要考虑机会成本和因投资所引起的间接效益，针对不同需要和实际财务能力，合理设定设备使用周期，进行净现值分析。

第 **8** 章

项目资金筹措

☞ **本章导读**

本章主要介绍项目资金筹措的方式。通过本章的学习，要求学生掌握资金成本的计算和资金结构的决策方法；熟悉项目资金的筹措方式和项目融资常用的方法；了解项目资金筹措的概念、分类、基本要求及项目融资的参与者、框架结构。

☞ **专有名词**

资金筹措　资金成本　资金结构　项目融资

8.1　项目资金筹措概述

8.1.1　资金筹措的概念

资金筹措又称融资，是以一定的渠道为某种特定活动筹集所需资金的各种活动的总称。在工程项目的经济分析中，融资可以理解成为项目投资而进行的资金筹措行为或资金来源的方式。

8.1.2　资金筹措的分类

1. 长期融资和短期融资

按照资金筹措的期限，可以分为长期融资和短期融资。

长期融资是指企业因构建固定资产、无形资产或进行长期投资等所需资金而筹集的使用期限在一年以上的资金。筹措资金的方式主要有股东直接投资、发行股票、发行长期债券、长期借款和融资租赁。

短期融资是指企业因季节性或临时性所需资金而筹集的使用期限在一年以内的资金。筹措资金的方式主要有短期借款、商业票据和商业信用。

2. 权益融资和负债融资

按照资金筹措的性质，可以分为权益融资和负债融资。

权益融资是指以出售所有权向股东筹措资金的一种方式，是项目筹措资金的重要形式。权益融资有两种基本形式：内部股权融资和外部股权融资。内部股权融资是通过留存收益融资，外部股权融资是通过发行普通股、优先股等方式融资。权益融资所筹措的资金形成企业的项目"资本金"或者"所有者权益"，具有永久性的特点，而且无到期日，不需要归还本金。权益融资是企业最基本的资金来源，是负债融资的基础，还可以为债务人提供担保，增加企业的举债能力。

负债融资是指通过负债方式所筹措的资金，也是项目筹措资金的重要形式。负债融资所筹措的资金主要来源于银行贷款、发行债券、非金融机构贷款及国外贷款等。与权益融资不同，负债融资所筹集到的资金，无论项目经营的好坏，都需要按期还本付息，因此所筹措资金的资金成本一般较低。但是，负债融资不会分散企业的控制权。

3. 既有法人融资和新设法人融资

按照资金筹措的主体，可以分为既有法人融资和新设法人融资。

既有法人融资是指以既有法人为融资主体的融资模式。该融资模式是由既有法人发起项目，组织融资活动并承担融资责任和风险。所筹措的资金主要来源于既有法人内部融资、新增资本金和新增债务资金。在这种融资模式下，新增的债务资金依靠既有法人的盈利能力来偿还，并以其整体的资产和信用承担债务担保。采用这种融资模式的项目，既可以是改扩建项目，也可以是非独立法人的新建项目。

新设法人融资是指以组建新的具有独立法人资格的项目公司为融资主体的融资模式。该融资方式是由项目发起人组建新的具有独立法人资格的项目公司，由新组建的项目公司承担债务融资责任和风险。筹措的资金主要来源于项目公司股东投入的资本金和项目公司承担的债务资金。在这种融资模式下，筹集的债务资金主要依靠项目自身的盈利能力来偿还债务，一般以项目投资形成的资产、未来收益作为债务担保。采用这种融资方式的项目，一般是新建项目，也可以是将既有法人的一部分资产剥离出去后重新组建的新的项目法人的改扩建项目。

4. 传统融资和项目融资

按照筹措资金结构的安排，可以分为传统融资和项目融资。

传统融资是指以企业自身的信用或其全部资产的价值作为担保为项目所筹措的资金。在这种融资方式下，债权人以企业的全部收益或全部资产作为偿还债务的来源，以该企业的盈利水平、现金流量状况等为依据决定是否投资。

项目融资是指以所投项目的资产或项目未来的收益作为担保为项目所筹措的资金。在这种融资模式下，债权人以项目本身的经营状况和项目建成、投入使用后的现金流量作为偿还债务的资金来源。投资者是否投资的关键是，所投项目未来是否能带来收益与项目所在企业的盈利水平、负债情况无关。

8.1.3 项目资金筹措的基本要求

企业为项目筹集资金，并不是在项目建设初期筹措的资金越多越好，而是应该根据项目建设需求合理地筹集资金。在筹集资金的过程中，企业不能为了减少项目的资金成本而过多地筹集债务资金，否则将会带来严重的财务风险，而应该根据企业的实际情况，正确安排权益资金和债务资金的比例。为了合理地筹措资金，资金筹措的基本要求有以下几个方面。

（1）合理确定资金需要量，力求提高筹资效果。筹措资金首先应该根据项目的实际规模确定资金的需要量，也就是说筹措的资金要掌握一个"度"，既不能筹措得过少，也不能过多；资金过少影响项目的建设和生产经营，而资金过多又是一种浪费。因此，在实际工作中，应该采取科学、客观的方法预测和确定资金的需要量，防止筹措的资金过剩或不足，提高资金的使用效率。

（2）认真选择资金来源，力求降低资金成本。项目资金的筹措方式多种多样，但是不同的筹措方式，筹资的难易程度、资金成本和风险各不相同。企业应根据项目的实际情况，选择适当的筹措方式，提高筹资效率，降低资金成本。

（3）适时取得资金，保证资金投放需要。筹措资金的大小和时间取决于项目投资资金的大小和时间。合理安排筹资与投资，使两者在时间上互相衔接，避免取得资金过早而造成投放前的闲置或取得资金滞后而耽误投资的有利时机。

（4）权益资金和债务资金保持适当的比例。在筹集资金总额确定时，债务资金的比例增加，可以降低项目的资金成本。同时，当项目盈利能力较强时，债务比例增加也带来财务杠杆的效益，提高权益资本收益；反之，不仅降低权益资金的收益，而且将会产生严重的财务危机甚至破产。因此，举债的多少要与其自身的偿债能力相适应。

8.2　项目资金的筹措

8.2.1　项目资金概述

项目资金是由投入资金和借入资金两部分组成，投入资金形成项目的资本金，借入资金形成项目的负债。项目资本金是指在项目总投资中，由出资方实缴的资金，这部分资金对投资项目来说是非债务资金，项目法人无须承担这部分资金的任何利息和债务；投资者可按照其出资比例依法享有所有者权益，也可转让其出资，但一般不能以任何形式抽回。大部分投资项目都应该实行资本金制度，除由财政预算的公益性项目等部分特殊项目外。

根据《国务院关于固定资产投资项目试行资本金制度的通知》（国发［1996］25 号）的规定，各种经营性投资项目资本金占总投资的比例，根据不同行业的特点及综合考虑其他因素确定。具体规定如表 8-1 所示。

表 8-1　项目资本金占项目总投资的比例

序号	投资行业	项目资本金占总投资的比例
1	电力、机电、建材、化工、石油加工、轻工、纺织、商贸及其他行业	20% 及以上
2	邮电、化肥	25% 及以上
3	交通运输、煤炭、水泥、电解铝、铜冶炼、房地产开发（不含经济适用房）	35% 及以上
4	钢铁	40% 及以上

项目资本金的具体比例，由项目审批单位根据投资项目的经济效益及银行贷款意愿和评估意见等情况，在审批可行性研究报告时核定。经国务院批准，对个别特殊的国家重点建设项目，可以适当降低资本金比例。

项目资本金的出资方式可以是货币出资，也可以是实物、工业产权、非专利技术、土地使用权作价出资。而对于作价出资作为资本金的，必须经过有资格的资产评估机构依照法律、法规评估作价，不得高估或低估。其中，以工业产权、非专利技术作价出资的比例不得超过项目资本金总额的 20% ，国家对采用高新技术成果有特别规定的除外。

项目负债是指项目承担的能够以货币计量且需要在一定期限内以资产或者劳务偿还的债务。在工程项目资金筹资的过程中，通过负债筹措资金是资金筹措的重要组成部分.

8.2.2 项目资本金的筹措

根据出资方的不同，项目资本金分为国家出资、法人出资和个人出资。项目资本金筹措的主要方式有政府投资、股东直接投资、发行股票和外资直接投资。

1. 政府投资

政府投资资金包括国家批准的各种专项建设基金、各级政府的财政预算内资金、拨给企业单位的更新改造款、土地批租收入、国有企业产权转让收入及地方人民政府按国家有关规定收取的各种税费及其他预算外收入资金。政府投资资金一般来源于国家收入或者发行国债筹集的资金，其主要用于公益性项目和基础性项目。

2. 股东直接投资

股东直接投资就是股东直接给建设项目投资。不同的融资主体，股东直接投资的表现形式不同。既有法人融资项目，股东直接投资表现为扩充企业的资本金；新设法人融资项目，股东直接投资表现为为项目提供资本金。

3. 发行股票

股票是一种有价证券，是股份有限公司签发的证明股东所持股份的凭证。股票的种类很多，可以根据不同的标准进行分类。按股东享有权利的不同，股票可以分为普通股和优先股。

普通股是最基本、最常见的一种股票。普通股的股东可以参与公司的经营与管理决策，其派发的股利没有固定性，与公司的盈利水平有关。当公司资金短缺或经营不佳时，董事会有权决定不发股利。与发行债券相比，发行普通股的限制条件少，但资金成本较高。

优先股是发行的具有一定优先权的股票。优先股中的"优先"是相对于普通股而言的，主要表现在分配剩余资产权和分配股利上。优先股与债券有相似之处，也与普通股有相似之处。与普通股的相似之处是，所筹集的资金都形成项目资本金，不承担还本付息的义务，支付的股利在税前不能扣除；与债券的相似之处是，两者都是支付固定的费用。优先股的股东一般情况下无权参与公司的经营与管理决策。

发行股票筹资有其自身的优缺点。其优点包括以下几个方面。

（1）没有固定到期日。股票所筹集的资金是永久性资金，除非公司清算才需偿还。

（2）没有固定的利息负担。公司有盈余资金时，才派发股利；公司盈余资金少或有良好投资机会时，可以不支付或少支付股利。

（3）筹资风险小。由于股票股利不像债券利息那样必须按期支付，也没有固定到期日，因此筹资风险相对较小。

（4）能增加公司的信用。股票所筹集的资金成为公司的自有资金，可以为债权人提供损失保证，这样可以提高公司的信用，有利于为项目筹集更多的债务资金。

发行股票筹资的缺点包括以下几个方面。

（1）资金成本高。对于投资者来说，购买股票比债券承担的风险大，因此要求股票的投资报酬率比债券高；对于筹资者来说，股票股利不能像债券利息那样税前扣除，不具有抵税作用。因此，股票筹资的资金成本相对较高。

（2）分散控制权。对于普通股来说，增发新股会削弱原有股东对公司的控制权，这就可能分散公司的控制权。

4. 外商直接投资

外商直接投资指外国投资者将资本投资于本国的生产或经营，并使其拥有一定经营控制权。外商直接投资的特点是不存在债权债务关系，但是要让出部分管理经营权。外商直接投资的主要形式有中外合资经营、合作经营和外资独营。

1）中外合资经营

中外合资经营是指外国投资者和中国投资者在中国境内设立合资经营企业。合资经营企业不能发行股票，而是采取股权的形式。合营各方按出资额认购股权，但外商出资额有一定的限制。合资经营企业的出资方式可以是现金，也可以是实物、工业产权、专有技术、土地使用权等。

2）中外合作经营

中外合作经营是以确立和完成一个项目而签订契约进行合作生产经营的企业，是一种无股权的契约式经济组织。中外合作经营合作各方的权利和义务均由双方共同协商，制定合作协议。

3）外资独营

外资独营是由外国投资者在我国境内投资的企业。按我国规定，外国投资者可以在经济特区、开发特区及其他经我国政府批准的地区开办独资企业。

8.2.3　项目负债的筹措

项目负债是项目法人所筹集的按期偿还本金和利息的借入资金。项目负债所筹措的资金是债务资金，其体现了项目法人和债权人的债权债务关系。债务人享有借入资金的使用权，承担按期还本付息的义务；而债权人有按期索取利息和本金的权利，但没有企业的经营管理权。项目负债筹措的方式主要有：银行贷款、发行债券、租赁融资、非银行金融机构贷款、外国政府贷款及国际金融组织贷款。

1. 银行贷款

银行贷款是指项目法人通过借款合同与银行建立资金借贷关系的筹措方式。按照提供贷款的银行性质可分为商业性银行贷款和政策性银行贷款。

1）商业性银行贷款

商业银行贷款是我国项目筹集债务资金的主要方式。具体分为国内商业银行贷款、外国商业银行贷款和国际出口信贷。国内商业银行有中国工商银行、中国建设银行、中国银行、交通银行、中信银行、光大银行、华夏银行、招商银行、深圳发展银行、广东发展银行、浦东发展银行等。

外国商业银行贷款是指从外国银行借入的资金。由于外国政府贷款和国际金融组织贷款利率低，但数量有限，不易争取，因此外国银行贷款已成为筹集国外资金的主要方式。外国银行贷款提供资金的方式有两种：一种是小额贷款，由一家商业银行独自提供贷款；另一种是金额较大，由几家甚至几十家商业银行组成银团贷款，又称"辛迪加贷款"。银团贷款除具有一般银行贷款的特点和要求外，由于参加银行较多，需要多方协商，贷款周期长，而且使用银团贷款除支付利息之外，按照国际惯例，通常还要支付承诺费、管理费、代理费等。因此，银团贷款主要适用于资金需求量大、偿债能力较强的建设项目。

国际出口信贷是出口国银行向出口商或进口商提供的低于市场利率的贷款，以其出口国政府的金融支持为信用担保的筹资方式。出口信贷按接受对象不同，分为两种形式：买方信贷和卖方信贷。买方信贷是银行直接给外国进口商提供的信贷。卖方信贷是银行给本国出口商提供贷款，再由出口国向进口国提供延期支付的信贷。出口信贷是出口国为了鼓励本国商品出口所提供的信贷方式，主要应用于出口贸易金额大、付款周期较长的项目。

2）政策性银行贷款

政策性银行是指由政府创立、参股或保证的，专门为贯彻和配合政府特定的社会经济政策或意图，直接或间接地从事某种特殊政策性融资活动的金融机构。目前我国的政策性银行有国家开发银行、中国进出口银行和中国农业发展银行。这种银行贷款一般贷款期限长、利率低，但申请贷款的条件严格。

银行贷款的特点如下。

（1）筹资手续简单，筹资速度快。贷款的条款仅仅需要银行批准，不必经过相关政府管理机构审批，筹资的时间短，可以快速获得资金。

（2）筹资成本低，借款弹性大。贷款的利息支出可以在上缴所得税前扣除，则企业实际负担的利息支出减少。借款人与银行签订贷款合同条款，企业可以在使用资金期间，根据自身情况变更贷款条款，双方可以进行协商，灵活性更强。

2. 发行债券

债券是一种有价证券，是项目法人为了筹集资金向出资者出具的、按期支付固定利息、到期偿还本金的信用凭证。债券种类很多，可以依据不同的标准进行分类。按发行主体的不同，分为政府债券、金融债券和公司债券；按付息方式的不同，分为贴息债券、附息债券和息票累积债券；按募集方式的不同，分为公募债券和私募债券；按担保性质的不同，分为抵押债券、质押债券和保证债券；按债券实物形态的不同，分为实物债券、凭证式债券和记账式债券。

发行债券筹资有其自身的优缺点，其优点包括以下几个方面。

（1）资金成本较低。债券筹资与股票筹资相比，发行债券支付的利息可以在税前扣除，与支付的税费相抵消，实际支付的利息费用减少，因此发行债券筹资的资金成本较低。

（2）可利用财务杠杆。债券持有人按期支付固定的利息费，当公司的盈利水平增加时，每股收益所支付的利息费减少，则股东权益或公司价值增加；相反，股东权益减少。能否利用债务带来的财务杠杆的好处，取决于公司的盈利水平。

（3）保证股东的控制权。债券持有人无权参与公司的经营和管理决策，则将不会分散股东对公司的控制权。

发行债券筹资的缺点包括以下几个方面。

（1）融资风险高。发行债券筹集的资金有固定的到期日，需要按期支付利息。在公司盈利水平较低时，发行人也必须向债券持有人按期偿还本金和利息，这将会给企业经营带来困难，资金短缺严重的还会引起公司破产。

（2）限制条件多。项目法人并不是任何情况下都可以在资本市场发行债券，而要满足法律规定的各种条件。与银行贷款、融资租赁等筹资方式相比，其限制性条件多，从而限制了该筹资方式的使用。

（3）筹资数量有限。项目法人利用债券筹资都有一定的限度，当资产负债率超过一定限度，债券的资金成本升高，增加筹资的成本。同时，债券筹资都有额度的限制。我国《公司法》规定，发行公司流通在外的债券累计总额不得超过公司净资产的40%。

3. 租赁融资

租赁融资是以租赁资产的使用权和所有权分离为前提条件，承租人租入所需资产或设备的融资方式。租赁是出租人将所拥有资产的使用权授予承租人，并获取租金报酬的合约，也就是说承租人获得出租资产使用权，同时也要支付固定的租金报酬。

租赁的形式各种各样，可以依据不同的标准进行分类。

1）直接租赁、杠杆租赁和售后租赁

按照租赁当事人之间的关系，租赁可以分为直接租赁、杠杆租赁和售后租赁。

直接租赁是承租人直接向出租人租入所需要资产的租赁形式。

杠杆租赁是出租人购买资产时只支付价款的一部分，其余价款是以所购买资产或出租权为抵押，向金融机构贷款支付，资产出租后，出租人以承租人支付的租金向债权人还款。

售后租赁是承租人先出售某项资产或设备，再从购买者手中租回资产或设备的租赁形式。

2）经营租赁和融资租赁

从财务管理的角度，租赁可以分为经营租赁和融资租赁。

经营租赁是为了满足经营上临时或季节性需要而租赁资产的租赁形式。

融资租赁又称资本租赁，是出租人购买承租人所需的资产，享有资产的所有权，再将资产出租给承租人收取租金，兼有融资、融物双重职能的租赁形式。按照我国会计准则的规定，满足下列条件之一的属于融资租赁：① 在租赁期届满时，资产的所有权转移给承租人；② 承租人有购买租赁资产的选择权，所订立的购买价款预计将远低于租赁资产购买时的市场价值；③ 租赁期占租赁资产可使用年限的大部分（通常解释为等于或大于资产寿命期的75%）；④ 租赁开始日最低租赁付款额的现值几乎相当于租赁开始日租赁资产的公允价值；⑤ 租赁资产性质特殊，如果不做重新改制，只有承租人能够使用。

租赁融资有其自身的优缺点，首先租赁融资可以快速取得所需的资产，满足项目运行的要求；同时，承租人支付的租金在融资期内分摊，缓解短期资金压力。但是，融资租赁的融资成本比银行贷款的资金成本要高。

4. 非银行金融机构贷款

非银行金融机构是指除了商业银行和政策银行以外的所有金融机构，主要包括信托投资公司、企业集团财务公司、证券公司、保险公司、融资租赁公司、储蓄信贷协会、信用合作社等。非银行金融机构贷款也是一种筹集大型项目债务资金的来源。

5. 外国政府贷款

外国政府贷款是指外国政府向本国政府提供的优惠性贷款，其具有援助的性质。外国政府贷款的特点是期限长、利率低或为零，数量有限，使用范围特定。目前外国政府贷款在国际投资中不占主要地位，但是该贷款具有独特的作用和优势，也是实现对外政治、经济发展的重要工具。目前我国已同世界上很多国家建立了双边政府贷款关系，如韩国、日本、加拿大、澳大利亚、法国、英国、意大利、西班牙、德国、奥地利、瑞士、卢森堡、荷兰、挪威、瑞典等国家。

6. 国际金融组织贷款

目前，为中国项目提供贷款的国际金融组织主要有国际复兴开发银行、国际开发协会、国际金融公司、亚洲开发银行和国际货币基金组织。国际复兴开发银行主要向发展中国家的会员国政府、国有企业、私营企业提供低于国际金融市场利率的长期贷款，维持国际贸易的正常运行。国际开发协会主要向人均国民生产总值低于 765 美元的贫穷发展中的会员国、国有企业和私营企业提供长期的无息贷款。国际金融公司主要是向欠发达地区会员国的私营企业直接投资或入股，促进资本市场的发展。亚洲开发银行属于区域性政府间国际金融机构，其贷款分为三类：普通贷款、基金贷款和技术援助基金。

8.3 资金成本与资金结构

8.3.1 资金成本

1. 资金成本的概念

资金成本又称融资成本是指企业为筹集和使用资金所付出的代价。广义地讲，这里的资金既包括长期资金也包括短期资金。资金成本由两部分组成，即资金的筹集成本和资金的使用成本。

资金的筹集成本是指企业在筹措资金的过程中所支付的费用，主要包括资金在各种筹措方式下的手续费，如发行股票和债券的发行费、担保费、印刷费、资产评估费等及其他各种费用。资金的筹集成本是在筹措资金过程中一次性支付的费用，而在资金的使用过程中不再支付费用。筹集成本与资金的筹措次数有关，筹措的次数越多，筹集成本就越高。

资金的使用成本是指企业在使用资金时所支付的费用，主要包括向投资者或股东支付的红利或股利、向银行支付的贷款利息、向持有债券的债权人支付的利息及其他各种利息费用。资金的使用成本是在资金的使用过程中定期支付的费用，具有定期性、持续性的特点。使用成本与资金的筹措规模和资金的使用长短有关，筹措规模越大，资金的使用时间越长，则使用成本越高。

2. 资金成本的计算

企业资金的主要来源有银行的长期借款、发行债券筹集的资金、发行股票筹集的资金和企业盈余资金。因此，资金成本主要包括长期借款的资金成本、发行债券的资金成本、普通股的资金成本、优先股的资金成本和留存收益的资金成本。资金成本可以用绝对数表示，也可以用相对数表示。但是一般情况下用相对数表示，则资金成本也称为资金成本率。

1）资金成本的计算公式

$$K = \frac{D}{P-F} \tag{8-1}$$

式中：K——资金成本率；

D——资金使用费；

P——筹集资金的总额；

　　　　F——资金筹集费。

或者:

$$K=\frac{D}{P(1-f)} \tag{8-2}$$

式中: f——筹资费用率，即筹集资金费用占筹集资金总额的比重。

　　2) 债务成本

　　(1) 长期借款的资金成本。长期借款的使用成本是贷款的利息，而贷款的利息在所得税前支付，所以可以少缴纳一部分所得税，因此实际支付的利息是 $I_a(1-T)$。资金筹集成本主要是借款的手续费，但是当手续费数额非常少时，可以忽略不计。若手续费忽略不计，则资金成本就是贷款的利息，也可以说资金成本就是贷款的利率。

$$K_a=\frac{I_a(1-T)}{A(1-f_a)} \tag{8-3}$$

式中: K_a——长期借款的资金成本;

　　　　I_a——长期借款的年利息;

　　　　T——所得税税率;

　　　　A——长期借款的资金总额;

　　　　f_a——长期借款的筹资费用率。

或者:

$$K_a=\frac{i_a(1-T)}{1-f_a} \tag{8-4}$$

式中: i_a——长期借款的年利率。

　　【例 8-1】　假设某公司为某项目建设申请长期贷款 1 000 万元，年利率为 8%，到期一次性支付，贷款手续费费率为 0.3%。企业所得税税率为 25%，试计算长期贷款的资金成本。

　　　　解:

　　根据公式 (8-4) 可得长期贷款的资金成本为:

$$K_a=\frac{i_a(1-T)}{1-f_a}=\frac{8\%(1-25\%)}{1-0.3\%}=6.02\%$$

即该长期贷款的资金成本是 6.02%。

　　(2) 发行债券的资金成本。发行债券的成本主要是该债券的利息和发行债券的费用，如发行费、担保费、印刷费等费用。债券利息和贷款利息一样，应在上缴所得税前扣除，则实际上支付的债券利息减少。债券的筹集费用比较高，因此发行债券的资金成本比长期借款的资金成本高。其计算公式为:

$$K_b=\frac{I_b(1-T)}{B(1-f_b)} \tag{8-5}$$

式中: K_b——债券的资金成本;

　　　　I_b——债券的年利息;

　　　　B——债券的筹资额;

　　　　f_b——发行债券的筹资费用率。

或者:

$$K_b = \frac{i_b(1-T)}{(1-f_b)} \tag{8-6}$$

式中: i_b——债券的年利率。

若债券以溢价或折价发行时, 应以实际发行价格作为债券的筹资额计算资金成本。

【例8-2】 假设某公司发行面值为 1 000 万元的 10 年期债券, 票面利率为 10%, 发行费率为 5%, 发行价格为 1 100 万元, 公司所得税税率为 25%, 试计算公司发行债券的资金成本。如果发行价格为 900 万元、面值为 1 000 万元的债券, 则资金成本为多少。

解:

根据公式 (8-5) 得以下结果。

(1) 以 1 100 万元的价格发行时的资金成本为:

$$K_b = \frac{I_b(1-T)}{B(1-f_b)} = \frac{1\ 000 \times 10\% \times (1-25\%)}{1\ 100 \times (1-5\%)} = 7.18\%$$

(2) 以 900 万元的价格发行时的资金成本为:

$$K_b = \frac{I_b(1-T)}{B(1-f_b)} = \frac{1\ 000 \times 10\% \times (1-25\%)}{900 \times (1-5\%)} = 8.77\%$$

(3) 租赁资产的资金成本。企业租入某些资产, 获得该资产的使用权, 则需要向该资产拥有者定期支付租金。当企业租入的资产属于经营租赁时, 支付的租金可以在上缴所得税时扣除; 当企业租入的资产属于融资租赁时, 支付的租金不能在上缴所得税时扣除, 但是作为该企业的资产, 资产的折旧可以抵税。

① 经营租赁时, 租金的资金成本为:

$$K_c - \frac{C(1-T)}{P_c} \tag{8-7}$$

式中: K_c——租金的资金成本;

C——年租金额;

P_c——租赁资产的价值。

② 融资租赁时, 租金的资金成本为:

$$K_c = \frac{C}{P_c} \tag{8-8}$$

【例8-3】 某企业租入某大型设备短期使用, 只拥有该设备的使用权, 该设备的价格为 500 万元, 每年支付的租金为 50 万元, 所得税税率为 25%, 试计算租赁设备的资金成本。

解:

由于租入的设备短期使用, 且只拥有该设备的使用权, 所有该租赁属于经营租赁。

根据公式 (8-7) 得租赁设备的资金成本为:

$$K_c = \frac{C(1-T)}{P_c} = \frac{50 \times (1-25\%)}{500} = 7.5\%$$

即该租赁设备的资金成本是 7.5%。

3) 权益成本

(1) 普通股的资金成本。普通股的资金成本是向股东发放红利和发行普通股的筹集费用。派发的股利是由公司净利润进行发放，因而派发的股利不能税前扣除。普通股的资金成本实际上就是普通股股东对公司预期收益的必要报酬率。普通股资金成本的计算通常有两种方法：资产定价模型和股利折现模型。

① 资产定价模型。

$$K_d = R_f + \beta(R_m - R_f) \tag{8-9}$$

式中：K_d——普通股的资金成本；

　　　R_f——无风险报酬率；

　　　R_m——平均风险股票报酬率；

　　　β——股票的贝塔系数[①]；

　　　$(R_m - R_f)$——权益市场风险溢价；

　　　$\beta(R_m - R_f)$——该股票的风险溢价。

【例 8-4】　某一期间股票市场的无风险报酬率为 8%，平均风险股票必要报酬率为 10%，某公司普通股的贝塔系数为 1.5，试计算该普通股的资金成本。

解：

根据资产定价模型的公式（8-9）得普通股的资金成本为：

$$K_d = R_f + \beta(R_m - R_f) = 8\% + 1.5 \times (10\% - 8\%) = 11\%$$

即该普通股的资金成本是 11%。

② 股利折现模型。

$$K_d = \frac{E_d}{P_d(1 - f_d)} + g \tag{8-10}$$

式中：E_d——预期的普通股的股利额；

　　　P_d——普通股的筹资额；

　　　f_d——普通筹资的费用率；

　　　g——股利的固定增长率。

通过股利折现模型计算资金成本时，公司采用的股利分配政策不同，则普通股的资金成本不同。若公司采用固定股利分配政策，每年派发相同的股利，则股利的固定增长率为零。若公司采用固定股利增长政策，每年派发的股利按固定增长率增长。

【例 8-5】　某公司发行普通股每股正常市价为 50 万元，筹资费率是股票市价的 5%，第一年预计发放的股利为每股 2 元，固定增长率为 8%，试计算该普通股的资金成本。

解：

根据股利折现模型公式（8-10）得普通股的资金成本为：

$$K_d = \frac{E_d}{P_d(1 - f_d)} + g = \frac{2}{50 \times (1 - 5\%)} + 8\% = 12.21\%$$

即该普通股的资金成本是 12.21%。

（2）优先股的资金成本。优先股的资金成本也是优先股股利和发行优先股的费用。优先股和债券一样，都是定期向持有人支付固定的费用；而优先股与债券不同的是，公司不盈利时，不需要向优先股持有人支付固定的股利，因而优先股持有人风险大，要求的报酬率高，

---

① 贝塔系数 β 是一项资产系统风险的指标，被定义为某个资产的收益率与市场组合之间的相关系数。

则优先股的资金成本比债券高。优先股股利的支付与普通股相同，不能在税前扣除。其计算公式为：

$$K_e = \frac{D_e}{P_e(1-f_e)} \tag{8-11}$$

式中：K_e——优先股的资金成本；

　　　D_e——优先股的年股利；

　　　P_e——优先股的筹资额；

　　　f——优先股的筹资费用率。

【例8-6】　某公司发行优先股股票，股票面额按正常市价计算为100万元，其支付的年股利为15万元，筹资费用率为5%，试计算该优先股的资金成本。

解：

根据公式（8-11）得优先股的资金成本为：

$$K_e = \frac{D_e}{P_e(1-f_e)} = \frac{15}{100\times(1-5\%)} = 15.79\%$$

即该优先股的资金成本是15.79%。

（3）留存收益的资金成本。留存收益是指企业的盈利未以股利形式发放给投资者而保留在企业的那部分资金，也就是企业经营所得净利润的剩余。留存收益属于股东，相当于股东对企业的增加投资，那么股东也要求有一定的报酬率。因此，留存收益也有资金成本。留存收益的资金成本不必考虑筹资费用，与普通股资金成本的计算相同。其计算公式为：

$$K_f = \frac{D_f}{P_f} + g \tag{8-12}$$

式中：K_f——留存收益的资金成本；

　　　D_f——预期的年股利额；

　　　P_f——普通股筹资额；

　　　g——普通股的股利增长率。

4）加权资金成本

企业在为项目筹集资金的过程中，不仅仅采用单一的方式筹集资金，往往是各种方式同时使用。为了筹集更多的资金，企业不可能只采用低成本的筹集方式，而是各种筹集方式有机地结合。企业为了选择项目的筹资方案，在计算各种单一筹资方式资金成本的基础上，计算筹资方案的综合资本成本——加权资金成本。加权资金成本是以各种方式筹措的资金占全部资金的比重为权数，对相应的资金成本进行加权平均确定。

加权资金成本的计算公式为：

$$K_g = \sum_{m=1}^{n} w_m k_m \tag{8-13}$$

式中：K_g——加权资本成本；

　　　w_m——第 m 种筹集资金占全部资金的比重；

　　　k_m——第 m 种筹集资金的资金成本；

　　　m——筹资方式的种类个数。

【例 8-7】　某企业为工程项目筹集资金有以下四种方式：长期借款、发行债券、发行普通股和发行优先股。筹集资金数额分别为：长期借款 500 万元，发行债券 700 元，发行普通股 3 000 元，发行优先股 800 万元；税后资金成本分别为：5%、8%、10%、12%，试计算该工程项目的加权资金成本。

解：

（1）求出各种筹资资金额占总资产的比例：长期借款所占比例为 10%；发行债券所占比例为 14%；发行普通股所占比例为 60%；发行优先股所占比例为 16%。

（2）根据公式（8-13）得该工程项目的加权资金成本为：

$$K_g = \sum_{m=1}^{n} w_m k_m = 10\% \times 5\% + 14\% \times 8\% + 60\% \times 10\% + 16\% \times 12\% = 9.54\%$$

8.3.2　资金结构

1. 资金结构的概念

资金结构是指企业或项目各种资金来源的构成和比例关系。通常情况下，企业的资金由债务资金和权益资金构成，那么资金结构指的是债务资金和权益资金各占多大的比例。

债务利息率一般比股票股息率低，而且债务利息可以在税前扣除，则债务资金成本显然比股权资金成本低。在筹资的过程中，在一定限度内适当地增加债务资金，可以降低项目的加权资本成本。另外，债务利息的支付通常是固定不变的，当息税前利润增加时，每一元利润所负担的固定利息就会相应减少，则分配给投资者的利润就会相应增加，那么企业可以利用债务筹资发挥财务杠杆的作用，给投资者带来更多的利益。因此，在资金结构决策中，合理地安排债务资金和权益资金的比率，对企业筹资有重要的作用。

资金结构的影响因素除了资金成本、财务风险这些重要因素之外，还应该考虑企业自身的状况、项目的现金流量和获利能力、税收因素，以及项目管理人员的态度和贷款银行及评信机构的态度等。

2. 资金结构决策方法

资金结构决策的主要内容是权衡债务的风险和收益，实现最优目标的资金结构，从而实现企业价值的最大化。企业可以合理地利用负债降低资金成本，但负债比率过高时，企业面临的财务风险较高，则负债所带来的财务杠杆的收益被抵消。因此，企业应该确定最优资金结构，使企业或项目的加权平均资金成本最低。无论在理论上还是实物上确定最优的资金结构都是比较困难的。常用的资本结构决策方法有三种：资金成本比较法、每股盈余无差别点法和企业价值法。

1）资金成本比较法

资金成本比较法是指在不考虑各种筹措方式的差别时，计算各种筹资方案的加权资金成本，并选择加权资金成本最小的筹资方案。

【例 8-8】　某公司为项目筹集资金的方案有长期借款、发行债券和发行股票三种可供选择，根据有关资料分析编制筹资成本表，如表 8-2 所示，试分析该公司应该选择哪种筹资方案。

表 8-2　三种筹资方案的资金成本比较

筹集方式	筹资方案 1		筹资方案 2		筹资方案 3	
	筹资额/万元	资金成本/%	筹资额/万元	资金成本/%	筹资额/万元	资金成本/%
长期借款	600	5%	1 000	6%	900	6.5%
债券	400	8%	800	9%	600	8.5%
股票	2 000	9%	1 200	9%	1 500	9%
合计	3 000		3 000		3 000	

解：

分别计算各种筹资方案的加权资金成本。

筹资方案 1 的加权资金成本：

$$K_1 = \frac{600}{3\,000} \times 5\% + \frac{400}{3\,000} \times 8\% + \frac{2\,000}{3\,000} \times 9\% = 8.07\%$$

筹资方案 2 的加权资金成本：

$$K_2 = \frac{1\,000}{3\,000} \times 6\% + \frac{800}{3\,000} \times 9\% + \frac{1200}{3\,000} \times 9\% = 8\%$$

筹资方案 3 的加权资金成本：

$$K_3 = \frac{900}{3\,000} \times 6.5\% + \frac{600}{3\,000} \times 8.5\% + \frac{1\,500}{3\,000} \times 9\% = 8.15\%$$

根据上述计算结果分析，筹资方案 2 的加权资金成本最小，理论上应该选择筹资方案 2。实际筹资方案的选择中，除了考虑加权资金成本最小之外，还要考虑其他的影响因素。

2）每股盈余无差别点法

每股盈余无差别点法是指在计算不同筹资方案下企业的每股盈余相等时所对应的盈利水平的基础上，通过比较不同筹资方案的每股收益的大小，进而选择每股盈余最大的筹资方案。每股盈余无差别点是指每股盈利不受筹资方式影响的销售水平。在该点上，无论是负债筹资还是权益筹资，每股收益都是相等的。

每股盈余的计算公式为：

$$\text{EPS} = \frac{(S - \text{VC} - F - I)(1-T) - D_e}{N} = \frac{(\text{EBIT} - I)(1-T) - D_e}{N} \tag{8-14}$$

式中：EPS——每股盈余；

　　　S——销售额；

　　　VC——变动成本；

　　　F——固定成本；

　　　I——利息费用；

　　　D_e——优先股的股利；

　　　T——所得税税率；

　　　EBIT——息税前利润；

　　　N——发行在外的普通股股数。

假设某企业原有资本是由普通股和负债组成，企业改扩建，计划采用普通股筹资或采用负债筹资。用 EPS_1 表示负债筹资的每股盈余，EPS_2 表示权益（普通股）筹资的每股收益。在每股盈余无差别点上，$EPS_1 = EPS_2$，即：

$$\frac{(S-VC_1-F_1-I_1)(1-T)}{N_1} = \frac{(S-VC_2-F_2-I_2)(1-T)}{N} \tag{8-15}$$

通过求解上式，就可以求出每股盈余相等时的销售额，当扩建后的销售额大于无差别点的销售额，则采用负债筹资；反之，则采用权益筹资。

【例 8-9】　某公司原有资本 1 000 万元，其中债务资本 400 万元，每年支付的利息是 48 万元，普通股资本 600 万元（每股面值 50 元）。该公司为了改扩建，追加投资 500 万元。其筹资方案有两种。

方案一：全部筹借长期借款，债务利率为 12%。

方案二：全部发行普通股，增发 10 万股，每股面值为 50 万元，公司变动成本率为 60%，固定成本为 292 万元，所得税率为 25%。

试求：

（1）每股盈余无差别点；

（2）该企业应该选择哪种方式进行筹资？

解：

（1）假设两种筹资方案下每股收益无差别点的销售额为 S，根据公式（8-15）得：

$$\frac{(S-0.6S-292-108)\times(1-25\%)}{12} = \frac{(S-0.6S-292-48)\times(1-25\%)}{12+10}$$

解上式得出：销售额 S = 1 180 万元。

将 S = 1 180 代入公式（8-14），求出每股盈余无差别点处的每股盈余，即：

$$EPS = \frac{(S-VC-F-I)(1-T)-D_e}{N}$$

$$= \frac{(1\ 180-1\ 180\times0.6-292-108)\times(1-25\%)}{12} = 4.5$$

则每股收益无差别点处的每股盈余是 4.5 元，销售额是 1 180 万元。

（2）该企业选择哪种方式进行筹资取决于改扩建后企业的销售额。当改扩建后企业的销售额大于 1 180 万元，则采用长期借款的方式进行筹资；当改扩建后企业的销售额小于 1 180 万元，则采用发行普通股的方式进行筹资。

3）企业价值比较法

资金成本比较法和每股盈余无差别点法在对资金结构进行决策时，都没有考虑风险因素的影响。如果每股盈余的增加不足以补偿风险所需的报酬时，即使每股盈余增加，但股东财富仍可能减少。所以，最优的资金结构是企业价值最大化，而不一定是每股盈余最大。同时，企业价值最大的资金结构也是加权资金成本最小的资金结构。

企业的市场价值（V）等于股票的市场价值（S）加债务的市场价值（B），即：

$$V = S + B \tag{8-16}$$

普通股的市场价值等于税后利润与普通股资金成本的商，即：

$$S = \frac{(EBIT-I)(1-T)}{K_s} \tag{8-17}$$

式中：T——所得税税率；

EBIT——息税前利润；

I——利息费用；

K_s——普通股的资金成本。

为了计算简便，通常假设长期债务的市场价值等于其面值。

【例8-10】 某企业的资本全部由普通股构成，无债务资本和优先股资本。股票账面价值1 000万元，预计未来的 EBIT 为200万元，所得税税率为25%。该企业认为目前的资本结构不合理，准备通过发行债券回购股票，以此来调整资本结构。目前的债务利率和权益资本的资金成本如表8-3所示。

表8-3 不同债务水平对公司债务资金成本和权益资金成本的影响

债券市场价值/万元	税前债务的资金成本（K_b）	股票β值	无风险报酬率（R_f）	平均风险股票必要报酬率（R_m）	权益资金成本（K_s）
0	—	1.1	10%	12%	12.2%
100	10%	1.2	10%	12%	12.4%
200	10%	1.3	10%	12%	12.6%
300	12%	1.5	10%	12%	13.0%
400	14%	1.7	10%	12%	13.4%
500	14%	2.0	10%	12%	14.0%

根据表8-3的资料，计算出不同债务水平下的企业价值和加权平均资金成本。

解：

当企业的债务是100万元时，其债务利息 $I = 100 \times 10\% = 10$ 万元。

根据公式（8-17）得：

普通股的市场价值 $S = \dfrac{(EBIT-I)(1-T)}{K_s} = \dfrac{(200-10) \times (1-25\%)}{12.4\%} = 1\,149.19$

加权平均资金成本 $K_g = 10\% \times (1-25\%) \times \dfrac{100}{1\,249.19} + 12.4\% \times \dfrac{1\,149.19}{1\,249.19} = 12.01\%$

其他计算结果如表8-4所示。

表8-4 企业市场价值和加权资金成本

企业的市场价值/万元	债务的市场价值（B）/万元	股票的市场价值（V）/万元	税前债务资金成本（K_b）	权益资金成本（K_s）	加权平均资金成本
1 229.5	0	1 229.51	—	12.2%	12.20%
1 249.19	100	1 149.19	10%	12.4%	12.01%
1 271.43	200	1 071.43	10%	12.6%	11.80%
1 246.15	300	946.15	12%	13.0%	12.04%
1 205.97	400	805.97	14%	13.4%	12.44%
1 196.43	500	696.43	14%	14.0%	12.54%

8.3.3 资金成本与最优资金结构的作用

资金成本和最优资金结构在项目的投资、融资实务中具有以下作用。

（1）资金成本是确定最优资金结构的主要参数。筹资方案不同，其所筹集资金的资金结构不同，则所带来的风险也不同。在确定最优资金结构时，在不考虑财务风险的情况下，选择加权资金成本最小的筹资方案。所以，资金成本是确定最优资金结构的基本依据。

（2）资金成本是评价投资项目、比较投资方案的主要标准。在评价投资项目时，可将项目的资金成本作为基准收益率来评价项目是否可行。另外，只有在投资收益率大于资金成本时，项目才是可行的。国际上通常将资金成本视为投资项目的"最低收益率"或是否采用投资项目的取舍率。

（3）资金成本与最优资金结构是项目选择筹资来源与方式的重要依据。项目资金的筹措方式多种多样，如银行贷款、发行股票、债券等。不同的筹资方式，其资金成本不同；不同的筹资方案，其加权资金成本不同。项目在选择筹资来源与方式时，资金成本和最优资金结构是重点考虑的因素，但不是唯一的因素，还需要考虑偿还的条件、限制条件及期限长短等其他因素。

8.4　项　目　融　资

8.4.1　项目融资概述

1. 项目融资的概念

传统融资是以项目业主的资信或其整体资产作为担保的一种具有完全追索权的融资活动。在这种模式下，债权人将项目发起人与项目作为一个整体看待，以其资产整体盈利水平、现金流量状况等作为是否投资的依据。

项目融资是项目资金筹措方式的一种，是指以项目预期现金流量和项目自身资产作为偿还贷款的一种无追索权或有限追索权的融资活动。在这种模式下，项目发起人获得贷款不是以项目业主的信用或其拥有的全部资产作为担保，而是以项目预期收益和项目自身资产作为担保。也就是说，项目发起人归还贷款的资金来源被限定在项目本身的经济利益（项目预期收益和自身资产）。

2. 项目融资的特点

与传统融资相比，项目融资有以下几方面的特点。

（1）项目导向。项目融资主要依赖于项目预期现金流量和项目自身资产来安排融资活动，与项目发起人的资信无关。由于项目融资是以项目为导向的融资活动，对于发展前景好但项目发起人的资产不多的项目，可以采用项目融资的方式进行筹资，解决筹资难的问题。同时，项目融资的贷款一般比商业银行的贷款期限长，如有些项目的贷款期限长达20年。

（2）有限追索或无追索权。无追索权的项目融资是贷款人只以该项目的资产作为担保的融资活动。当项目停建或经营上失败，贷款人只能以该项目的资产和项目产生的收益偿还本息，不能向项目的发起人追索。有限追索权的项目融资是指贷款人以该项目的资产和与项目有关的第三方作为担保的融资活动。当项目停建或经营上失败，贷款人除了以项目资产和项目产生的收益偿还贷款外,还可以向各担保方追债,但仅限于担保的范围内。目前国际上普遍采用的形式是有限追索。

(3)非公司负债型融资。非公司负债型融资是项目的债务不反映在项目发起人所在公司的资产负债表中,也称为表外融资,而是在资产负债表的附注中说明。这种形式可以使项目发起人以有限的财力投资多个项目,分散风险。

(4)风险分担复杂。项目发生的各种风险以各种形式在项目发起人、贷款人及与项目有利害关系的参与者之间进行分担。与传统融资相比,项目融资的风险分担有 3 个不同特点:投资风险大、风险种类多和融资的参与方多。因此,项目融资需要有结构严谨的担保体系。

(5)信用结构多样性。采用项目融资的项目所需要的资金规模大、期限长,因而需要多种融资方式有机结合,将贷款的信用支持分配到与项目有关的各个关键方面,以便降低风险。如采用"设施使用协议"融资模式,就可以使用与设施使用者签订的使用协议作为信用进行融资。

(6)融资成本高。项目融资的融资结构较为复杂,且所需要的时间较长,因此融资成本相对较高。

3. 项目融资和传统融资的区别

项目融资和传统融资差异很大,两者的主要区别如表 8-5 所示。

表 8-5 项目融资和传统融资的主要区别

	项目融资	传统融资
贷款对象	项目单位	项目发起人
还款来源	项目投产后的收益和项目本身的资产	项目发起人的所有资产和收益
担保结构	结构严谨、复杂	结构单一
追索性质	无追索权或有限追索权	完全追索权
筹资渠道	多元化	单一化

8.4.2 项目融资的参与者

由于项目融资的特点,使其涉及的参与者众多。通常情况下,项目融资的参与者主要包括:项目公司、项目发起人、项目的贷款银行、项目产品的购买者或使用者、项目建设的工程公司、项目的供应商、项目的融资顾问及政府机构等。项目融资参与者之间的合同关系如图 8-1 所示。

1. 项目公司

项目公司也称为项目的主办人,是指直接参与项目投资和管理、承担项目债务责任和项目风险的法律实体。实施项目融资,通常情况下不是由母公司或控股公司作为项目主办人,而是成立一个项目公司作为项目主办人。采用项目公司作为主办人,其优越性体现在将项目的融资风险限制在项目公司内,是实现有限追索的一种手段。

2. 项目发起人

项目发起人也是项目的实际投资者。项目发起人向项目公司出资,拥有项目公司的部分股权或全部股权,但在有限追索融资模式下,除拥有股权外,还应该以担保的形式为项目公

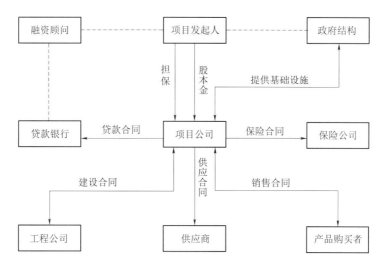

图 8-1 项目融资参与各方之间的合同关系

司提供一定的信用支持。项目发起人不单指一家公司，也可是与项目有关的多家公司共同组成，如工程公司、供应商及政府部门等组成的联合体。项目发起人往往不参与项目的建设和运营，仅仅是项目的发起人。

3. 项目的贷款银行

贷款银行是项目融资参与者中必不可少的一部分。在项目融资中，项目的债务资金往往由商业银行、政策性银行、非银行金融机构、财务集团等机构提供。在这里将为项目提供债务资金的机构统称为贷款银行。由于采用项目融资的项目规模普遍较大，需要的资金量也大，单个银行无法满足资金的需求，需要多家银行组成银团共同为项目提供资金。

4. 项目产品的购买者或使用者

项目公司与项目产品的购买者或使用者签订长期购买或使用合同，使项目建成后获得稳定的现金流或收益，用于偿还债务人的利息和本金。项目产品的购买者或使用者通常情况下是项目发起人、有关政府部门或者对项目产品有兴趣的第三方。

5. 项目建设的工程公司

项目建设的工程公司对项目进行设计和建设，其经营业绩、财务能力、技术水平及信誉等影响着贷款银行是否为项目提供融资。技术水平高、信誉好的工程公司能按时按质地完成项目的建设，减少贷款银行的风险，较容易获得资金。工程公司通过签订固定价格的一揽子承包合同，为项目融资提供一定的信用支持。

6. 项目的供应商

项目的供应商是指为项目提供设备、能源、原材料的厂商。例如能源、原材料供应商为项目提供长期的优惠价格的原材料，减少项目建设期的材料供应风险，使项目正常建设。因此，项目供应商也是项目融资参与者。

7. 项目的融资顾问

项目融资的过程中，往往需要有专业技能的人完成许多工作。通常情况下，项目的发起人不具备这些经验，因此需要聘请融资顾问来辅助完成融资工作。融资顾问不仅仅需要专业技能，还需要对项目所在地的产业政策熟悉。融资顾问通过反复设计、比较融资方案，最大限度地保护投资者的利益，同时还需要贷款银行或与其相关的其他各方接受。项目的融资顾问往往由投资银行、商业银行融资部门来担任。

8. 保险公司

项目融资过程中，通常情况下，由于资金规模大及未来面临的不确定因素较多，也就使得保险公司成为参与者之一。保险公司收取保险费，同时也承担项目的风险。

9. 政府机构

政府机构在有些融资模式中起着重要的作用。在项目融资中，政府可以为项目提供担保，为融资提供帮助，还可以购买项目的产品、提供优惠政策等方式为项目提供一定的信用支持。

以上是项目融资过程中涉及的主要参与者。项目参与者还有信用评估机构、律师事务所等。需要指出的是，并不是每个项目融资都涉及以上各方。

8.4.3　项目融资的框架结构

项目融资的框架结构由 4 个模块组成：项目的投资结构、项目的融资结构、项目的资金结构和项目的信用保证结构。项目融资 4 个模块的关系示意图如图 8-2 所示。

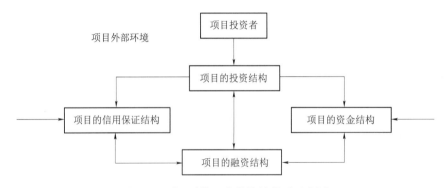

图 8-2　项目融资 4 个模块的关系示意图

1. 项目的投资结构

项目的投资结构是指项目的投资者对项目资产权益拥有的法律形式及项目投资者之间的合作关系。该结构也称为资产的所有权结构。项目投资结构的基本形式有：公司型投资结构、契约型投资结构和合伙型投资结构。采用的投资结构不同，项目的投资者对项目资产、项目产生的现金流的控制程度及债务承担的程度都不相同，这些不同反过来又直接或间接地影响项目的融资结构。

2. 项目的融资结构

在项目融资中，融资结构的设计是一项比较复杂的工作。通常情况下，项目发起人聘请融资顾问进行融资结构的设计。实际上，融资结构的设计就是将几种融资模式进行组合、拼装，再结合项目的资金要求，形成一种或几种符合项目要求的融资结构。常用的融资模式主要有"产品支付"融资模式、"设施使用协议"融资模式、BOT 融资模式、PFI 融资模式、ABS 融资模式等。各种融资模式的具体内容详见 8.4.4 节。

3. 项目的资金结构

项目的资金结构是指项目的债务资金和权益资金的比例关系。项目的资金结构由项目的投资结构和融资结构决定，但是项目的资金结构也影响着项目的融资结构。

4. 项目的信用保证结构

项目的信用保证结构有两种类型的担保形式：一种担保形式是直接担保；另一种担保形式是间接担保，如长期购买产品的协议、长期供货协议等。项目的信用保证结构与项目的经济强度相辅相成，当项目的经济强度较低时，项目的信用保证结构就相对严格、复杂；反之，信用保证结构则相对简单。

8.4.4　项目融资的模式

常用的项目融资模式有以下几种。

1. "产品支付"融资模式

"产品支付"融资模式是项目融资最早的模式，起源于 20 世纪 50 年代美国石油、天然气项目开发的融资安排。该融资模式是指项目公司以产品和这部分产品销售收入的所有权作为担保，而不是采用抵押或转让方式进行融资。也就是说，在这种模式下，借款人不是用项目产品的销售收入偿还债务，而是直接用项目产品偿还本金和利息。当贷款偿还之前，贷款人拥有项目部分或全部产品。

"产品支付"融资模式主要适用于资源储存量比较明确，项目现金流量能比较准确测算出来的项目，例如石油、天然气、矿产资源等开发项目。

2. "设施使用协议"融资模式

"设施使用协议"融资模式是项目公司以项目设施使用者的信用作为担保的融资活动。设施使用协议是指在某种工业设施或服务性设施的提供者和使用者之间达成的具有"无论使用与否均需付款"的协议。该融资模式的成败主要在于项目设施使用者能否提供一个强有力的具有"无论使用与否均需付款"性质的承诺，以及该承诺的可靠度。在项目融资期间内，设施使用者无论是否真正使用项目设施提供的服务，都应给设施提供者无条件地定期支付固定数额的使用费。

"设施使用协议"融资模式适用于资本密集、收益低且稳定的基础设施类并且带有服务性质的项目，例如发电设施、港口、铁路设施等开发项目。

3. BOT 融资模式

BOT（Build-Operate-Transfer，建设-运营-移交）融资模式是政府将项目的特许经营权授予项目发起人或项目公司，让其在特许经营期内全面负责该项目的设计、融资、建设和运营，并使该项目设施提供服务或销售产品、偿还债务、回收成本并获得合理的回报；在特许期满后，该项目按规定无偿地移交给政府。在这种模式下，政府一直对项目拥有较大的控制权，只是授予项目公司建造和运营，项目所有权并不转移。

BOT 融资模式具有以下几方面的特点。

（1）融资成本高。在特许经营期，项目公司或承包商拥有项目的所有权和经营权，承担项目的所有风险，因此融资成本较高。

（2）融资结构复杂。BOT 融资模式筹集的资金规模大，为了保证顺利筹集到资金，需要合理地设计融资结构。该融资模式涉及的项目参与者多，因此融资结构复杂。

（3）有利于风险分担。在 BOT 融资模式中，有如下几方面的风险：商业风险和信用风险、非商业风险（如政治风险、金融风险等）、自然因素等不可抗力的风险。前两类风险由项目公司承担，后一类风险由保险公司承担或项目公司和政府共同承担。在该融资模式中，不同风险由不同的主体承担。

（4）有利于提高项目的运营效率。项目公司为了减少风险，就会加强管理，控制造价，因此项目的设计、建设、运营效率较高，客户可以得到较高质量的服务。

（5）有利于提高技术和管理水平。BOT 项目是由国内具有实力的私营机构承包，这些机构为了扩大自身利润会采用先进的技术和管理理念。而且，BOT 项目的建设也会有当地企业的参与，这样就可以在项目建设过程中学习其先进的技术和管理水平，促进本国相关领域的发展。

BOT 融资模式主要适用于收费公路、铁路、废水处理、发电厂等大型公共基础设施项目。

4. TOT 融资模式

TOT（Transfer-Operate-Transfer，移交-运营-移交）融资模式是 BOT 融资模式的衍生形式。该模式是政府将正在运营的基础设施项目的经营权移交给投资者，政府将该项目未来的收益从投资者手中一次性获得，而在特定期内，投资者运营项目、回收投资并获得合理的回报。与 BOT 融资模式相同，期满后项目的所有权应交给政府。目前，TOT 融资模式主要运用在电力行业，即将已建成电站的经营权移交给投资者，从中获得部分资金，用于建设新电站。

5. PFI 融资模式

PFI（Private-Finance-Initiative，民间主动融资或私人主动融资）融资模式是指私营企业进行项目的建设与运营，并从政府方或接受服务方收取费用的融资方式。在这种模式下，私营企业承担公共项目的建设或提供服务，而政府购买私营企业提供的产品或服务，或给予其收费特许权，或双方以合伙方式共同运营等，实现政府公共物品产出中的资源配置最优化、效率和产出的最大化。该模式是一种全新的公共项目产出方式，目的是获得有效的服务，而不是项目的所有权。PFI 融资模式主要适用于基础设施项目和公共项目，如医院、学校等。

6. PPP 融资模式

PPP（Private-Public-Partnership，公私合作伙伴关系）融资模式是指政府与私营企业基于项目而建立合作伙伴关系的融资模式。在这种融资模式下，政府和私营企业利用各自的优势，达到比单独行动更有利的结果。两者之间的关系是合作关系而不是命令或控制关系，双方共享投资收益，共同分担投资风险。另外，在基础设施建设中，引入私营企业，并不表示政府全部退出投资领域，政府仍然要投入部分资金，其实质就是通过商业化和私营化的运营，提高项目的建设和服务效率，同时也能补充建设资金，减轻政府的财政压力。

PPP 融资模式具有以下几方面的特点。

（1）使私营企业在项目早期参与进来，有利于充分利用企业的先进技术和管理经验。

（2）使项目的参与各方发挥各自的优势，提高项目的建设效率，更好地服务于大众；同时，使其组成战略联盟，有利于协调各方的经济利益。

（3）风险分配合理。该模式在项目的早期就可以实现项目的风险分配，政府也承担部分风险，减少了投资者的风险，提高了项目融资的成功率。

（4）促进投资主体多元化。将私营企业引入到基础设施项目的建设，不仅能为政府提供资金，也促进了投资、融资的体制改革。

（5）有利于转换政府职能，减轻财政负担。在 PPP 融资模式中，政府不是项目的建设者，而是监管者，不仅可以保证项目的质量，同时可以减轻政府在财政预算方面的压力。

PPP 融资模式主要应用于公共基础设施项目的建设，如医院、铁路、地铁及学校等。

7. ABS 融资模式

ABS（Asset-Backed-Securitization，资产支持型资产证券化）融资模式又称资产证券化融资模式，是以项目所拥有的资产为基础，以该项目资产的未来收益为保证，通过在资本市场发行债券来筹集资金的融资模式。该模式能够在短时间内筹集到资金成本低、规模大的项目资金，可以满足各类项目发起人的需要，成为发展最快、最具活力的融资模式。

ABS 融资模式具有以下几方面的特点。

（1）通过资本市场发行债券筹资。ABS 融资模式与其他模式区别的一个显著特点是通过发行债券筹集资金。除了该模式外，其他的融资模式都不是通过资产证券化进行筹资。

（2）提升债券等级。ABS 融资模式是通过组建特别目的项目公司 SPV，而 SPV 利用金融担保、保险及超低抵押等方式获得较高信用评价，从而提升债券等级。

（3）中间环节少，减少筹资费用。ABS 融资模式与 BOT 模式相比，涉及的环节较少，从而可以减少酬金、手续费等中间筹资费用。

（4）分散投资风险。ABS 融资模式将项目原始权益人自身的风险与项目预期的现金收入之间的关系隔断，使清偿债务的资金仅与项目预期的现金收入有关。同时，在证券市场上发行债券，该证券由众多投资者购买，分散了投资风险。

ABS 融资模式主要用于投资规模大、资金回收慢、周期长的城市基础设施项目，如电力、电信、环保、供水等。

练 习题

一、选择题

1. 按照资金筹措的期限，资金筹措可以分为（　　）。

A. 长期融资和短期融资　　　　　　　B. 权益融资和负债融资

C. 既有法人融资和新设法人融资　　　D. 传统融资和项目融资

2. 以组建新的具有独立法人资格的项目公司为融资主体的融资模式是（　　）。

A. 既有法人融资　　B. 权益融资　　　C. 新设法人融资　　D. 负债融资

3. 出租人购买资产时只支付价款的一部分，其余价款是以所购买资产或出租权为抵押，向金融机构贷款支付，资产出租后，出租人以承租人支付的租金向债权人还款的租赁形式是（　　）。

A. 直接租赁　　　　B. 杠杆租赁　　　　C. 售后租赁　　　　D. 售后租赁

4. 某一期间股票市场无风险报酬率为 6%，平均风险股票必要报酬率为 8%，某公司普通股的贝塔系数为 1.3，则该普通股的资金成本是（　　）。

A. 8.6%　　　　　　B. 8%　　　　　　C. 9%　　　　　　D. 7%

5. 某公司发行面值为 300 万元的优先股股票，其支付的年股利为 25 万元，筹资费用率为 5%，则该优先股的资金成本是（　　）。

A. 8.52%　　　　　　B. 8.77%　　　　　　C. 8.8%　　　　　　D. 8.87%

6. 下面属于项目资本金筹措方式的是（　　）。

A. 政府投资　　　　B. 发行债券　　　　C. 股东直接投资　　D. 发行股票

7. 下面属于股票筹资的优点的是（　　）。

A. 资金成本低　　　　　　　　　B. 没有固定到期日

C. 没有固定的利息负担　　　　　D. 筹资风险小

8. 下面不属于资金使用成本的是（　　）。

A. 手续费　　　　B. 发行费　　　　C. 印刷费　　　　D. 利息费

9. 下面属于资金结构投资决策的方法是（　　）。

A. 资金成本比较法　　　　　　　B. 每股收益无差别点法

C. 企业价值比较法　　　　　　　D. 资产定价法

10. 下面关于项目融资说法正确的是（　　）。

A. 是以项目的资产或项目未来的收益作为担保

B. 是以项目建成、投入使用后的现金流量作为偿还债务的资金来源

C. 与项目所在企业的盈利水平无关

D. 无追索权或有限追索权

二、判断题

1. 负债融资筹措的资金形成企业的项目"资本金"或者"所有者权益"，具有永久性的特点，无到期日，不需要归还本金。（　　）

2. 项目负债的筹资方式主要有发行债券、发行股票、银行贷款和租赁资产。（　　）

3. 项目融资是以项目预期现金流量和项目自身资产作为偿还贷款的一种无追索权或有限追索权的融资模式。（　　）

4. PFI 融资模式是指私营企业进行项目的建设与运营，并从政府方或接受服务方收取费用的融资方式。（　　）

5. ABS 融资模式是以项目所拥有的资产为基础，以该项目资产的未来收益为保证，通过在资本市场发行债券来筹集资金的融资模式。（　　）

三、简答题

1. 发行债券的优缺点是什么？

2. 项目融资的特点是什么？

3. BOT 融资模式的定义和特点是什么？

四、计算题

1. 假设某公司发行面值为 5 000 万元的债券，票面利率为 8%，发行费率为 5%，发行价格为 5 500 万元，公司所得税税率为 25%，试计算发行债券的资金成本。

2. 某公司发行的普通股每股正常市价为 30 万元，筹资费率是股票市价的 5%，第一年预计发放的股利为每股 2.4 元，固定增长率为 6%，试计算该普通股的资金成本。

3. 某企业为工程项目筹集资金有以下四种方式：长期借款、发行债券、发行普通股。筹集的资金数额分别为：长期借款 200 万元，发行债券 300 元，发行普通股 1 000 元；税后

资金成本分别为：6%、8%、12%，试计算该工程项目的加权资金成本。

4. 某公司原有资本 3 000 万元，其中债务资本 1 000 万元，每年支付的利息是 100 万元；普通股资本 2 000 万元（每股面值 50 元）。该公司为了改扩建，追加投资 800 万元，其筹资方案有以下两种。

（1）全部筹借长期借款：债务利率为 10%，其利息费为 80 万元。

（2）全部发行普通股：增发 16 万股，每股面值 50 万元。

公司变动成本率为 40%，固定成本为 220 万元，所得税率为 25%，试求每股盈余无差别点。

五、案例分析

四川省成都市自来水六厂项目是我国经正式批准立项的第三个 BOT 试点项目，也是我国城市供水基础设施建设中首例采用 BOT 方式兴建的试点项目。项目建设规模是：含 80 万吨/日的取水工程、40 万立方米/日的净水厂工程、27 km 的输水管道工程。项目的特许期为 18 年，其中建设期 3 年，运营期 15 年。水厂建成后由项目公司负责运营，特许期满后，项目公司将水厂设施使用权无偿交给成都市人民政府或由其指定的成都市自来水公司。

该项目总投资 1.065 亿美元，全部来自于国外，都是通过项目融资的方式筹措。其中，总投资的 30% 即 0.318 亿美元为股东投资，两个发起人按照 60 : 40 的比例向项目公司出资，法国威望迪集团占 60%，日本丸红株式会社占 40%，作为项目公司的注册资本；其余的 70% 通过有限追索的项目融资方式筹措。项目融资贷款由亚洲开发银行和欧洲投资银行联合承贷，法国里昂信贷银行为境外代理行。

在该项目融资过程中，项目公司主要通过提供各种合同作为项目担保。项目公司主要取得了以下合同。

（1）特许权协议。项目公司与成都市政府签订此协议，以明确项目公司据以融资、设计、建设项目设施，运营和维护水厂设施，并将项目设施移交给成都市人民政府或其指定的成都市自来水总公司的条款和条件。

（2）购水协议。由项目公司与成都市人民政府指定授权的市自来水总公司签订，用以规定自来水总公司的购水和付费，以及项目公司按照购水协议规定的标准净水质量提供 40 万立方米/日净水的义务。

（3）交钥匙建设合同。由项目公司与总承包商签订，用以规定购买设备及项目承建等内容。

（4）融资文件。项目公司与贷款人就项目的债务融资部分签订协议。

（5）保险协议。

问题：

1. 该项目的资金结构是什么？

2. 该项目的融资过程中有哪些参与者？它们各自的职能是什么？

第 9 章

工程项目可行性研究与项目后评价

☞ **本章导读**

本章主要介绍工程项目可行性研究和项目后评价的相关知识。通过本章的学习，要求学生掌握可行性研究的内容、项目后评价的内容；熟悉可行性研究的阶段划分和工作程序、项目后评价的方法和程序；了解可行性研究的概念及作用、项目后评价的概念及作用。

☞ **专有名词**

可行性研究　国民经济评价　社会评价　项目后评价

9.1　项目可行性研究概述

9.1.1　可行性研究的概念

可行性研究，也称可行性分析（Feasibility Study），是根据国民经济长期发展规划及地区、行业发展规划要求和市场需求，运用多种科学手段（包括工程技术科学、社会学、经济学及系统工程学等），对拟建项目的必要性、可能性、合理性及经济、社会有利性进行全面、系统、综合的分析和论证，以便进行正确决策的研究活动，是一种综合的经济分析技术。工程项目可行性研究的任务是综合论证一个工程项目在市场上是否有需求空间；在技术上是否先进、实用和可靠；在对环境的影响和能耗上是否可接受；在经济上是否合理，在财务上是否盈利；并做出环境影响、社会效益和经济效益的分析和评价，从而对项目做出可行或不可行的评价，为投资决策提供科学的依据。

可行性研究作为项目投资决策前进行技术经济论证的一种科学方法，最早应用于 20 世纪 30 年代美国开发田纳西河流域的开发规划。第二次世界大战结束后，可行性研究在世界各国的大型工程项目中得到了广泛应用，成为投资项目决策前一个重要的工作阶段。我国从 1979 年开始，逐步将可行性研究纳入建设程序。

9.1.2　可行性研究的作用

（1）作为项目投资决策的依据。可行性研究作为项目前期的一项重要工作，对与项目有关的各个方面都进行了调查研究和分析，从市场、技术、工程建设、经济和社会等多方面对项目进行全面综合的分析和论证，论证了项目的必要性、可实现性及实现后的结果。依据可行性研究报告的结论进行投资决策可大大提高投资决策的科学性。

（2）作为筹集资金和向银行申请贷款的依据。可行性研究报告中包括了对项目财务效益、经济效益及贷款偿还能力的分析和预测。银行通过审查项目可行性研究报告，可以确认项目的经济效益水平、偿债能力和风险状况，这样可以科学做出是否同意贷款的决定。我国的金融机构和世界银行等国际金融组织均把可行性研究报告作为申请工程项目贷款的先决条件。

（3）作为申请项目建设执照的依据。工程项目正式开工以前，必须经过土地管理、规划、环境等部门的审批，而这些审批都以可行性研究报告中总图布置、环境及生态保护方案等方面的论证为依据。因此，可行性研究报告为工程项目申请执照提供了依据。

（4）作为该项目工程建设的基础资料。项目可行性研究报告是工程建设的重要基础资料。可行性研究报告一经批准，项目的设计、设备采购、施工组织设计等都要以此为依据，同时项目建设过程中的任何变更都可以在原可行性研究报告的基础上通过认真分析得出项目经济效益指标变动程度的信息。

（5）作为与项目协作单位签订经济合同的依据。项目建设单位根据批准的项目可行性研究报告，可以与有关协作单位确定原材料、燃料、动力运输、土建工程、安装工程、设备购置等方面的合同或协议。

（6）作为项目科研试验、机构设置、职工培训、生产组织的依据。根据批准的可行性研究报告，项目建设单位可以对一些疑难技术问题进行科学研究，同时进行与项目有关的生产组织工作，包括设置相宜的组织机构、进行职工培训及合理地组织生产等工作安排。

（7）作为对项目考核和后评价的依据。工程项目竣工后要对该项目决策、实施和运营，以及项目的产出效益、发挥的作用和产生的影响所做的系统客观的分析总结，被称为后评价。可行性报告是项目后评价的重要依据。

9.2　项目可行性研究的阶段划分与工作程序

9.2.1　项目可行性研究的阶段划分

工程建设项目由于建设周期长、投资金额大、参与单位多，其可行性研究涉及的内容较多，因此需要一个较长时期的工作过程。一般情况下，可行性研究可以分为投资机会研究、初步可行性研究和详细可行性研究 3 个阶段。

1. 投资机会研究

投资机会研究是企业根据国家、地区、部门经济发展战略规划，结合企业自身发展和经营规划，通过调查、预测和分析研究，提出具体投资项目的设想，并对投资机会设想进行粗略分析，以确定最佳投资机会。

这一阶段的任务是在若干个可能的投资机会中进行鉴别和筛选，一般来说比较粗略。通常，投资机会研究阶段所用的时间为 1～2 个月，小型项目时间会更短；这一阶段数据的精度误差一般控制在±30% 以内；所需要的费用一般占到项目总投资额的 0.1%～1%。

2. 初步可行性研究

初步可行性研究也称为预可行性研究，是在详细可行性研究阶段前对选定项目进行市场分析，进行初步技术经济评价，以确定是否需要进行更深入的研究。不是所有的项目都需要进行初步可行性研究，对于非政府投资的中小型项目，初步可行性研究可以并入到详细可行性研究阶段。但是，对于政府投资项目，则需要编制初步可行性研究报告作为项目建议书向项目主管部门提交，经批准后再进入详细可行性研究阶段。

初步可行性研究和可行性研究的基本内容相同，只是研究的详细程度、深度与精度不同。一般来说，初步可行性研究所需要的时间为 4～6 个月；估算精度误差控制在 ±20% 以内；所需费用占到项目投资总额的 0.25%～1.25%。

3. 详细可行性研究

详细可行性研究简称可行性研究，是对需要进行更深入可行性研究的项目进行更细致的分析，为项目决策提供技术、经济、社会方面的评价，减少项目的不确定性，对可能出现的风险制定防范措施。

详细可行性研究阶段是项目前期研究的关键环节，内容比较详尽，因此所花费的时间和费用都比前两个阶段要多。一般来说，这一阶段所需要的时间在 3～6 个月，大型项目或复杂项目所需时间会更长；估算精度误差控制在 ±10% 以内；所需费用大型项目占到项目总投资额的 0.2%～1%，中小型项目占到 1%～3%。

9.2.2 项目可行性研究的工作程序

可行性研究是一项专业性和技术性非常强的工作，涉及技术、经济、环境保护、社会等很多方面的分析和论证。可行性研究的工作程序一般包括以下 8 个步骤。

（1）组建可行性研究工作组。可行性研究工作可由项目业主单位自行完成。当项目业主不具备能力自行开展项目可行性研究的时候，可以委托具有相应资质的咨询公司进行此项工作。无论是业主单位自行完成还是委托咨询公司完成，编制单位都需成立相应的项目可行性报告编制工作组，工作组应有一名项目负责人负责总体协调工作，还要配置相关技术、市场、财务、工程、环保等方面的专业人士。

（2）制订工作计划和大纲。工作组成立以后，需要根据可行性研究报告的工作范围、内容和时间要求，以及可行性研究的工作步骤等，就人员安排、工作内容、进度计划、工作条件、工作质量和经费预算等做出合理的部署。同时，工作组要编制可行性研究报告的大纲。

（3）市场调查，资料收集。工作组根据可行性研究报告编写大纲，收集、整理相关的项目信息及与项目建设、市场运营等相关的信息资料和数据。这些信息和资料既包括与项目相关的历史信息，也包括影响项目技术、经济等方面决策的预测信息和数据。

（4）确定项目决策目标。编制工作组根据组织战略规划，确定项目所要达到的预定目标或目标体系，并以此作为项目可行性研究结论的决策标准。

（5）拟定备选方案。在资料调查与分析的基础上，项目工作组根据既定的投资目标，提出项目建设的规模与产品、场（厂）址、技术、设备、工程、原材料供应、总图布置与运输、公用工程与辅助工程、环境保护、组织机构设置方案、实施进度等备选方案。备选方案拟订过程中要考虑各个备选方案的可替代性和可比性。

（6）备选方案评价。确定了备选方案以后就可以对备选的方案进行财务评价、国民经济评价、社会评价、风险评估、环境评价，以判别项目的环境、经济和社会的可行性，以及项目抗风险的能力。这一阶段将根据评价结果给出各备选方案的可行性结论。

（7）选择最佳方案，作出最终决策。通过对各备选方案的可行性分析，筛除不可行的方案，从可行的方案中进行选优，作出最终决策。如果所有备选方案均不能满足项目目标，则需对备选方案进行调整或重新设计。

（8）形成可行性研究报告。经过充分的技术经济论证和优化后，项目工作组可以根据可行性研究报告编写大纲的要求，汇总技术、经济、环境等各专业论证部分，形成可行性研究报告终稿，得出项目可行性结论和实施建议及对策。

9.3　项目可行性研究的内容

9.3.1　可行性研究的依据

可行性研究报告的编制一般依据以下文件和资料进行。

（1）国民经济中长期发展规划和产业政策、行业部门发展规划。

（2）项目建议书（或初步可行性研究报告）及其批复文件。

（3）国家批准的资源报告、国土开发整治规划、工业基地规划、江河流域及路网规划等。

（4）项目业主方的决定与委托合同要求。

（5）拟选场（厂）址所在地的自然、经济、社会等基础资料和数据。

（6）有关技术规范、标准、定额和经济评价方法。

（7）国家有关法律、法规和政策。

9.3.2　可行性研究报告的深度

可行性研究报告的深度因项目的具体要求会有所侧重和不同，但通常应该达到以下几方面的深度要求。

（1）满足项目决策要求。可行性研究报告应做到内容完整，结论明确，数据准确，论据充分，能充分反映项目可行性研究工作的成果。可行性研究报告中的重大技术、经济方案应有两个以上方案的比选，以满足决策者确定方案和项目决策的要求。

（2）应对项目进行全面的评价。根据《建设项目经济评价方法与参数》所规定的建设项目可行性研究阶段的经济评价深度要求，可行性研究报告应系统分析、计算项目的效益和费用，通过多方案经济比选推荐最佳方案，对项目建设的必要性、财务可行性、经济合理性、投资风险等进行全面评价。

（3）技术论证应满足设备采购、合同谈判和初步设计的要求。可行性研究报告选用主要设备的规格、参数应能满足预订货的要求。引进技术设备的资料应能满足合同谈判的要求。可行性研究报告中确定的主要工程技术数据应能满足项目初步设计的要求。

（4）融资方案应满足信贷决策要求。项目涉及融资方案的，可行性研究报告中构造的融资方案应能满足银行等金融部门信贷决策的需要。

9.3.3 可行性研究报告的内容

根据我国国家发展计划委员会审定发行的《投资项目可行性研究指南》中"可行性研究报告编制步骤与要求"中的规定，工业项目可行性研究报告的内容包括以下部分。

1. 项目总论

项目总论是对拟建项目概括性的论述，主要说明项目背景、项目概况及建议。主要包括以下内容：项目的名称、建设单位、项目拟建地点和项目基本建设条件；承担可行性研究工作的单位、编制人员、编制依据；项目提出的背景、兴建理由、投资的必要性；项目预期的目标、可行性研究工作情况、可行性研究的主要结论概要、存在的问题与建议；可行性报告中各章节的主要经济技术指标。

2. 市场分析与预测

市场供需状况、竞争状况及需求结构等因素，与项目投资风险的大小密切相关。因此，可行性研究首先需要进行市场分析和预测，为确定项目建设规模与产品方案提供依据。其内容主要包括市场调查和预测。

1）市场现状调查

市场现状调查是进行市场预测的基础，是在对市场进行全面了解的基础上，运用科学的方法搜集、整理、分析相关资料和数据，以便掌握市场现状和发展趋势，主要内容包括国内外市场现状分析；拟建项目同类产品的市场容量、价格及市场竞争力现状等。

市场现状调查的方法主要包括文案调查法（二手资料调查）及实地调查法（一手资料调查）。文案调查法可通过收集行业发展报告、市场研究资料、政府统计数据、企业内部档案等，通过归纳或演绎的方法加以分析，从而形成市场调查报告。其优点是适用范围广、节省时间和成本，缺点是资料的时效性和针对性差。实地调查法由调查人员直接向被访问者收集第一手资料，然后通过统计分析形成市场调查报告。其优点是信息获得的及时性和针对性，缺点是成本高、时间长、程序复杂。为了降低实地调查法的成本，实际工作中通常采用抽样调查的方法，具体包括观察法、访问法和问卷调查法。

2）产品供需预测

产品供需预测是利用市场调查所获得的资料，对项目产品未来市场供给和需求的数量、品种、质量、服务进行定性与定量的分析。产品供需预测包括产品国内外现有供应量分析和新增供应量预测、产品需求预测、产品供需平衡分析、目标市场分析与预测。

市场预测的方法较多，一般有定性预测，包括个人判断法、专家会议法、德尔菲法、类推预测等；定量预测，包括移动平均法、指数平滑法、趋势外延法、回归分析法、弹性系数法等。

3）销售量及价格预测

项目产品的销售量和价格是测算项目投产后销售收入、生产成本和经济效益的基础，也是考察项目产品竞争能力的重要方面，因此需要根据产品的供求分析，对产品未来的销售量和价格进行预测。

4）市场竞争能力分析

市场竞争力分析是指通过分析项目自身优、劣势和主要潜在竞争对手的竞争力，研究拟建项目在国内外市场竞争中获胜的可能性和获胜能力。通过竞争性分析可以进一步优化项目的技术经济方案，提出市场营销战略和策略。市场竞争力分析主要包括企业及产品的优、劣势分析和产品与主要竞争对手的竞争力对比分析。

5）市场风险分析

市场风险分析是在以上分析的基础上，对未来国内外市场某些重大不确定因素发生的可能性及其可能对项目造成的损失程度进行分析。市场风险分析可定性描述，估计风险程度；也可定量计算风险发生概率，分析对项目的影响程度。

3. 资源条件评价

以矿产资源、水利水能资源和森林资源等自然资源的采掘为主要内容的资源开发项目，如金属矿、煤矿、石油天然气、水利水电和森林采伐等项目都需要进行资源条件评价。资源开发项目的建设应首先符合资源总体开发规划的要求，符合资源综合利用的要求，符合节约资源及可持续发展的要求。森林资源开发还应符合国家生态环境保护的有关规定。

资源条件评价包括针对项目所需资源的来源、供应条件、品质情况、开发价值和今后的开发趋势进行分析。

4. 建设规模与产品方案

1）建设规模

（1）建设规模的概念。建设规模是指项目设定的正常生产运营年份可能达到的生产能力或者使用效益。确定建设规模，一般应研究项目的合理经济规模、市场容量对项目规模的影响、环境容量对项目规模的影响及资金、原材料和主要外部协作条件等对项目规模的满足程度。对于特殊项目还要考虑与之相关的某些特殊因素，如技术改造项目应充分研究拟建生产规模与现有生产规模的关系。

（2）确定最佳建设规模的影响因素。通常确定最佳建设规模应考虑以下几方面：项目产品在未来的销售量、资本金与融资能力、项目所用技术及工艺路线、各种生产投入物及能源的供应量和可靠性、经济规模、风险及项目主体的风险承受能力。

（3）最佳建设规模的确定方法。建设项目的生产规模在满足经济可行的基础上，应通过多方案的比较确定合理的经济规模。所谓经济规模，是指在一定的生产技术装备条件下，能够充分发挥企业各种资源的效能，取得最大利润的生产规模。经济规模的确定方法如图 9-1 所示。

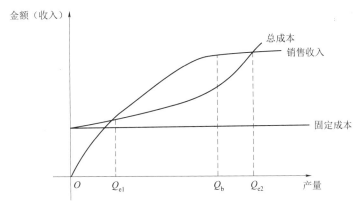

图 9-1 规模效益曲线图

Q_{e1}点是最小产量经济临界点（亦称盈亏平衡点）。如果项目规模小于Q_{e1}点，就会发生亏损。其原因在于：在Q_{e1}点以前的生产经营期内生产批量小，产品质量不稳定，生产成本高，企业不可能盈利。所以$O \sim Q_{e1}$区域属于亏损或无盈利的项目规模区域。很显然，拟建项目的规模必须大于这一区域内任何一点所示的规模。

Q_{e2}点是现行条件下最大产量经济临界点。如果项目规模大于Q_{e2}点所示的规模，企业的现行生产条件就会发生变化，致使企业又将发生亏损。其原因在于：在Q_{e2}点以后，产品规模过大，超过企业现有生产能力，势必要增添新设备，加班加点，从而提高了产品的成本费用，企业同样不能盈利。可见，一个项目规模的确定是有一定限度的。$Q_{e1} \sim Q_{e2}$区域是项目规模的可行范围，即经济规模区。

Q_b点是处于经济规模区域内项目的最佳点上，也是最优点上，项目收入相对最大，成本费用相对最低，从而利润最高，因此拟建项目规模应据此而定。但是，在实际上，由于一些具体条件的限制或影响，最优项目规模不是一个点，因此靠近该点的区域也就构成了项目经济规模优选区域。

2）产品方案

产品方案是研究拟建项目生产的产品品种及其组合的方案。确定产品方案一般应研究市场供求、产业政策、项目所需资源和环境条件、原材料和燃料供应情况、专业化协作水平、技术设备条件、生产储运条件等因素和内容。如果拟建项目将生产多种产品还要研究不同产品的最佳生产能力组合。

5. 建设条件与场（厂）址选择

1）建设条件

建设条件是根据建设规模和产品方案确定拟建项目的基本建设要求，包括对地理位置、气象、地质、水文、交通、基础设施、环境保护条件、法律支持条件、生活设施、施工条件等情况进行描述。

2）场（厂）址选择

场（厂）址选择是对备选场（厂）址进行多方案技术经济比较，并推荐场（厂）址选择方案。场（厂）址方案比选要进行工程条件和经济性条件两个方面的比较。工程条件的比较主要通过对占用土地种类及面积、地形地貌气候条件、地质条件、地震情况、征地拆迁及移民安置条件、社会依托条件、环境条件、交通运输条件、施工条件等的对比确定施工的难易程度；经济条件比较主要从建设投资和运营成本两个方面进行比较。

6. 技术、设备、工程方案

1）技术方案

技术方案主要包括采用的技术和工艺方案的论证、主要技术来源、工艺路线和生产方法。技术方案论证时要从技术的可靠性、先进性、适用性、合理性等方面进行技术工艺方案的比较和优选。在选择技术方案时必须考虑以下因素：技术是否先进成熟、是否适合所用的原料特性、是否符合产品所定的质量标准、能否适应拟建地区现有工业水平及在维修、操作、人员培训等方面是否有不能克服的障碍、所需投入物的规格和质量能否满足生产要求，并与地区的技术吸收能力、劳动力来源相适应等。

2）设备方案

设备方案包括对所需主要设备的规格、型号、数量、来源、价格等进行研究比选。设备方案的选择首先要考虑设备方案对建设规模和产品方案的生产保证；其次，要考虑设备的使用寿命和耗能情况；最后，还要考虑备品备件保证程度和设备的售后服务情况。涉及技术和设备引进时，还需论证引进的必要性及其来源国别的选择比较；涉及技术改造的需论证技术改造项目技术设备方案与改造前比较。

对于项目的主要设备，可行性研究应在充分调查国内外设备生产、运营、供应情况的基础上，对拟选的主要设备进行多方案比选。主要设备比选的内容包括：设备对建设方案的满足程度、对生产和工艺要求的满足程度、设备使用寿命、物料消耗指标、操作要求、维护费用等。比选指标主要包括投资回收期、总投资收益率、运营成本、寿命周期费用等。

3）工程方案

工程方案选择是在已选定项目建设规模、技术方案和设备方案的基础上，研究论证主要建筑物、构筑物的建造方案。工程方案的选择首先要满足项目生产使用功能要求；其次，要适应已选定的场（厂）址的建设条件和线路走向；最后，要符合工程建设标准规范要求，并且经济合理。对于特殊的工业项目还要满足防火、抗震、隔热、防腐等要求。

7. 原材料燃料供应情况

针对项目所需要的主要原材料、辅助材料和燃料的品种、规格、成分、数量、价格、来源及供应方式进行研究论证。多方案比选时，主要考虑满足生产要求的程度、采购来源的可靠程度、价格和运输费用是否经济合理等。

8. 总图、运输方案与公用辅助设施

1）总图布置方案

工程项目总图布置是在保证生产，满足工艺和运输要求的前提下，结合工业场地的自然条件，合理地确定拟建建筑物、构筑物、交通运输线路、工程管线、绿化美化等设施的平面位置，使各设施成为统一的有机整体，并与城市规划和国家交通运输网相协调，使企业的人流、物流和设备、设施在空间上妥帖组合，在时间上适当连接，在费用上节省经济，在环境上舒适安全。总图布置方案应从技术经济指标和功能两个方面进行比选，技术经济指标主要包括场区占地面积，建筑物及构筑物占地面积，道路和铁路占地面积、土地利用系数、建筑系数、绿化系数、土石方挖填工程量，地上和铁路占地面积、土地利用系数、建筑系数、绿化系数、土石方挖填工程量，地上和地下管线工程量，防洪治涝措施工程量，不良地质处理工程量及总图布置费用等；功能主要比选生产流程的短捷、流畅、连续程度、内部运输的便捷程度及满足安全生产的程度。

2）运输方案

运输方案包括场内运输方案和场外运输方案。场内运输方案是在场（厂）区内布置产品、原材料、设备等的运输路线和运输设备；场（厂）外运输方案是指产成品运出场（厂）区及原材料、燃料、设备等运进场（厂）区的路线、运输方式和运输设备。选择运输方案时要注意运输线路的简短、流畅，物流、人流不交叉影响。

3）公用辅助设施

公用工程与辅助工程是为项目主体工程正常运转服务的配套工程。公用工程主要包括给水、排水、供电、通讯、供热、通风等工程。给水工程主要是确定生产用水、生活用水、绿化用水等不同类型用水的水量和水质要求，包括每一类用水的水源、取水方式、输水方式、净水方式、场内给水方案等；排水工程主要是确定生产、生活和自然降水的排水量，并确定排水方案，分析排水污染物成分和污染控制方案；供电工程主要是确定生产用电、办公用电、生活用电等不同类型用电的确定电源方案、用电负荷、负荷等级、供电方式等，对于耗电量大的项目还需论证是否需要建设自备电厂等；通信设施工程主要是研究项目生产运营所需的各种通信设施，提出通信设施采用租用、建造或购置的方案；供热工程主要是确定生产、生活不同供热需求的热负荷，选择热源和供热方案；通风工程主要是确定项目的通风要求、通风散热方案和措施。

辅助工程是对项目生产起配套和辅助作用的维修、化验、检测、仓储等工程。辅助工程需要论证与主体工程的关系和相互联系，其建设面积、生产负荷等必须与主体工程相配套。

9. 能源消耗及环境影响评价

1) 节能、节水分析

节能、节水分析是针对项目实施过程中（包括建设和生产过程）所消耗的电、水、燃料等各种资源进行能耗指标分析、估算，所采用的节能措施、节能标准和效果及节能工作的组织保障情况。如果属于技术改造项目还应与原企业能耗进行比较，以论证技术改造后的节能、节水效果。

2) 环境影响评价

项目环境影响评价首先应符合国家环境保护法律、法规和环境功能规划的要求，具体包括环境条件调查、影响环境因素分析和环境保护措施3个部分。环境条件调查是指对项目所在地的大气、水体、地貌、土壤等自然环境状况；森林、草地、湿地、动物栖息、水土保持等生态环境状况；居民生活、文化教育、卫生、风俗习惯等社会环境状况及周边地区名胜古迹、风景区、自然保护区等特殊环境状况进行分析和说明。影响环境因素分析主要从两个方面进行分析：一是分析项目建设、生产运营期间可能产生的污染物源，计算排放污染物的数量和污染对环境的影响程度；二是分析项目建设设施、生产运营期间对环境可能造成的破坏程度和破坏后果。环境保护措施在环境条件调查和分析环境影响因素的基础上，按照国家有关环境保护法律、法规的要求，提出污染控制措施和环境治理方案，在可行性研究报告中应明确列出环境治理所需的设施、设备和投资，并对控制污染的技术措施水平、治理效果、管理及监测方式进行详细论证和综合评价。

10. 劳动安全、卫生与消防

1) 劳动安全与卫生

劳动安全与卫生主要是分析在项目建设中及生产运营过程中可能对劳动者身体健康和生产安全造成危害的物品、部位、场所及危害范围和程度，并针对不同危害和危险性因素的场所、范围及危害程度，提出相应的安全措施方案，以及职工的卫生保健措施方案。

2) 消防措施

消防措施方案主要是分析项目在生产运营过程中可能存在的火灾隐患和消防部位，根据消防安全规范确定消防等级，并结合当地公安消防设施状况，提出消防监控报警系统和消防设施配置方案。

11. 组织机构与人力资源配置

1) 组织机构设置

组织机构设置是根据拟建项目的规模、特点和生产运营的需要，研究提出项目组织结构的设置方案，包括组织结构模式、组织管理层次、职能部门设置等。企业常用的组织机构模式包括直线式、职能式、直线职能式、矩阵式、事业部式等。对于一般的工程项目，最常用的组织结构是直线职能式组织结构。

2）劳动定员

劳动定员取决于项目规模、技术方案和企业的组织结构，同时与组织的经营管理水平、职员的技能水平有关。在组织机构设置方案确定后，应研究确定企业劳动定员总数及生产、管理等各类人员的配置数量；根据生产规模和生产方案确定合理的工作制度与运转班次，提出工作时间、工作制度和工作班次方案；根据组织结构中职能部门的设置情况，研究各职能部门、各工作岗位所需人员数量；根据各工作岗位的职责要求，研究确定各类人员应具备的劳动技能和文化素质，并提出员工选聘方案等；研究测算职工工资和福利费用。

3）员工培训规划

根据项目对工程技术人员、管理人员和生产人员的素质要求，研究制定员工培训规划，包括培训岗位、人数及培训的内容、目标、方法、时间、地点和费用。

12. 项目实施进度安排

项目实施进度安排是指从正式确定项目到项目建成投产全过程的各个阶段性工作的进度安排计划，包括项目实施准备、资金筹集安排、勘察设计和设备订货、施工准备、施工和生产准备、试运行直到竣工验收和交付使用等各个工作阶段。在可行性研究报告中，项目实施进度安排可以用横道图或网络图来表示各阶段的工作量、所需时间和时序安排。需要注意的是，各阶段工作可能是同时展开或交叉进行的，因此需要对项目实施时期的各个工作环节进行统一规划、综合平衡，做出合理而又切实可行的安排。

13. 投资估算与资金筹措

1）投资估算

投资估算是在对项目的建设规模、技术方案、设备方案、工程方案及项目实施进度等进行研究并基本确定的基础上，估算项目投入总资金（包括建设投资和流动资金），并测算建设期内分年资金需要量的过程。它是制定融资方案、进行经济评价及编制初步设计概算的依据。

项目总投资的构成详见本书第2章相关的内容。

2）资金筹措

资金筹措方案是在投资估算的基础上，研究确定拟建项目所需要的投资资金，以及资金渠道、融资形式、融资结构、融资成本、融资风险，比选推荐项目的融资方案，并以此研究资金筹措方案。

资金的来源渠道、融资的组织形式及融资结构等详见本书第8章。

14. 财务评价

财务评价是可行性研究中经济评价的核心内容，是根据国家现行财税制度和市场价格体系，从项目的财务角度分析预测项目的财务效益与费用，考察拟建项目的盈利能力、偿债能力及财务生存能力，从而判断项目投资在财务上的可行性和合理性。

1）盈利能力

盈利能力主要考察项目投资的盈利水平，是评价项目财务可行性的基本依据。盈利能力评价需编制项目投资现金流量表、资本金现金流量表和利润与利润分配表3个基本财务报表。其中，项目投资现金流量表、资本金现金流量表详见本书第4章相关的内容；利润与利润分配表是反映项目计算期内各年的利润总额、所得税及税后利润分配情况的报表。利润总额计算公式为：

$$利润总额=营业利润+补贴收入+投资净收益-营业外收支净额 \quad (9-1)$$

利润和利润分配表的格式如表9-1所示。

表 9-1　利润和利润分配表　　　　　　　　　　　单位：万元

序号	项目	合计	计算期			
			1	2	…	n
	生产负荷（%）					
1	营业收入					
2	营业税金及附加					
3	总成本费用					
3.1	利息支出					
3.2	折旧					
3.3	摊销					
4	补贴收入					
5	利润总额（1-2-3+4）					
6	弥补以前年度亏损					
7	应纳税所得额（5-6）					
8	所得税（25%）					
9	净利润（5-8）					
10	期初未分配利润					
11	可供分配的利润（9+10）					
12	法定公积金（10%）					
13	可供投资者分配的利润（11-12）					
14	应付优先股股利					
15	提取任意盈余公积金					
16	应付普通股股利					
17	未分配利润（13-14-15-16）					
18	累计未分配利润					
19	息税前利润（5+3.1）					
20	息税折旧摊销前利润（5+3.1+3.2+3.3）					

　　盈利能力分析的指标包括静态指标和动态指标，其中：主要的静态指标包括投资回收期、总投资利润率、项目资本金利润率；主要的动态指标有项目财务内部收益率、项目财务净现值、项目资本金财务内部收益率。各项指标的计算方法详见本书第4章相关的内容。在进行项目的财务评价时，可根据项目的特点及财务分析的目的、要求等进行选用。

2）偿债能力

偿债能力是指项目偿还建设投资借款和清偿债务的能力。评价项目偿债能力所需要的基础财务报表包括借款还本付息计划表和资产负债表。借款还款付息计划表反映的是项目计算期内各年借款本金偿还及利息支付情况，其格式如表 9-2 所示。

表 9-2　借款还款付息计划表　　　　　　　　　　　单位：万元

序号	项目	合计	计算期			
			1	2	...	n
1	借款 1					
1.1	期初借款余额					
1.2	当期还本付息					
1.2.1	还本					
1.2.2	付息					
1.3	期末借款余额					
2	借款 2					
2.1	期初借款余额					
2.2	当期还本付息					
2.2.1	还本					
2.2.2	付息					
2.3	期末借款余额					
3	债券					
3.1	期初债务余额					
3.2	当期还本付息					
3.2.1	还本					
3.2.2	付息					
3.3	期末债务余额					
4	借款和债券合计					
4.1	期初余额					
4.2	当期还本付息					
4.2.1	还本					
4.2.2	付息					
4.3	期末余额					

资产负债表反映的是计算期内各年末资产、负债和所有者权益的增减变化及对应关系。通过资产负债表可以考察出项目资产、负债、所有者权益结构是否合理，其格式如表 9-3 所示。

表 9-3 资产负债表 单位：万元

序号	项目	合计	计算期			
			1	2	...	n
1	资产					
1.1	流动资产					
1.1.1	货币资金					
1.1.2	应收账款					
1.1.3	预付账款					
1.1.4	存货					
1.1.5	其他					
1.2	在建工程					
1.3	固定资产净值					
1.4	无形及其他资产净值					
2	负债及所有者权益					
2.1	流动负债总额					
2.1.1	短期借款					
2.1.2	应付账款					
2.1.3	预收账款					
2.1.4	其他					
2.2	流动资金借款					
2.3	长期借款					
2.4	负债小计					
2.5	所有者权益					
2.5.1	项目资本金					
2.5.2	资本公积金					
2.5.3	累计盈余公积金					
2.5.4	累计未分配利润					

偿债能力分析指标包括利息备付率、偿债备付率和资产负债率。利息备付率（ICR）是从资金来源的充裕性角度反映项目偿付债务利息的能力，利息备付率越高，说明利息偿付保证度越高，偿债能力越高。一般来说，利息备付率应当大于 2。利息备付率的计算公式为：

$$利息备付率（ICR）= 年息税前利润（EBIT）/计入总成本费用的应付利息（PI） \quad (9-2)$$

偿债备付率（DSCR）反映的是还本付息的保证倍率，偿债备付率越高，偿债能力越高。一般来说，偿债备付率应大于 1。偿债备付率的计算公式为：

$$偿债备付率（DSCR）= [年息税前利润加折旧和摊销（EBITDA）-$$
$$企业所得税（T）]/应还本付息金额（PD） \quad (9-3)$$

资产负债率（LOAR）是评价企业资本结构和负债水平的综合指标。资产负债率越低，偿债能力越高。资产负债率的计算公式为：

$$资产负债率（LOAR）= 负债总额（TL）/资产总额（TA） \quad (9-4)$$

3）财务生存能力

财务生存能力是指项目计算期内净现金流量用以维持正常运营，实现财务可持续性的能力。项目即使在财务净现值大于零的情况下，也可能由于初期财务净现金流量不足，导致生产难以为继，项目生存出现问题。因此，有必要对项目财务生存能力进行评价。财务生存能力分析通过编制财务计划现金流量表，考察项目计算期内投资、融资和经营活动所产生的现金流量，计算累计盈余资金。财务计划现金流量表的格式如图 9-4 所示。

表 9-4　财务计划现金流量表　　　　　　　　单位：万元

序号	项目	合计	计算期			
			1	2	...	n
1	经营活动净现金流量（1.1-1.2）					
1.1	现金流入					
1.1.1	营业收入					
1.1.2	增值说销项税额					
1.1.3	补贴收入					
1.1.4	其他流入					
1.2	现金流出					
1.2.1	经营成本					
1.2.2	增值税进项税额					
1.2.3	营业税金及附加					
1.2.4	增值税					
1.2.5	所得税					
1.2.6	其他流出					
2	投资活动净现金流量（2.1-2.2）					
2.1	现金流入					
2.1.1	回收固定资产余值					
2.1.2	回收流动资金					
2.1.3	其他现金流入					
2.2	现金流出					
2.2.1	建设投资					
2.2.2	维持运营投资					
2.2.3	流动资金					
2.2.4	其他流出					
3	筹资活动净现金流量（3.1-3.2）					
3.1	现金流入					
3.1.1	项目资本金					
3.1.2	长期借款					
3.1.3	流动资金借款					
3.1.4	短期借款					

序号	项目	合计	计算期			
			1	2	…	n
3.1.5	发行债券					
3.1.6	其他流入					
3.2	现金流出					
3.2.1	偿还各种债务资金					
3.2.2	各种利息支出					
3.2.3	应付利润					
3.2.4	其他利润					
4	净现金流量（1+2+3）					
5	累计盈余资金					

项目的资金筹措方案和借款及偿还计划应能使表中各年度的累计盈余资金金额始终大于或者等于零。对于非经营性项目的财务分析应以财务生存能力分析为主。

15. 国民经济评价

1）国民经济评价的概念

国民经济评价是一种对项目的宏观评价，按照资源合理配置的原则，从国家整体的角度考察和确定项目的效益和费用，用影子价格、影子汇率和社会折现率等国民经济评价参数，分析计算项目为国民经济带来的净贡献，以评价项目经济上的合理性。

不是所有的项目都需要进行国民经济评价，在市场经济条件下，完全由市场机制所调节的行业经济评价只需进行财务评价即可。但有些行业不能完全由市场调节，需要政府干预，如国家和地方政府参与投资的铁路、公路、水利等基础设施项目，战略性资源开发项目，采用政府补贴或减免税的项目，大型外商投资项目，非市场价格的产出物或投入物项目等需要进行国民经济评价。

2）国民经济评价的内容

（1）费用与效益的识别。进行国民经济分析时，首先要将项目的投入和产出划分为费用与效益。国民经济评价中的费用与效益和财务评价中的相比，其划分范围是不同的。凡是为工程项目投入实际资源消耗和社会劳动，或者国民经济为工程项目付出的代价都计为费用；凡是工程项目对国民经济发生的实际资源产出与节约，或者对国民经济做出的贡献，都视为效益。

（2）影子价格的测算和基础数据的调整。在绝大多数发展中国家，都或多或少地存在着产品市场价格扭曲或失真的现象，所以使用现行市场价格是无法进行国民经济评价的。为了真实反映项目的费用和效益，有必要在项目经济评价中对某些投入物和产出物的市场价格进行调整，采用一种更为合理的计算价格，即影子价格。一般而言，项目投入物的影子价格即为其机会成本，即一种资源用在某个特定领域而失去的在其他领域可以获得的最大收益；项目产出物的影子价格则为其支付意愿，即消费者购买某一产品所愿意支付的最高价格。

（3）国民经济效果分析。根据所确定的各项国民经济费用与效益，结合社会折现率等相关经济参数，计算工程项目的国民经济评价指标，编制国民经济评价报表，最终对工程项目是否具有经济合理性得出结论。

3）国民经济评价参数

国民经济评价参数分为两类：一类是通用参数，包括影子汇率和社会折现率换算系数，由国家行政主管部门测算并发布；另一类是专用参数，包括货物、服务、土地、工资、自然资源的影子价格，由项目评价人员自行测定。

（1）影子价格的确定。根据《建设项目经济评价方法与参数》的规定，计算影子价格时，通常将项目的投入物和产出物划分为外贸货物、非外贸货物和特殊投入物等三种类型分别进行处理。外贸货物和非外贸货物的划分原则是看工程项目的投入或产出主要是影响对外贸易还是影响对外消费。

外贸货物的影子价格的确定，是以实际将要发生的口岸价格为基础，通过影子汇率将以外币表示的口岸价格转换为人民币计量的口岸价格，并考虑国内运费和贸易费来测算。

非外贸货物具有公益性强、社会影响大、市场机制失灵的特点，因此不能以市场价格确定影子价格，通常采用成本分解法、消费者支付意愿和机会成本等方法测定。

特殊投入物是指项目在建设和生产经营中使用的土地、劳动力、自然资源等。其中，劳动力的影子价格，也称影子工资，由劳动力的机会成本和劳动力就业或转移而引起的社会资源消耗两部分构成。其确定方法主要采用转换系数法，将财务工资转换为影子工资。土地的影子价格是指因工程项目占用土地而使国民经济付出的代价，一般由因土地用于拟建项目而使其不能用于其他目的所放弃的国民经济效益和因土地占用而新增的社会资源消耗（如拆迁费、劳动力安置费、养老保险费等）两部分构成。其确定方法可按土地影子价格的两个组成部分分别进行计算后汇总或从土地市场价格中剔除政府对土地使用权买卖征收的税款部分确定。自然资源的影子价格只考虑资产性资源，不可再生资源的影子价格一般按机会成本计算，可再生资源的影子价格一般按资源再生费用计算。

（2）影子汇率。汇率是一国货币兑换成另一国货币的比率。影子汇率，即外汇的影子价格，是指项目在国民经济评价中，将外汇换算为本国货币的系数。它不同于官方汇率或国家外汇牌价，能够正确反映外汇对于国家的真实价值。影子汇率的计算公式为：

$$影子汇率 = 外汇牌价 \times 影子汇率换算系数 \qquad (9-5)$$

影子汇率换算系数是国家相关部门根据国家现阶段的外汇供求情况、进出口结构、换汇成本等综合因素统一测算和发布的。目前，我国的影子汇率换算系数为1.08。

（3）社会折现率。社会折现率是从国民经济的角度对项目资金机会成本和资金时间价值的估量，体现了社会对资金时间价值的期望和对资金盈利能力的估算。社会折现率作为国民经济评价中的一项重要参数，是国家评价和调控投资活动的重要经济杠杆之一。社会折现率需要根据国家社会经济发展目标、发展战略、发展优先顺序、发展水平、宏观调控意图、社会成员的费用效益时间偏好、社会投资收益水平、资金供应状况、资金机会成本等因素进行综合分析，由国家相关部门统一测定和发布。目前我国的社会折现率为8%，但对远期收益率较大的项目，允许采用较低的折现率，但不应低于6%。

16. 社会评价

1）社会评价的概念

社会评价是分析拟建项目对当地社会的影响和当地社会条件对项目的适应性和可接受程度，即评价项目的社会可行性。

社会评价旨在系统调查和预测拟建项目的建设、运营产生的社会影响与社会效益，分析项目所在地区的社会环境对项目的适应性和可接受程度，通过分析项目涉及的各种社会因素，评价项目的社会可行性，提出项目与当地社会协调关系，规避社会风险，促进项目顺利实施，保持社会稳定。

2）社会评价的内容

社会评价的内容包括社会影响分析、项目与所在地区互适性分析和社会风险分析。

（1）社会影响分析。项目的社会影响分析旨在分析预测项目可能产生的正面影响（通常称为社会效益）和负面影响。主要考虑的影响因素包括项目对所在地居民收入的影响、项目对所在地区居民生活水平和生活质量的影响、项目对所在地区居民就业的影响、项目对所在地区不同利益群体的影响、项目对所在地区弱势群体利益的影响、项目对所在地区文化教育和卫生健康的影响、项目对所在地区基础设施和城市化进程的影响、项目对所在地区少数民族风俗习惯和宗教的影响等。

（2）互适性分析。互适性分析主要是分析预测项目能否为当地的社会环境、人文条件所接纳，以及当地政府、居民支持项目存在与发展的程度，考察项目与当地社会环境的相互适合关系。主要考虑的因素包括不同利益群体对项目的态度、当地各类组织对项目的态度、当地的技术文化条件等。

（3）社会风险分析。社会风险分析是对可能影响项目的各种社会因素进行识别和排序，选择影响面大、持续时间长，并容易导致较大矛盾的社会因素进行预测，分析可能出现这种风险的社会环境和条件。主要考虑的因素包括移民安置问题、民族矛盾和宗教问题、弱势群体支持问题、受损补偿问题等。

3）社会评价的方法

由于影响项目的社会因素多而繁杂，有些因素难以定量化，因此社会评价通常采用定性与定量相结合的方法来分析。常用的评价分析方法主要有有无对比分析法、利益相关者分析法、逻辑框架分析法和综合分析法。

有无对比分析法是指对有项目情况和无项目情况的社会影响进行对比分析。有项目情况减去同一时刻的无项目情况，就是由于项目建设引起的社会影响。

利益相关者分析法是在明确项目利益相关者和其与项目的关系的基础上，评价各利益相关者对项目成功与否所起作用的重要程度，对项目各利益相关者的重要性做出评价。

逻辑框架分析法从确定待解决的核心问题入手，向上逐级展开，得到其影响及后果，向下逐层推演找出其引起的原因，得到所谓的"问题树"，将问题树进行转换，即将问题树描述的因果关系转换为相应的手段——目标关系，得到所谓的目标树，通过分析和归纳，指出对项目社会可行性起关键作用的决定性因素，从而得出社会可行性的总结性评价。

综合分析法适用于需考虑多个社会效益和目标的多目标决策问题，可综合采用层次分析法、模糊综合评价等多目标决策方法，对项目各个分项指标的重要性给予一定的权重，并对每个指标进行打分，最后计算综合社会评价效果。

17. 不确定性与风险分析

在可行性研究中，有关收入、费用等经济要素及参数均假定是确定的。但现实中，由于缺乏足够的信息或测算方法上的误差，使得这些数据存在一定的不确定性。不确定性分析就是分析和研究这些不确定因素的变化或者测算数据的误差对方案经济效果的影响及影响的程度。不确定性分析的内容和方法详见本书第 6 章。

风险分析是在市场预测、技术方案、工程方案、融资方案、财务评价和社会评价等论证中已进行的初步风险分析的基础上，进一步识别拟建项目在建设和运营中潜在的主要风险因素，揭示风险来源，判断风险程度，提出规避风险的对策，为决策提供依据。风险分析包括风险识别、风险估计、风险评价和风险防范。

1）风险识别

风险识别是风险管理中的首要步骤，是指通过系统、全面的分析与考察，发现引发项目风险的风险源，识别影响项目目标实现的风险事件并加以适当归类的过程，并记录每个风险因素所具有的特点。在可行性研究阶段，通常需要考虑的项目风险包括以下几个方面。

（1）完工风险。该风险存在于项目的建设阶段。表现形式为：项目工期延长，不能按期完工；项目建设的地质条件、水文地质条件与预测发生重大变化，导致工程量增加、投资增加、工期拖长；项目建设成本超支；项目未达到规定的技术经济指标；甚至于项目夭折，停工放弃。完工风险会增加项目成本，增加财务费用。

（2）市场风险。市场风险存在于项目运营阶段。表现形式为：产品市场需求量实际情况与预测值发生偏离，导致产品销量达不到预计目标；产品和主要原材料的实际价格与预测价格发生较大偏离，导致产品售价预测偏离；项目产品市场竞争力或者竞争对手情况发生重大变化，项目同时具有价格和销量双重风险。

（3）技术风险。技术风险存在于项目建设阶段和运营阶段。技术风险包括项目采用技术的先进性、可靠性、适用性和可得性与预测方案发生重大变化，从而导致生产能力利用率降低，生产成本增加，产品质量达不到预期要求等。

（4）环境风险。环境风险存在于项目的建设阶段和运营阶段，包括自然环境风险和社会环境风险。自然环境资源风险主要包括项目所需要的自然资源，如金属矿、非金属矿、石油、天然气等矿产资源的储量、品位、可采储量、工程量等与预测发生较大偏离，导致项目开采成本增加，产量降低或者开采期缩短；项目生态环境影响估计不足、保护措施不当，需增加项目环境保护成本等。社会环境风险主要指由于项目建成后给社区或社会造成环境负面影响而导致当地社区或社会的反对，项目不得不修改建设方案，增加投入，甚至取消项目的风险。

（5）金融风险。金融风险贯穿于项目的整个过程，一般是指由于利率变化、汇率变化及资金供应不足或者来源中断导致项目工期拖延、融资成本升高或被迫终止的风险。

（6）政策及法律风险。政策及法律风险涉及项目建设、运营的各个阶段，主要包括两部分：一是国家风险，即项目所在国政府由于政治或外交原因，对项目政策做出重大调整，可能实行征用、没收、终止等行为的潜在可能性；二是政治经济法律稳定性风险，主要指国内外政治经济条件发生重大变化，如税收制度、外汇制度、环境保护、劳资关系等与项目相关的政策和法律发生变动，导致项目原定目标难以实现甚至无法实现。

风险识别的方法可以采用问卷调查、专家调查和情景分析等。

2）风险估计

风险估计又称为风险测定、风险估算，是在风险识别之后，通过定量分析的方法测算风险事件发生的可能性及其对项目的影响程度。风险估计包括概率估计和风险损失估计两部分。概率估计是估算风险事件发生的概率，可采用专家调查法获得。风险损失估计可以用概率分布来描述发生各种损失的分布情况，常用的方法包括概率树、蒙特卡洛模拟及 CIM 模型等。

3）风险评价

风险评价是在风险识别和估计的基础上，综合考虑风险属性、风险管理目标，通过建立风险系统评价模型，确定可能导致的损失大小，从而找到项目的关键风险，以便确定风险是否需要处理和处理的程度。

风险评价的方法包括主观评分法、层次分析法等。风险评价的判别标准一般采用经济指标的累计概率和标准差。财务（经济）内部收益率大于等于基准收益率或者财务（经济）净现值大于等于零的累积概率值越大，风险越小；标准差越小，风险越小。

4）风险防范

风险防范是在风险识别、估计、评价的基础上，根据关键的风险因素和总体风险水平，制定需要采取的风险对策，确定项目风险事件最佳对策组合的过程。一般来说，风险管理中风险防范的对策有四种：一是风险回避，即彻底规避风险，断绝风险来源，这意味着彻底改变原方案或否决项目；二是风险控制，即通过采取技术、工程、管理、金融等措施降低风险发生的可能性或减少风险损失程度；三是风险自留，即自己承担风险损失，并做好相应的资金安排；四是风险转移，即通过契约方式在风险事故发生时将损失一部分转移到项目以外的第三方，如保险、担保、发包等方式。这些风险对策的适用对象各不相同，需要根据风险评价的结果，对不同的风险事件选择最适宜的风险对策，从而形成最佳的风险对策组合。

18. 研究结论与建议

在上述各项研究分析的基础上，本部分将对项目给出总结性意见和建议。具体包括的内容有：给出项目推荐方案，并就推荐方案的主要内容和经济、技术、市场、环境等方面给出论证性意见；指出推荐方案可能存在的问题和主要风险；对其他方案说明未被采用的原因及与推荐方案的对比说明；对可行性研究中尚未解决的主要问题提出解决办法和建议；对研究结论可行的项目提出操作建议和修改建议，对不可行的项目提出不可行的主要原因及处理意见。

9.4 项目后评价

9.4.1 项目后评价概述

1. 项目后评价的概念

项目后评价是指在工程项目建成竣工验收并运行一段时间以后，对该项目的立项、决策、执行过程、效益、作用和影响所进行的系统、客观的分析总结。项目后评价主要是与项目前期的可行性报告和项目前评估的结论进行对比，根据项目的实际成果和效益，判定项目预期的目标是否达到，项目规划是否合理有效，项目的主要效益指标是否实现；通过分析评价，找出成败的原因，总结经验教训；并通过及时有效的信息反馈，为未来新项目的决策和提高、完善投资决策管理水平提出建议；同时也为项目实施运营中出现的问题提出改进建议，从而达到提高投资效益的目的。

工程项目后评价应在所建设施的能力和投资的直接经济效益发挥出来的时候进行，通常情况下，生产性行业在竣工以后 2 年左右，基础设施行业在竣工以后 5 年左右，社会基础设施行业可能在更长一些的时间之后进行后评价。

2. 项目后评价的作用

（1）总结项目管理的经验教训。投资项目在实际建设运营过程中可能会出现与预期效果偏离的情况。项目后评价就是通过分析项目实际效果，比较实际情况与预测情况的偏离程度，分析产生偏差的原因，并及时提出调整建议，促进项目改进运营状态。同时，后评价也及时总结项目管理经验和教训，用以指导未来的项目管理活动，从而可以不断提高项目管理水平。

（2）促进项目决策科学化水平不断提高。项目前评价是项目投资决策的依据，但前评价中所做的预测是否准确，需要后评价来检验。通过建立完善的项目后评价制度和科学的方法体系，一方面可以增强前评价人员的责任感，促使评价人员努力做好前评价工作，提高项目预测的准确性；另一方面可以通过项目后评价的反馈信息，及时纠正项目决策中存在的问题，从而提高未来项目决策的科学化水平。

（3）为政府制定投资计划、政策提供依据。项目后评价不仅能够对具有共性或重复性的工程项目决策起到示范和参考作用，并可为项目评价所涉及的评价方法、参数及有关的政策、法规的不断完善和补充提供修正依据和建议，发现宏观投资管理中的不足，从而使政府能够及时地修正某些不适应经济发展的技术政策，修订某些已经过时的指标参数。同时，政府还可以根据后评价所反馈的信息，合理确定投资规模和投资方向，协调各类产业、各部门之间及其内部的各种比例关系。

（4）有助于改进或完善在建项目。项目后评价是在项目运营阶段进行的，通过后评价找出成功和失败的原因，就可以针对已存在的问题，探索产生偏差的原因，提出切实可行的措施，特别是对具有共性或重复性的工程项目提出改进意见和补救措施，以防止同样的问题再次出现，从而促使项目运营状态正常化。

（5）增加项目实施的社会透明度。项目后评价对整个项目的执行情况进行评价公布，社会各界都能了解工程项目的开展过程和情况。将项目后评价纳入基本建设程序，能增强项目决策者和项目执行者的责任心，在进行项目决策时就会更加慎重、认真，因此后评价能够起到监督和检查的作用，从而增强管理部门和项目执行人的责任心。

3. 项目后评价的种类

一般而言，项目开工之后，即项目投资开始发生以后，由监督部门所进行的各种评价，都属于项目后评价的范畴，这种评价可以延伸至项目的寿命期末。因此，根据评价时点，项目后评价可细分为跟踪评价、完成评价、影响评价。

1）跟踪评价

跟踪评价也称中间评价或实施过程评价，它是指在项目开工以后到项目竣工以前任何一个时点所进行的评价。这种由独立机构进行评价的主要目的是：检查评价项目实施状况（包括进度、质量、费用等）；评价项目在建设过程中的重大变更（如项目的产品市场发生变化、概算调整、重大方案变化等）及其对项目效益的作用和影响；诊断项目发生的重大困难和问题，寻求对策和出路等。

2）完成评价

完成评价又称项目总结评价或终期评价，它是指在项目竣工以后一段时间之后，项目的生产效果已初步显现时进行的一次较为全面的评价。完成评价是对项目建设全过程的总结和对项目效益实现程度的评判，其内容主要包括项目选定的准确性及其经验、教训的分析，项目目标的制定是否适当，项目采用的技术是否适用，项目组织机构和管理是否有效，项目市场分析是否充分、全面，项目财务和经济分析是否符合实际，项目产生的社会影响，预期目标的实现情况，预期目标的有效程度等。

3）影响评价

影响评价又称事后评价、项目效益监督评价，它是指在项目后评价报告完成一定时间之后所进行的评价。影响评价侧重于对项目长期目标的评价，通过调查项目的实际运营状况，衡量项目的实际投资效益，评价项目的发展趋势和对社会、经济及环境的影响；发现项目运营过程中经营和管理方面的问题，提出改进措施，充分发挥项目的潜力。

9.4.2 项目后评价的程序和内容

1. 项目后评价的程序

项目不同，后评价的要求也不同。因此，各个项目后评价的执行，其内容和程序都是有所差异的。一般工程项目后评价的基本程序包括提出问题、制订后评价计划、选择后评价范围、建立后评价组织、实施后评价及编制后评价报告等阶段，如图9-2所示。

图9-2　项目后评价程序

（1）提出问题。项目后评价首先应明确项目后评价的具体对象、后评价目的及具体要求。提出项目后评价要求的可能是项目单位自身，也可能是国家计划部门、银行部门、各主管部门。

（2）制订后评价计划。工程项目后评价的计划应提早，最好在工程项目前评估和项目执行过程中就确定下来，以便项目管理者和执行者在项目实施过程中就开始收集资料。项目后评价计划的内容包括评价人员的配备、建立组织机构的设想、时间进度的安排、预算安排、评价方法的选定等。

（3）选择后评价范围。工程项目后评价的范围十分广泛，在实施后评价之前必须明确评价的范围和深度。工程项目后评价的范围通常是以后评价任务书的形式来确定，包括后评价的目的、内容、深度、时间等。一般来说，后评价的范围包括经济、社会、环境等方面的内容，特别是有关工程项目后评价必须完成的特定要求，应给出十分明确而具体的说明。

（4）建立后评价组织。项目后评价组织有两种形式：一是项目单位进行自我评价，组建内部项目后评价小组，参与人员通常有项目单位选定；二是独立评价，即独立于项目之外的第三方评价机构负责项目后评价工作。多数情况下，项目后评价均采用独立评价的方法。一般情况下工程项目后评价要确定一名负责人，该负责人不应是参与过此项目评估、决策和实施的人。由该负责人根据项目特点，聘请和组织工程技术、产品市场、投资、项目营运管理、建设、财务等方面的专家组成项目后评价小组。

（5）实施后评价。这是工程项目后评价的程序中最重要的环节，其主要内容包括收集资料，这些资料和数据主要包括项目建设资料、国家经济政策资料、项目运营情况的有关资料、项目实施和运营影响的有关资料、同行业有关资料及与后评价有关的技术资料和其他资料；现场调查，深入项目现场了解、收集工程项目的实施情况、项目目标的实现情况、项目目标的合理性、项目的作用和影响等相关资料；分析研究，根据工程项目资料收集和现场调查结果，对全部信息进行系统分析，包括工程项目实际结果分析与评价、项目前评估与后评价的对比分析、项目未来发展预测分析等，从而得出后评价的结论。

（6）编制后评价报告。项目后评价报告是项目后评价工作的最后成果。项目类型不同，后评价报告的内容和格式也不完全一致。一般而言，项目后评价报告应包括总论、项目前期工作评价、项目实施评价、项目运营评价、项目经济后评价、结论等几个主要方面。后评价报告首先必须真实地反映情况，客观分析评价问题；其次，要全面、系统地总结经验，恰当地给出工程项目后续发展的对策与建议；最后，报告文字和数据要准确清晰，并尽可能不用过于专业化的词汇。

2. 项目后评价的内容

1）项目目标后评价

项目目标后评价是对照在立项和可行性研究阶段的前评估中关于项目目标的论述，评估项目对预定目标的实现程度及成败的原因，同时评估最初目标的确定是否正确合理。项目目标后评价包括两个方面。一方面是对于项目目标实现情况的后评价，对照原定目标所需完成的主要指标，根据项目实际完成情况，评定项目目标的实现程度。如果项目的预定目标未全面实现，需分析未能实现的原因，并提出补救措施。另一方面是对于项目原目标的评价，有些项目原定的目标不明确或不符合实际情况，项目实施过程中可能会发生重大变化。项目目标正确性与合理性的评价工作主要是对项目可行性研究报告的目标进行评价。

2）项目实施情况评价

项目的过程评价应对立项评估或可行性研究时所预计的情况与实际执行情况进行比较和分析，找出差别，分析原因，总结教训。这一后评价内容的具体评价工作包括：实际项目的合同执行情况分析、项目的内容和建设规模、项目进度和实施情况、项目投资控制情况、项目质量和安全情况、配套设施和服务条件、收益范围与收益者的反应、项目的管理和机制、财务执行情况等。

3）项目技术水平后评价

项目技术水平后评价是指在项目投产运营一段时间以后，针对项目工艺技术、技术装备和工程技术选择的可靠性、适用性、配套性、先进性、经济合理性的再分析。一些项目在技术和设备使用过程中可能会出现与预想的结果不同的情况，一些技术和设备缺陷会逐渐暴露出来，在工程项目后评价中就需要针对实践中存在的问题、产生的原因认真总结经验，以便在以后的项目设计或设备更新中选用更好、更适用、更经济的设备，甚至对项目原有的工艺技术和技术装备进行适当的调整，更好地发挥技术和设备的经济效益。

4）项目效益后评价

项目的效益后评价是对项目实际取得的效益进行财务评价和国民经济评价，其评价的主要指标应与项目前评价的一致，即内部收益率、净现值及贷款偿还期等反映项目盈利能力和清偿能力的指标。项目后评价与前评价采用的数据是不同的，项目前评价采用的是预测数据，项目后评价采用的数据是根据实际情况调整得来的。需要注意的是，后评价的数据中不是简单的实际数据，应该将项目实际数据扣除物价指数的变动，以便使工程项目后评价与前评价中的各项评价指标在评价时点和计算范围上具有可比性。

5）项目影响后评价

项目影响后评价包括环境影响后评价和社会影响后评价。环境影响后评价是对照项目前评估时批准的项目环境影响报告书，重新审查项目对于环境影响的实际结果，并评价二者之间的差异及其原因。环境影响评价的内容包括项目的污染控制、地区环境质量、自然资源的利用和保护、区域生态平衡和环境管理等方面。社会影响评价是分析项目对国家或地方社会发展目标的实际影响情况等，评价项目对所在地区和社区的影响，评价内容一般包括项目对于就业、地区收入分配的影响，项目对于社区居民的生活条件和生活质量的影响、受益者范围的分析，分析和反映项目对于地方和社区的发展、妇女、民族及宗教信仰等方面的影响。

6）项目持续性后评价

项目的持续性是指在项目的建设资金投入完成之后，项目的既定目标是否还能继续，项目是否可以持续地发展下去，项目业主是否愿意并可能依靠自己的力量继续去实现既定目标，项目是否具有可重复性，即能否在未来以同样的方式建设同类项目。项目持续性后评价就是从政府的政策、管理、组织和地方参与，财务因素，技术因素，社会文化因素，环境和生态因素及其他外部因素等方面来分析项目的持续性。

9.4.3 项目后评价的方法

1. 对比分析法

1）前后对比法

前后对比法是指将项目实施前与项目实施后的情况加以对比，以确定项目效益的一种方法。在项目后评价中，它是一种纵向的对比，即将项目前期的可行性研究和项目评估的预测结论与项目的实际运行结果相比较，以发现差异，分析原因。

2）有无对比法

项目后评价中的有无对比法是将项目竣工投产运行后实际发生的情况与没有运行投资项目可能发生的情况进行对比，以度量项目的真实效益。这种对比是一种横向对比，主要用于项目的效益评价和影响评价。有无对比的目的是要分清项目作用的影响与项目以外作用的影响。

3）横向对比法

横向对比法是将项目实施后所达到的技术经济指标与国内同类项目的平均水平、先进水平、国际先进水平等进行比较。运用横向对比法进行项目后评价时，必须注意可比性的问题，比较时要把不同时期的数据资料折算到同一时期，使项目评价的价格基础保持同期性，同时也要保持费用、效益等计算口径相同。

2. 逻辑框架法

逻辑框架法（Logical Framework Approach，LFA）是美国国际开发署在 1970 年开发并使用的一种设计、计划和评价的工具。目前大部分的国际组织把该方法应用于援助项目的计划管理和后评价。逻辑框架法是一种概念化分析论述项目的方法，即用一张简单的框图来清晰地分析一个复杂项目的内涵和关系，使之更易理解。它将几个内容相关且必须同步考虑的动态因素组合起来，通过分析相互之间的关系，从设计、策划、目标等方面来评价项目。

逻辑框架法把目标及因果关系分为 4 个层次：一是目标，指高层次的目标，即宏观计划、规划、政策和方针等；二是目的，指建设项目的直接效果和作用，一般应考虑项目为受益群体带来的效果；三是产出物，指项目建成后提供的可直接计量的产品或服务；四是投入物和活动，指该项目实施过程中的资源投入量、项目建设的起止时间及工期。

逻辑框架法可用一个 4×4 的矩阵来表示，如表 9-5 所示。

表 9-5　逻辑框架法矩阵表

层次描述	客观验证指标	验证方法	重要外部条件
目标/影响	目标指标	监测和监督手段及方法	实现目标的主要条件
目的/作用	目的指标	监测和监督手段及方法	实现目的的主要条件
产出/结果	产出物定量指标	监测和监督手段及方法	实现产出的主要条件
投入/措施	投入物定量指标	监测和监督手段及方法	实现投入的主要条件

在垂直方向各横行代表项目目标层次，它按照因果关系，自下而上地列出项目的投入、产出、目的和目标 4 个层次，包括达到这些目标所需要的检验方法和指标，说明目标层次之间的因果关系和重要的假定条件及前提；在水平方向各竖行代表如何验证这些不同层次的目标，自左到右列出项目各目标层次的预期指标和实际达到的考核验证指标、信息资料和验证方法，以及相关的重要外部条件。项目后评价通过逻辑框架法来分析项目原定的预期目标、各种目标的层次、目标实现程度和原因，评价项目的效果、作用和影响。

3. 成功度评价法

成功度评价法是一种综合评价方法，需要对照项目前评估所确定的项目目标去分析项目实际结果，以评价项目目标的实现程度。进行项目成功度分析首先必须明确项目成功的标准，再选择与项目相关的评价指标并确定其对应的重要性权重，通过指标重要性分析和单项成功度结论的综合，即可得到整个项目的成功度指标。

成功度评价法需要依靠评价专家或专家组的经验，综合项目各项指标的评价结果，对项目的成功程度做出最终的评价和结论。成功度评价法可以使用逻辑框架法等方法分析评价的结论作为基础数据，然后对于项目的目标和效益的成功程度进行全面系统的评价。

工程项目的成功度可划分为五个等级。一级：完全成功，项目各个目标都已经全面实现或超过，与成本相比，项目取得了巨大效益和影响；二级：基本成功，项目的大部分目标已经实现，与成本相比，项目达到了预期的效益和影响；三级：部分成功，项目实现了原定的部分目标，与成本相比，项目只取得了一定的效益和影响，未取得预期的效益；四级：不成功，项目实现的目标非常有限，主要目标没有达到，与成本相比，项目几乎没有产生什么效益和影响；五级：失败，项目的目标无法实现，即使建成后也无法正常营运，目标不得不终止。

一般来说，一个项目要对十几个乃至几十个重要的和次重要的综合评价指标进行定性分析，断定各项指标的等级。常见的评价指标如表 9-6 所示。

表 9-6　项目成功度评价指标

项目执行指标	相关重要性	成功度	备注
宏观目标和产业政策			
决策及其程序			
布局与规模			

项目执行指标	相关重要性	成功度	备注
项目目标及市场			
设计与技术装备水平			
资源和建设条件			
资金来源和融资			
项目进度及其控制			
项目质量及其控制			
项目投资及其控制			
项目经营			
机构和管理			
项目财务效益			
项目经济效益和影响			
社会和环境影响			
项目可持续性			
项目总评			

4. 综合评价法

综合评价就是在建设项目的各分项分部工程、项目施工的各阶段及从项目组织各层次评价的基础上，寻求项目整体优化。由于建设项目的复杂性，技术、经济、环境和社会的影响因素众多，各种评判指标也只能反映投资项目的某些侧面或局部功能，因此采用综合评价法对项目进行综合后评价更能从整体上把握投资项目的建设质量和投资者的决策水平。

综合评价一般采用定性分析或定性分析与定量分析相结合的办法，常有的方法有德尔菲法、层次分析法和模糊综合评判法等。

练 习题))))

一、选择题

1. 建设工程项目在投资决策阶段工作的核心和重点是（   ）。

A. 项目决策   B. 可行性研究   C. 筹资   D. 厂址选择

2. 在竞争力分析中，不属于项目竞争力分析的是（   ）。

A. 竞争力优势分析   B. 竞争力劣势分析

C. 供方讨价还价能力分析   D. 竞争力对比分析

3. 在可行性研究阶段，由于对数据精度要求提高，估计流动资金所用的方法为（   ）。

A. 扩大指标估算法   B. 比例估算法   C. 分项详细估算法   D. 生产能力指数法

4. （   ）是项目经济评价的核心部分。

A. 技术评价   B. 经济评价   C. 财务评价   D. 国民经济评价

5. 下列不属于经济分析参数的是（　　　）。

A. 影子价格　　　　B. 预测价格　　　　C. 影子汇率　　　　D. 社会折现率

6. 风险分析的第一步为（　　　）。

A. 风险识别　　　　B. 风险估计　　　　C. 风险评价　　　　D. 风险防范

7. 某工程项目结束后，拟进行试运行，试运行完成后验收。请问用试运行期间获得的收益数据所做的评价属于项目（　　　）。

A. 前评估　　　　B. 跟踪评价　　　　C. 后评价　　　　D. 综合评价

8. 可行性研究报告不是（　　　）编制的。

A. 建设单位　　　　　　　　　　　　B. 设计单位

C. 施工单位　　　　　　　　　　　　D. 建设单位委托设计单位

二、简答题

1. 可行性研究包括哪些内容？

2. 技术方案选择的基本要求是什么？

3. 工程项目后评价与前评估的主要区别是什么？

三、计算题

1. 已知某项目产出物在距项目所在地最近的口岸的离岸价格为 50 美元/吨，影子汇率为 6.16 元人民币/美元，项目所在地距口岸 300 公里，国内运费为 0.06 元/（吨·公里），贸易费用率按离岸价格的 6% 计算，试求该项目产出物出厂价的影子价格。

2. 某企业需要一台汽车，有买车和租车两个方案：购车费 53 000 元，4 年后转让价值 11 000 元，使用费用第一年为 7 500 元，以后每年增加 500 元；租车方案：年租车费 15 000 元（年初支付），使用费用比购车方案每年少 1 000 元。当基准收益率为 10% 时，请选择最优方案。

第 ⑩ 章

价 值 工 程

☞ **本章导读**

本章主要介绍价值工程的基本理论。通过本章的学习，要求学生掌握价值工程的基本概念、提高价值的途径；熟悉价值工程的工作程序；了解价值工程的产生和发展。

☞ **专有名词**

价值工程　寿命周期　ABC分类法　强制确定法

10.1　价值工程概述

10.1.1　价值工程的产生和发展

1. 价值工程的产生

价值工程（Value Engineering，VE）产生于20世纪40年代的美国，创始人为时任通用电气公司电子工程师和采购经理的迈尔斯（Lawrence D. Miles）。在第二次世界大战期间，由于战争的需要，美国的军事工业快速发展，这导致市场上原材料供应紧张，物资短缺现象十分严重。石棉板是通用电气公司生产过程中必须使用的原材料之一，当时的价格昂贵而且十分短缺，影响了公司生产活动的正常进行。通过研究，迈尔斯发现石棉板是在喷涂油漆时被使用的，主要作用是防止污染地板和火灾。经过广泛的市场调查，迈尔斯发现了一种具有防火功能的纸板，这种纸板市场供应充足而且价格低廉，可以有效地替代石棉板。按照当时消防法的规定，通用电气在喷涂油漆时地面上必须铺一层石棉板，使用防火功能的纸板是被禁止的，但是经过反复的交涉和论证，美国政府修改了消防法，正式允许使用这种纸板作为防火材料。这就是著名的"石棉板事件"。

受"石棉板事件"的启发，迈尔斯对功能和成本之间的关系进行研究，并提出在产品设计中，不仅要考虑成本因素，而且还要考虑产品的使用价值、安全性、可靠性和美观度等因素。1947年，迈尔斯在《美国机械师》杂志上发表了名为《价值分析》的文章，标志着价值分析方法的产生。美国国防部采用后正式将其更名为价值工程（VE）。

2. 价值工程的发展

价值工程产生后，其先进的管理理念和创新的管理方法得到了社会各界的关注，并得到了广泛的传播。

1952 年迈尔斯开始举办价值分析研究班，建立专门从事价值分析的机构来推广价值分析的方法，他的著作《价值分析和工程技术》几度再版并先后被译成十几种文字。1954 年美国海军舰船局采用了价值工程。1961 年美国国防部开始逐步推行价值工程，随后制定了价值工程的军用标准，对价值工程的传播起到了重要的作用。在美国的公共领域和私人公司，价值工程也得到了广泛的应用。美国国会、参议院通过了在公共投资领域应用价值工程的条款并建议其他政府部门推行价值工程。

1955 年价值工程传播到日本，并与质量管理和工业工程相结合，在产品设计、工艺改进、材料代用等方面取得了巨大的成功。1965 年，日本成立了价值工程学会。20 世纪 70 年代德国、法国、英国等国家也先后引进并推广价值工程，它们结合本国工业的特点制定各自的价值工程的标准，并得到政府和行业协会的支持。有的国家通过立法的形式强制公共部门必需应用价值工程。自产生以来，价值工程的理念、理论和方法技术在全世界范围内得到广泛的认同和应用，价值工程也得到了快速的发展。

我国在 70 年代末引入价值工程。1984 年，国家经委将价值工程列入 18 项现代化管理方法。1987 年 10 月颁布了中华人民共和国国家标准《价值工程基本术语和一般程序》（GB 8223—1987），标志着价值工程正式在我国推广应用。2009 年 5 月，发布中华人民共和国标准《价值工程（第 1 部分）：基本术语》（GB/T 8223.1—2009），部分替代 GB 8223—1987。

10.1.2　价值工程的基本概念

价值工程是通过各领域的相关协作，对所研究对象的功能和费用进行系统分析，以最低生命周期成本可靠地实现必要的功能，从而提高研究对象价值的思想方法和管理技术。价值工程的定义，可以从以下几个方面来理解。

第一，着眼于使用者的功能需求，以功能分析为核心。功能分析是价值工程研究问题的特殊方法。顾客购买产品，不是购买其形态而是其功能，例如：顾客购买棉衣是购买其"保暖"的功能。只要功能相同就可以满足顾客的需要。羽绒服也可以"保暖"，因此就可以替代棉衣。价值工程就是通过对实现相同功能的不同手段进行比较，寻找最经济合理的途径，为提高经济效益开拓了新的思路。

第二，价值工程立足于成本与功能的关系，将二者有机地结合在一起进行系统分析，既不片面地强调功能的完善，也不片面地强调成本的降低。

第三，价值工程注重多部门合作。价值工程需要多学科、多领域的知识，因此需要不同专业背景的人员共同合作。

价值工程中涉及 3 个核心概念：功能、寿命周期成本和价值。

1. 功能

在价值工程中，功能是指价值工程研究对象能够满足某种需求的属性。对产品来说，功能就是产品的用途、功用；对作业和流程来说，功能是作业和流程的作用；从管理的角度来看，功能就是满足某种管理需求的职能。根据不同的角度，可以对功能进行以下分类。

（1）按重要程度划分，功能可以分为基本功能和辅助功能。基本功能是产品的主要功能，是用户购买产品的根本原因。辅助功能是次要功能，或者是为了有效地实现基本功能，或者是由于设计、制造的需要附加的功能。例如，手机的主要核心功能是通话和传递信息，若不能打电话，那就不是手机了，至于是否有游戏则属于辅助功能，对很多用户来说是不必要的。

（2）按性质划分，功能可以分为使用功能和美学功能。使用功能是指产品所具有的与技术经济用途直接相关的功能。使用功能不仅要求产品的可用性，还要求产品的可靠性、安全性和易维修性。例如一台冰箱，不仅要求能够制冷和保鲜，而且还要求低噪音、节能环保。美学功能包括造型、色彩、图案、包装、装潢等方面的内容。随着生活水平的提高，人们对美学功能的要求越来越高。还是以冰箱为例，冰箱的外观设计日益受到重视。

（3）按用户的需求，功能可以分为必要功能和不必要功能。必要功能是为了满足使用者的需求必须具备的功能，也是用户需要的基本功能；不必要功能是与满足消费者需要无关的功能。显然，缺少必要功能，顾客的需要就不能得到很好的满足。不必要的功能也不少见，比如多余的功能、重复的功能和过剩的功能。

2. 寿命周期成本

价值工程中的成本是指寿命周期成本（C），是指从产品构思、设计、生产、流通、使用、维护直至报废这一过程中所发生的全部成本费用，由生产成本（C_1）和使用成本（C_2）构成。生产成本是指产品在研发、设计、制造、安装、调试过程中发生的成本；使用成本是指在使用产品过程中对产品的维护、保养、管理、能耗等方面的成本。寿命周期成本用数学公式表示为：

$$C = C_1 + C_2 \tag{10-1}$$

最低寿命周期成本既考虑了生产成本又考虑了使用成本，体现了用户和生产者的共同要求。

一般来说，在其他条件不变的情况下，生产成本随着功能水平的提高而增加，使用成本随着功能水平的提高而降低，寿命周期成本则先随着功能的增加而降低，后随着功能的增加而升高，如图 10-1 所示。

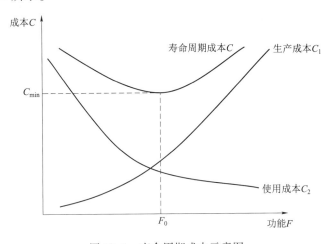

图 10-1　寿命周期成本示意图

显然，存在某一功能水平 F_0。在这一点上，寿命周期成本 C 达到最小值 C_{min}。价值工程的目标就是不断寻找接近该点的功能设计。

3. 价值

价值工程中价值的概念不同于经济学中的交换价值与使用价值，我国价值工程的国家标准将其定义为：对象所具有的功能与获得该功能的全部费用之比。显然，价值是评价某一对象与实现它的耗费相比合理程度的尺度。价值用公式可以表示为：

$$V = \frac{F}{C} \qquad\qquad (10-2)$$

式中：V——价值；

　　　F——功能；

　　　C——寿命周期成本。

价值的定义与经济效果的定义是一致的，价值工程的目的就是提高价值，也就是要追求更好的经济效果。

10.1.3　提升价值的方法

价值工程的基本原理公式 $\left(V = \dfrac{F}{C}\right)$ 不仅深刻地揭示了价值、功能和成本之间的关系，而且为如何提高价值提供了以下 5 种途径。

（1）功能不变，成本降低，即 $V = \dfrac{F \rightarrow}{C \downarrow}$。也就是说，在保证用户基本需求功能的前提下，降低产品的生产成本，从而提高产品价值，这是价值工程活动普遍采用的最基本途径。例如，在某啤酒厂的扩建工程中，与传统扩建方式不同的是企业结合场地现状进行三维空间规划与单体创作设计，向空中发展。具体做法是将储煤棚、输煤皮带廊改为筒仓及大角度刮板提升；在大型循环水池上部建起一座五层近 1 万平方米的综合车间。这样就建成了集地下水池、材料库、灌装车间、参观走廊、成品库、检修车间、办公室于一体的综合建筑。这样的建设方案一方面满足了企业扩建的需要，扩建的厂房也保证了基本生产功能需求；另一方面利用地下结构水群体形成一个承载力较大的基础，水池罩面可作汽车装车平台。该方案造价低，功能高，生产流程合理，又充分利用了土地，经济效益显著。

（2）功能提高，成本不变，即 $V = \dfrac{F \uparrow}{C \rightarrow}$。也就是说，在生产成本不增加的前提下，尽可能提高产品的功能，从而提高产品价值。这种途径对于用户来说，可以花同样的钱买到质量或性能更好的产品；对于企业来说，则增加了产品的市场竞争力。例如，一款音箱产品，在保证其作为音箱的基本功能外，在不增加其生产成本的前提下，采用有创意的外观设计，使这款音箱造型美观，兼具装饰功能，就会比同类产品更受消费者青睐。

（3）功能和成本都增加，但功能增加的幅度更大，即 $V = \dfrac{F \uparrow\uparrow}{C \uparrow}$。也就是说，生产成本虽有小幅增加，但由于功能增幅更大，从而提高产品价值。例如，电视塔的主要功能是发射电视和广播节目，如果在电视塔建设成本不增加的前提下，利用塔顶部增加了旅游观光厅和歌舞厅，塔身设立霓虹灯广告，尽管经改造后工程造价增加了，但电视塔的服务功能大幅度提高了，增加的成本很快就能收回，在确保发射质量的前提下，取得了较好的经济效益和社会效益。

（4）功能和成本都降低，但成本降低的幅度更大，即 $V=\dfrac{F\downarrow}{C\downarrow\downarrow}$。也就是说，为了适用不同层次消费者的需求，企业降低一些产品不必要的功能，以大幅度降低生产成本，进一步降低售价，从而提升产品价值。例如，手机一般具有多项功能，如打电话、收发短信、上网、娱乐、商务等，但是老年人使用手机时许多功能往往都不会用到，如果根据老年人使用手机的功能需求把不会用到的功能除去，仅保留打电话和收发短信等基本通讯功能，就能大幅度降低手机的售价，从而生产出更适合老年人使用的物美价廉的老年手机。

（5）功能增加，成本降低，即 $V=\dfrac{F\uparrow}{C\downarrow}$。也就是说，随着科学技术的不断发展，人们有可能在提高产品功能的同时，降低产品的生产成本，从而提高产品的价值。例如，随着计算机技术的发展，现在个人计算机已经比十几年前的产品在处理速度、存储容量等方面性能更好，价格也更低。

需要指出的是，这里功能的提高和降低都是建立在顾客需求基础之上的，而不是任意地提高和降低功能。实践中，这五种途径都可以运用，但要结合实际情况，灵活使用。

10.2　价值工程的工作程序

价值工程已发展成为一门比较完善的管理技术，在实践中已形成了一套科学的工作实施程序。这套实施程序实际上是发现矛盾、分析矛盾和解决矛盾的过程，通常是围绕以下 7 个合乎逻辑程序的问题展开的：这是什么？这是干什么用的？它的成本是多少？它的价值是多少？有其他方法能实现这个功能吗？新的方案成本及功能如何？新的方案能满足要求吗？

按顺序回答和解决这七个问题的过程，就是价值工程的工作程序和步骤，即：选定对象、收集情报资料、进行功能分析和评价、方案创造与实施、评价活动成果。

10.2.1　价值工程的对象选择

价值工程的对象选择就是具体确定功能成本分析的产品与零部件，是收缩研究范围的过程。在一个项目或在一个企业里，并不是对所有产品都要进行价值工程分析，为了提高价值工程活动的效果，要选择价值工程活动的对象，明确价值工程的范围。

1. 价值工程对象选择的原则

一般说来，价值工程对象的选择有以下几个原则。

（1）选择与企业生产经营发展战略相一致的产品。不同企业的生产经营目标和战略重点会有所不同，即使同一个企业，在不同时期经营目标的侧重点也可能不同。企业选择价值工程的对象应与企业的经营目标和战略重点相一致，选择那些对企业发展目标的实现有决定性影响的产品，如对企业经济效益影响较大的产品、对国计民生影响较大的产品、市场需求量大的产品等。

（2）选择价值提升潜力大的产品。对象选择要围绕提高经济效益这个中心，选择价值低、潜力大且和企业人力、设备、技术条件相适应，在预定时间能取得成功的产品或零部件作为价值工程活动对象。从设计方面看，对产品结构复杂、性能和技术指标差距大、体积大、重量大的产品、部件进行价值工程活动，可使产品结构、性能、技术水平得到优化，从而提高产品价值；从生产方面看，对数量多、关键部件、工艺复杂、原材料消耗高和废品率高的产品或零部件，特别是对量多、产值比重大的产品，如果把成本降下来，所取得的总的经济效果会比较大；从市场销售方面看，选择用户意见多、系统配套差、维修能力低、竞争力差、利润率低的产品，或者选择市场上畅销但竞争激烈的产品；从成本方面看，选择成本高于同类产品、成本比重大的产品，如材料费、管理费、人工费等。

2. 价值工程对象选择的方法

价值工程对象选择的方法有很多种，可分为定性方法和定量方法两大类别。常用的定性方法有经验分析法和寿命周期分析法；常用的定量方法有 ABC 分析法、强制确定法、百分比法和最合适区域法等。下面介绍几种常用的方法。

1）经验分析法

经验分析法又称因素分析法，是指根据价值工程对象选择应考虑的各种因素，凭借分析人员经验集体研究确定选择对象的一种方法。经验分析法的优点是简便易行，不需要特殊训练，能综合考虑问题；缺点是缺乏定量依据，受分析人员的水平和主观因素的影响较大。经验分析法一般适用于预计几种对象能够提高经济效益的差异比较明显、容易主观判断的或粗略筛选工作对象的情形，在实际应用时通常可结合决策树分析法综合使用。

2）寿命周期分析法

寿命周期分析法是指在确定产品寿命周期阶段的基础上，根据产品寿命周期阶段的特点，采取相应措施提高产品的价值的方法。一般来说，产品的寿命周期可分为投入期、发展期、成熟期、衰退期四个阶段。对于处在投入期的新产品，价值工程活动的重点是使产品的功能和成本尽可能满足用户的要求；对于处在发展期的产品，价值工程活动的重点是改进产品的工艺和物资供应条件，增加产量并扩大销售量；对于处在成熟期的产品，价值工程活动的重点是降低成本或增加功能；对于处在衰退期的产品，价值工程活动的重点是立即向市场投入具有更高价值的新产品。

3）ABC 分析法

ABC 分析法是一种运用数理统计的分析技术原理，根据研究对象对某项目技术经济指标的影响程度和研究对象数量的比例大小两个因素，把所有研究对象划分为主次有别的 A、B、C 三类的方法。其基本原理是，在选择价值工程对象时要分清主次、轻重，区别关键的少数和次要的多数，根据不同的情况进行分类对待。

ABC 分类法是 19 世纪意大利经济学家帕雷托（Perato）在分析研究本国财富分配状况时首先采用的。他用图直观地展示了占人口比例小的少数人，拥有绝大部分社会财富，而占有少量社会财富的则是大多数人的现象。后来，在生产实践中，人们发现经济管理活动也存在此种不均分布的规律，如对某一产品的全部零件的成本比重进行分析时，往往有少数几种零件在产品总成本中的比重很大，比如有占零件总数 10%～20% 的零件的累计成本占总成本的 70%～80%，这 10%～20% 的零件称为 A 类零件。A 类零件数量少而成本比重大，是对产品成本举足轻重的关键零件类，应列为价值工程对象。还有一些零件占零件总数的 70%～80%，但成本仅占总成本的 10%～20%，这类零件称为 C 类零件。C 类零件虽然数量多，但对整体成本影响不大。A、C 两种零件之外的其他零件归为 B 类零件。一般来说，A 类为重点研究对象，B 类作一般分析，C 类可不作分析。我们可以把一个产品的各种部件按成本的大小由高到低排列起来，并绘成费用累积分配图，即 ABC 分类图，如图 10-2 所示。

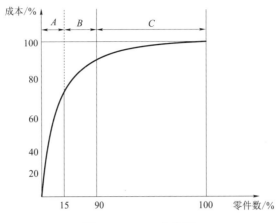

图 10-2　ABC 分类图

【例 10-1】　某企业保持有 10 种商品的库存，有关资料如表 10-1 所示，为了对这些库存商品进行有效的控制和管理，该企业打算根据商品的投资大小进行分类。试用 ABC 分析法将这些商品分为 A、B、C 三类。

表 10-1　某企业商品库存情况

商品编号	单价/(元/件)	库存数量/件
a	4.00	300
b	8.00	1 200
c	1.00	290
d	2.00	140
e	1.00	270
f	2.00	150
g	6.00	40
h	2.00	700
i	5.00	50
j	3.00	2 000

根据已知数据，把 10 种商品各自的金额计算出来，并按照商品所占金额从大到小的顺序排列，结果如表 10-2 所示。

表 10-2　某企业商品库存计算结果

商品编号	单价/(元/件)	库存数量/件	金额/元	占全部金额累计百分比/%	占全部品种的累计比例/%
b	8.00	1 200	9 600	48.4	10
j	3.00	2 000	6 000	78.7	20
h	2.00	700	1 400	85.7	30
a	4.00	300	1 200	91.8	40
f	2.00	150	300	93.3	50

商品编号	单价/(元/件)	库存数量/件	金额/元	占全部金额累计百分比/%	占全部品种的累计比例/%
c	1.00	290	290	94.8	60
d	2.00	140	280	96.2	70
e	1.00	270	270	97.5	80
i	5.00	50	250	98.8	90
g	6.00	40	240	100	100

根据表 10-2 的计算结果,按照 ABC 分类管理的方法,可知 A 类商品为 b 和 j；B 类商品为 h 和 a；C 类商品为 f、c、d、e、i、g。

4) 强制确定法

强制确定法简称 FD 法。这种方法抓住每一事物的评价特性,然后把这些因素组合起来进行强制评价。强制确定法兼顾功能与成本,具体做法是先求出分析对象的成本系数、功能系数,得出价值系数,揭示出分析对象的功能与花费的成本是否相符,将不相符、价值低的选为价值工程的研究对象。

强制确定法首先求零件功能评价系数,将几位评价者的评分值作综合统计,列出功能评价综合统计表,功能评价系数大说明功能重要,功能评价系数小说明功能不太重要。然后,求成本系数,即某零件的现实成本占产品现实成本的比例。最后,计算价值系数,即功能评价系数与成本系数之比。

运用强制确定法时,价值系数 V_i 的计算结果有以下三种情况。

第一,当 $V_i > 1$,说明该零件功能比较重要,但分配的成本较少,应具体分析,可能功能与成本分配已较理想,或者有不必要的功能,或者应该提高成本。

第二,当 $V_i < 1$,说明该零件分配的成本很多,而功能要求不高,应该作为价值工程活动的研究对象,功能不足则应提高功能,成本过高应着重从各方面降低成本,使成本与功能比例趋于合理。

第三,当年 $V_i = 1$,说明该零件功能与成本匹配,从而不作为价值工程活动的选择对象。

具体操作步骤为:① 由对产品性能熟悉的人员组成 5～15 人的评价小组；② 评价人员在评价时各自计分,互不通气；③ 评价两个功能的重要性时,采用一比一的方法,功能重要的得 1 分,相对不重要的得 0 分,不能同时得 1 分,也不能同时得 0 分。

【例 10-2】 某个产品有 5 个零部件,相互间进行功能重要性对比,如表 10-3 所示。

表 10-3 某产品 0-1 评分表

零件名称	A	B	C	D	E	得分
A	×	1	1	0	1	3
B	0	×	1	0	1	2
C	0	0	×	1	0	1
D	1	1	0	×	1	3
E	0	0	1	0	×	1

得分越高的，零件越重要，该例中 A、D 零件相对更重要，应列为价值工程的重点。

强制确定法从功能和成本两方面综合考虑，使用简便，不仅能明确揭示出价值工程的研究对象，而且具有数量概念。但这种方法是人为打分，只有 0、1 两种评价标准，不能准确反映功能差距的大小，只适用于零件间功能差别不太大且比较均匀的对象，而且一次分析的零件数目也不能太多，以不超过 10 个为宜。在零部件很多时，可以先用 ABC 法、经验分析法选出重点零件，再用强制确定法细选；也可以用逐层分析法，从部件选起，然后在重点部件中选出重点零件。

强制确定法根据价值系数 V_i 偏离 1 的程度决定对象选择的优先顺序，有时不能有效选出对提高价值影响更大的对象。强制确定法选择优先研究对象会产生许多不足，为了克服这些不足，已经出现了很多新方法，如 D04 评分法、多比例评分法、最合适区域法等。

5）百分比法

百分比法是通过分析各拟选对象对两个或两个以上技术经济指标影响程度的大小（百分比）来确定价值工程研究对象的方法。

【例 10-3】 某企业有 4 种建筑产品，其成本和利润情况如表 10-4 所示，试用百分比法确定其价值工程的研究对象。

表 10-4 某企业产品成本和利润情况

产品名称	成本/万元	成本比重/%	利润/万元	利润比重/%
A	100	17.5	10	16.9
B	200	35.1	22	37.3
C	130	22.8	10	16.9
D	140	24.6	17	28.9
合计	570	100	59	100

由表 10-4 可见，产品 C 的成本占总成本的 22.8%，而其利润却只占总利润的 16.9%，成本所占的比重明显高于利润所占的比重，因此产品 C 应作为价值分析的重点对象。

6）最适合区域法

最合适区域法是日本东京大学田中教授于 1973 年在美国价值工程师学会举办的国际学术讨论会上提出的，所以又叫田中法。最适合区域法是一种在价值系数法的基础上利用一个最适合区域来精选价值工程对象、选择价值工程改进对象的方法。

最适合区域法的基本思想是：对于那些功能重要性系数和实际成本系数较大的零件，由于它们改善功能或降低成本的潜力大，对全局的影响大，应当从严控制，不应偏离价值系数标准线（$V_i = 1$）太远，即当价值系数对 1 稍有偏离时，就应选作重点对象；而对于那些功能重要性系数和实际成本系数较小的零件，因其对全局影响小，功能改善或成本降低的潜力不大，可从宽控制，允许偏离 $V_i = 1$ 的价值系数标准线远一些。

最适合区域确定时，需注意价值系数相同的零件，由于功能评价系数和成本系数的绝对值不同，因而对产品价值的实际影响有很大的差异。在选择价值对象时，不应把价值系数相同的零件同等看待，而应优先选择对产品价值影响大的为对象。最适合区域的确定如图 10-3 所示。

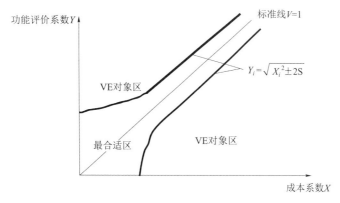

图 10-3　最适合区域图

10.2.2　价值工程的信息收集

1. 信息资料收集的内容和范围

信息资料收集工作应该有详细的计划，以保证这个活动高质量、高效率地完成。信息资料收集计划的内容应该包括：确定收集的范围和深度；确定收集来源；明确收集工作的期限；确定最合适的收集方法；明确由谁来负责收集工作；怎样汇总整理所收集上来的信息。

价值工程所研究的对象不同，收集信息资料的范围也不尽完全一致。例如，对于一般工业企业的产品分析来说，应收集的资料包括以下内容。

（1）用户方面的资料。需要知道用户要求的功能是什么，用户的使用条件和使用环境如何，用户可以接受的价格是多少，以及交货期限、外观、维修性、安全性、可靠性、在使用中容易发生的问题等。

（2）销售方面的资料。需要明确流通和运输及零售商店对产品包装的要求是什么，以及同类产品的有关广告、年需求量等。

（3）技术方面的资料。需要了解本企业和其他企业同类产品的技术设计图纸、工艺规程，有关新技术、新工艺、标准化方面及三废处理方面的资料。

（4）制造方面的资料。需要了解关于产品质量标准、设备状况、计量测试手段等信息。

（5）供应方面的资料。需要调研原材料的市场情况、供应商的协作情况等资料。

（6）成本方面的资料。需要收集确定成本相关的工时定额、费用定额、材料消耗定额等信息和资料。

（7）其他方面的资料。如政府与上级机关的法令、条例、环境保护的要求、企业的经营方针等。

2. 信息资料收集的要求

收集信息资料是一项周密而系统的调查研究活动，有计划、有组织、有要求地收集整理，是这一活动成功的保证。价值工程活动中信息资料的收集应该满足广、准、快、精的要求，即：信息资料收集要尽可能广泛、全面；信息资料要准确无误；信息资料收集应快速、及时；信息资料收集的目的应明确，应围绕价值工程目标，避免盲目性。

10.2.3 价值工程的功能分析和功能评价

1. 价值工程的功能分析

1）价值工程功能分析的概念和作用

当价值工程对象确定后，便着手对围绕它搜集到的有关情报资料进行功能分析。功能分析是价值工程活动的核心环节，是对价值工程对象的总体及其组成部分的功能进行研究和分析，确认必要功能，补充不足功能，剔除不必要功能，建立并绘制功能系统图的过程，其目的在于准确掌握使用者要求的功能及其水平。

经过功能分析，可以发现完全可以省掉的不必要的零部件，以降低成本；经过功能分析，可以找到替代的更便宜的材料制造某些零部件，甚至整个产品；经过功能分析，可以改造原有的设计，提高产品性能；经过功能分析，可以启发工艺的改造；经过功能分析，可以发现某些零部件制造公差要求的不合理性。

2）价值工程功能分析的步骤

（1）明确功能要求。功能分析首先需要确定作为 VE 对象所必须具备的功能和功能水平。具体方法为按照前述功能的分类标准对产品的不同功能加以分类，并明确每一类功能应具备的具体水平要求。

（2）功能定义。为了加深对产品功能的理解，抓住问题的本质，对确定的功能予以简明扼要的文字描述。功能定义时要围绕用户所要求的功能准确简明地表达，可用一个动词、一个名词和一个副词来表示。动词要抽象，要准确概括，不能限制人们的思路；名词要具体，要便于测定；副词要尽可能量化，为以后的功能评价提供方便。例如，给气压表的功能进行定义，可定义为"精确地测量压力"。其中，"精确地"是副词，可以具体的误差范围来量化，为今后改进或提升功能指明方向；"测量"是动词，代表实现这一功能的手段；"压力"是名词，表明功能的承担对象是什么。

（3）功能整理。功能整理是在功能定义的基础上，按基本功能与辅助功能及辅助功能之间的内在联系对产品的功能加以系统化，绘制功能系统图，以便从局部和整体的关系上把握问题，从而达到明确功能关系，挑出基本功能，发现不必要功能的目的。

功能系统图是按照一定的原则方式，从单个到局部、从局部到整体形成的一个完整的功能逻辑关系图，其形式如图10-4所示。

在功能系统图中，从整体功能开始，由左向右逐级展开，在相邻的两个功能之间，左边的功能为右边功能的目标功能，

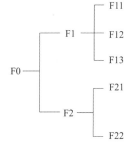

图 10-4　功能系统图

而右边的功能称为左边功能的手段功能。目标功能相对手段功能而言，又称为上位功能，手段功能则称为下位功能。并列的分功能或子功能被称为并列功能或同位功能。

2. 价值工程的功能评价

1）价值工程功能评价的概念

功能评价是指在功能分析的基础上，根据功能系统图，在同一级的各功能之间，运用一定的科学方法，计算并比较各功能价值的大小，从而寻找功能与成本在量上不匹配的具体改进目标的过程。功能评价的目的是探讨各功能的价值，从而找出低价值的功能区域。

根据价值工程公式 $V = F/C$，要想评价价值量 V 的大小，必须量化工程和成本，成本 C 是以货币形式数量化的，而功能 F 由于其类型不同，度量单位也多种多样，难以量化。因此，功能评价的核心是功能的数量化，即把定性指标转化为数量指标，从而为功能与成本提供可比性。

2）价值工程功能评价的方法

（1）功能系数法。功能系数法又称相对值法，是通过评定各对象功能的重要程度，计算其功能系数，然后将评价对象的功能系数与相对应的成本系数进行比较，得出该评价对象的价值系数，从而确定改进对象，其表达式为：

$$V_i = F_i/C_i \tag{10-3}$$

式中：V_i——第 i 个评价对象的价值系数；

F_i——第 i 个评价对象的功能系数；

C_i——第 i 个评价对象的成本系数。

功能系数通过评价对象的功能在整体功能中所占的比率求取；成本系数通过评价对象的目前成本在全部成本中所占的比率求取。

【例 10-4】 某市高新技术开发区有两幢科研楼和一幢综合楼，其设计方案对比如下。

A 楼方案：结构方案为大柱网框架轻墙体系，采用预应力大跨度叠合楼板，墙体材料采用多孔砖及移动式可拆装式分室隔墙，窗户采用单框双玻璃钢塑窗，面积利用系数为 93%，单方造价为每平方米 1 438 元。

B 楼方案：结构方案同 A 方案，墙体采用内浇外砌，窗户采用单框双玻璃腹钢塑窗，面积利用系数为 87%，单方造价为每平方米 1 108 元。

C 楼方案：结构方案采用砖混结构体系，采用多孔预应力板，墙体材料采用标准黏土砖，窗户采用单玻璃空腹钢塑窗，面积利用系数为 79%，单方造价为每平方米 1 082 元。

方案各功能和权重及各方案的功能得分如表 10-5 所示，试选择最优设计方案。

表 10-5 方案各功能和权重及各方案的功能得分

方案功能	功能权重	方案功能得分		
		A	B	C
结构体系	0.25	10	10	8
模板类型	0.05	10	10	9
墙体材料	0.25	8	9	7
面积系数	0.35	9	8	7
窗户类型	0.10	9	7	8

计算各方案的功能系数，如表 10-6 所示。

表 10-6 各方案的功能系数

方案功能	功能权重	方案功能加权得分		
		A	B	C
结构体系	0.25	10×0.25 = 2.5	10×0.25 = 2.5	8×0.25 = 2
模板类型	0.05	10×0.05 = 0.5	10×0.05 = 0.5	9×0.05 = 0.45

方案功能	功能权重	方案功能加权得分		
		A	B	C
墙体材料	0.25	8×0.25=2	9×0.25=2.25	7×0.25=1.75
面积系数	0.35	9×0.35=3.75	8×0.35=2.80	7×0.35=2.45
窗户类型	0.1	9×0.1=0.9	7×0.1=0.7	8×0.1=0.8
合计		9.05	8.75	7.45
功能系数		0.358	0.347	0.295

各方案的成本系数计算如下。

A 方案：1 438÷（1 438+1 108+1 082）=0.396。

B 方案：1 108÷（1 438+1 108+1 082）=0.305。

C 方案：1 082÷（1 438+1 108+1 082）=0.298。

各方案的价值系数计算如下。

A 方案：0.358÷0.396=0.904。

B 方案：0.347÷0.305=1.138。

C 方案：0.295÷0.298=0.990。

因此，B 方案为最优方案。

（2）功能成本法。功能成本法又称为绝对值法，是通过一定的测算方法，测定实现必要功能所必须消耗的最低成本，同时计算为实现必要功能所耗费的目前成本，经过分析、对比，求得对象的功能价值系数和成本降低期望值，从而确定价值工程的改进对象。其表达式为：

$$V_j = F_j / C_j \tag{10-4}$$

式中：V_j——第 j 个评价对象的价值系数；

　　　F_j——第 j 个评价对象的功能评价值；

　　　C_j——第 j 个评价对象的现实成本。

该方法的基本特征是以用户为获得某项功能所愿意支付的最低费用作为评价值，并以此作为功能量化的标准。

【例 10-5】　某产品目标成本为 800 万元，该产品分为四个功能区，各功能区的重要性系数和现实成本如表 10-7 所示，确定该产品功能的改进顺序。

表 10-7　各功能区的重要性系数和现实成本

功能区	重要性系数	现实成本/万元
A	0.35	302
B	0.24	230
C	0.22	210
D	0.19	178

计算各功能的目标成本，并对比其功能的现实成本，计算出各功能的成本改善期望值，计算结果如表 10-8 所示。

表 10-8　各功能区的成本改善期望值

功能区	重要性系数	目标成本/万元	现实成本/万元	成本改善期望值
A	0.35	280	302	22
B	0.24	192	230	38
C	0.22	176	210	34
D	0.19	152	178	26

由表 10-8 可知，该产品功能的改进顺序为：B→C→D→A。

10.2.4　方案创造与实施

1. 方案创造

方案创造是从提高对象的功能价值出发，针对应改进的具体目标，依据已建立的功能系统图和功能目标成本，通过创造性的思维活动，提出各种不同的实现功能方案的过程。

在价值工程中常用的方案创造的方法有以下几种。

1）头脑风暴法

头脑风暴法是一种集体研讨行为，采用会议的形式，集中有关专家召开专题会议（参与会议的人数一般为 10～15 人，会议时间一般为 1～2 个小时），主持者以明确的方式向所有参与者阐明问题，说明会议的规则，尽力创造融洽轻松的会议气氛。

头脑风暴法应遵循下列原则：一是禁止批评和评论，对别人提出的任何想法都不能批判，不得阻拦；二是目标集中，追求设想数量，越多越好；三是欢迎在别人意见的基础上补充和完善；四是与会人员一律平等，各种设想全部记录下来；五是提倡自由发言，畅所欲言，任意思考。头脑风暴法便于发表创造性意见，因此主要用于收集新设想。

2）哥顿法

该方法与头脑风暴法相类似，先由会议主持人把决策问题向会议成员做笼统的介绍，然后由会议成员海阔天空地讨论解决方案；当会议进行到适当时机，决策者将决策的具体问题展示给小组成员，使小组成员的讨论进一步深化；最后，由决策者吸收讨论结果，进行决策。

哥顿法与头脑风暴法的区别在于：头脑风暴法要明确提出主题，并且尽可能地提出具体的课题；而哥顿法并不明确地表示课题，而是在给出抽象的主题之后，寻求卓越的构想。哥顿法的优点是将问题抽象化，有利于减少束缚、产生创造性想法，难点在于主持者如何引导。

3）德尔菲法

德尔菲法又称专家意见法或专家函询调查法，是采用背对背的通信方式征询专家小组成员的预测意见，经过几轮征询，使专家小组的意见趋于集中，最后形成比较集中的几个方案。德尔菲法采用匿名发表意见的方式，即团队成员之间不得互相讨论，不发生横向联系，只能与调查人员发生关系，需要反复地填写问卷，以集结问卷填写人的共识及搜集各方意见。

德尔菲法的优点主要是简便易行，具有一定科学性和实用性，可以避免会议讨论时产生的害怕权威而随声附和，或固执己见，或因顾虑情面不愿与他人意见冲突等弊病；同时，也可以使大家发表的意见较快收剑，参加者也易接受结论，具有一定程度综合意见的客观性。

2. 方案的选择

方案的选择是在方案创造的基础上对新构思的方案从技术、经济和社会效果等几方面进行估价，以便于选择最佳方案。

方案的评价可分为概略评价（初步评价）和详细评价。概略评价即是对方案进行初步筛选，把一些明显希望不大的方案先行排除，以提高分析工作的效率。概略评价虽然是粗略的，但对排除掉的方案均要注明不采纳的理由。详细评价是对初选的方案进行详细调查、研究和经济分析，做出全面确切的评价结果，以作为优选和审批的依据，其目的是选出具有说服力的最优方案。

不论是概略评价还是详细评价都包括技术评价、经济评价、社会评价及它们的综合评价。

1）技术评价

技术评价的内容是评定方案在技术上的合理性、先进性、可行性等。若评价对象是产品，则评价项目有对要求功能的满足程度（性能、质量、寿命等）、可靠性、维修性、操作性、安全性、整个系统的协调性、与外界使用条件的适应性、外观等。技术评价主要通过样品或样机的模拟试验，以及进行理论计算分析取得的数据来做出评价。

技术评价可采用的方法包括直接打分法和加权打分法。

（1）直接打分法。为了把用不同计量单位表示的技术性能和无法用数量表示的技术要求用一个统一尺度来判断，工程上常用直接打分的办法来评价方案的优劣，完成得好的给高分，完成得差的给低分。

【例10-6】 某机械产品的设计有4个方案，现根据这4个方案对功能的满足程度，分别对各技术因素打分，其结果如表10-9所示。

表10-9 某产品的功能评分表

方案	各项技术因素得分							
	可靠性	工艺性	安全性	重量	操作性	维修性	合计	选择
A	2	9	3	10	10	10	44	放弃
B	7	7	5	7	8	4	38	放弃
C	6	10	9	9	9	8	51	采纳
D	5	10	4	9	10	7	45	保留

（2）加权打分法。加权打分评价法与直接打分评价法的区别是把目标判据的重要性考虑进去，而不是像直接打分那样把目标判据都按同等重要性看待，这样更切合实际一些。

【例10-7】 在对例10-6中假定设置了各因素的重要程度，则加权评分后的结果如表10-10所示。

表10-10 某产品的功能加权评分表

方案	各项技术因素得分							
	可靠性	工艺性	安全性	重量	操作性	维修性	合计	选择
权重	45%	10%	15%	8%	12%	10%	100%	
A	2	9	3	10	10	10	5.25	放弃

方案	各项技术因素得分							
	可靠性	工艺性	安全性	重量	操作性	维修性	合计	选择
B	7	7	5	7	8	4	6.52	保留
C	6	10	9	9	9	8	7.65	采纳
D	5	10	4	9	10	7	6.47	放弃

2）经济评价

经济评价主要是评定方案在经济上是否合理。项目经济评价的主要指标一般有成本、利润、投资回收期等。经济评价常用的方法如下。

（1）总额法。在比较不同方案的成本指标或利润指标时可采用总额法，即在方案比较时，将影响成本或利润的全部因素加以计算，求出总成本或总利润进行比较。

【例 10-8】　现有 A、B 两个产品方案，其中 A 方案预计销售收入 14 000 元，总成本 12 000 元；B 方案预计销售收入 13 000 元，总成本 12 000 元。试比较两个方案的优劣。

A 方案：总利润 = 14 000 - 12 000 = 2 000 元。

B 方案：总利润 = 13 000 - 12 000 = 1 000 元。

显然 A 方案优于 B 方案。

（2）直接成本计算法。直接成本计算法是把固定成本与可变成本区分开分别进行计算，目的是剔除产量变动对单位成本的影响，以便如实评价因方案改善而带来的经济效益。

3）社会评价

社会评价主要是评价方案的社会效果。方案的优劣不能仅从个别企业的角度加以评定。有时从企业的角度认为有利的方案，从社会的角度来看则是不利的；从经济效果的角度来看是有利的，从社会公益的角度来看则是不利的。因此，必须对方案的社会效果进行详细评价。

方案的社会评价内容大致包括以下一些方面：方案的技术指标与国家的技术政策和长远规划是否一致；方案实施与环境保护、可持续发展是否一致；方案实施是否符合国家、社会的其他特定要求。

4）综合评价

方案综合评价是在上述 3 种评价的基础上，列出具体的评价项目和评分标准，然后进行综合评分，对整个方案做出综合的、整体的评价。综合评价时要综合考虑各指标因素之间重要性的比重、各方案对评价指标的满足程度，从而判断和选择出最优方案。

综合评价的方法主要有定性评价法和定量评价法。定性评价可采用优缺点列举法，即将各备选方案在技术、经济、社会方面的全部优缺点一一列出，根据方案的优缺点，对比评价选择最优方案。定量评价可采用加法评分法、连乘评分法和加权平均法。

3. 方案的试验与实施

方案经过优选以后，就进入实施阶段。如果在新的方案中采用了一些过去未曾用过的新方法（如结构、材料、工艺等），一般应当进行必要的试验。试验过后，即着手编制实施计划，经有关部门审批后执行。

在实施过程中，价值工程活动小组要积极参与，跟踪检查，并与提案接受者很好地合作，取得他们的信任和协助，及时掌握具体情况，及时采取措施解决出现的问题，以保证方案的实施顺利进行。

10.2.5 成果评价与总结

1. 成果评价

1）成果评价的内容

价值工程方案实施一段时间后，要对实施效果进行综合评价，主要从技术、经济和社会成果三个方面进行。

技术成果评价可以按照规定的技术指标进行评价，如产品质量指标、寿命指标、安全指标等达到的程度。这种评价应尽量采用定量评价；经济成果评价可根据需要，计算实施对能源、原材料消耗、劳动生产率、利润等指标的效果；社会效果评价可从填补国内外科学技术或品种发展的空白，对能源、贵重金属、稀缺物资等的节约，降低用户购买成本，防止或减少公害和改善环境等方面取得的效果进行评价。

2）成果评价的主要指标

价值工程活动最后成果的考核，通常包括以下几项量化指标。

（1）全年净节约额：

$$全年净节约额 = (改进前成本-改进后成本)\times 年产量 - VE 活动费用 \qquad (10-5)$$

（2）节约百分数：

$$节约百分数 = (改进前成本-改进后成本)/改进前成本 \qquad (10-6)$$

（3）节约倍数：

$$节约倍数 = 全年净节约额/价值工程总活动经费 \qquad (10-7)$$

（4）价值工程活动单位时间节约额：

$$价值工程活动单位时间节约额 = 全年净节约额/价值工程活动连续时间 \qquad (10-8)$$

2. 总结

价值工程工作全部结束后，要及时进行总结。总结的内容是预订目标是否如期达到，与国内外同类产品相比还存在哪些差距，为什么存在这些差距；价值工程活动过程中，其所制定的活动计划、工作方法、人员组织与安排、时间安排进度等还存在哪些优缺点；有哪些经验值得推广、哪些方法需要改进。

练 习题 ▶▶▶

一、选择题

1. 价值工程是一种（　　）方法。

A. 工程技术　　　　B. 技术经济　　　　C. 经济分析　　　　D. 综合分析

2. 下列各项中，无法用来提升价值的是（　　）。

A. 成本不变，功能提高　　　　　　　　B. 功能不变，成本降低

C. 功能降低，成本降低　　　　　　　　D. 功能提高，成本降低追

3. 产品寿命周期不包括（　　）部分。

A. 开发　　　　　　B. 设计　　　　　　C. 制造　　　　　　D. 维护

4. "照明的同时发热"属于电灯的（　　）。

A. 基本功能　　　B. 辅助功能　　　C. 使用功能　　　D. 不必要功能

5. 对象所具有的超过使用者需求的功能是（　　）。

A. 不必要功能　　B. 过剩功能　　　C. 辅助功能　　　D. 品位功能

6. 价值指数是（　　）。

A. 其值等于零件成本/产品总成本

B. 对象所具有的功能与获得该功能的全部费用之比

C. 衡量产品中某个零件的功能大小与该零件成本高低是否相称的参考指标

D. 其值等于方案总体功能评分/方案寿命周期费用

7. 价值工程的目标表现为（　　）。

A. 产品价值的提高　　　　　　　　B. 产品功能的提高

C. 产品功能与成本的协调　　　　　D. 产品价值与成本的协调

8. 下列关于功能价值评价的表述，不正确的是（　　）。

A. 从技术角度对产品总体功能和各局部功能进行定性、定量分析。

B. 是从经济的角度出发

C. 是评价其总体功能或各局部功能的价值

D. 其目的是找出价值低的功能领域，并作为重点改进对象

9. （　　）不是功能价值评价的目的。

A. 为企业确定功能所需的最低费用，即目标成本

B. 确定价值低的功能领域

C. 充分调动企业员工的积极性，发挥他们的想象力和创造性

D. 创造出比现有最低成本更低的新成本

10. 以下（　　）不属于对象选择的定量分析方法。

A. 头脑风暴　　　B. ABC 分析法　　　C. 强制确定法　　　D. 百分比法

二、简答题

1. 提高价值的途径有哪些？

2. 价值工程的工作步骤和阶段分别为哪些？

3. ABC 分类法中 A、B、C 的含义分别是什么？

三、计算题

1. 某施工单位承接了某项工程的总包施工任务，该工程由 A、B、C、D 四项工作组成，施工场地狭小。为了进行成本控制，项目经理部对各项工作进行了分析，其结果如表 10-11 所示。

表 10-11　某工程各项工作的价值工程分析表

工作	功能评分	预算成本/万元
A	15	650

续表

工作	功能评分	预算成本/万元
B	35	1 200
C	30	1 030
D	20	720

在 A、B、C、D 四项工作中，施工单位应首选哪项工作作为降低成本的对象？

2. 某产品由 13 个零件组成，请用 ABC 分类法并根据表 10-12，将零件分为 A、B、C 三类，要求 A 类零件占全部零件种类的 10%～20%，成本占总成本的 60%～70%；B 类零件占全部零件种类的 20%，成本占总成本的 20%。

表 10-12　某产品零件的件数及成本

零件名称	件数	单位成本/元
a	1	3.42
b	1	2.61
c	2	1.03
d	2	0.8
e	10	0.1
f	1	0.73
g	1	0.67
h	1	0.33
i	1	0.32
j	1	0.19
k	1	0.11
l	2	0.05
m	1	0.08

四、案例分析

承包商 B 在某高层住宅楼的现浇楼板施工中，拟采用钢木组合模板体系或小钢模体系施工。经有关专家讨论，决定从模板总摊销费用（F_1）、楼板浇筑质量（F_2）、模板人工费（F_3）、模板周转时间（F_4）、模板装拆便利性（F_5）等五个技术经济指标对这两个方案进行评价，并采用 0-1 评分法对各技术经济指标的重要程度进行评分，其部分结果如表 10-13 所示，两方案各技术经济指标的得分如表 10-14 所示。

经造价工程师估算，钢木组合模板在该工程中的总摊销费用为 40 万元，每平方米楼板的模板人工费为 8.5 元；小钢模在该工程中的总摊销费用为 50 万元，每平方米楼板的模板人工费为 6.8 元。该住宅楼的楼板工程量为 2.5 万平方米。

表 10-13　某工程 0-1 评分表

方案名称	F_1	F_2	F_3	F_4	F_5
F_1	×	0	1	1	1

续表

方案名称	F_1	F_2	F_3	F_4	F_5
F_2		×	1	1	1
F_3			×	0	1
F_4				×	1
F_5					×

表 10-14　某工程各方案经济指标得分表

项目	钢木组合模板	小钢模
总摊销费用	10	8
楼板浇筑质量	8	10
模板人工费	8	10
模板周转时间	10	7
模板装拆便利性	10	9

问题：

1. 试确定各技术经济指标的权重。

2. 若以楼板工程的单方模板费用作为成本比较对象，试选择较经济的模板体系。

3. 若该承包商准备参加另一幢高层办公楼的投标，为提高竞争能力，公司决定模板总摊销费用仍按本住宅楼考虑，其他有关条件均不变。该办公楼的现浇楼板工程量至少要达到多少平方米才应采用小钢模体系？

第 11 章

项目可行性研究案例

☞ **本章导读**

本章给出了一个具体的可行性研究的案例。通过本章的学习，要求学生掌握具体项目可行性研究的分析过程、分析方法和经济分析的重点；了解可行性研究报告主要章节的安排及写法。

11.1 总 论

11.1.1 项目名称、承担单位及项目负责人

项目名称：××轨道交通自动化系统

项目建设单位：A 自动化股份有限公司（以下简称"A 公司"）

法定代表人：×××

项目负责人：×××

联系人：××

电话：（略）

传真：（略）

邮政编码：（略）

单位地址：（略）

通信地址：（略）

11.1.2 可行性研究报告的编制依据

（1）A 公司《轨道交通自动化系统项目建议书》。

（2）国家发展和改革委员会、建设部发布的《建设项目经济评价方法与参数》（第三版）。

（3）国家和地方的现行各种工程建筑设计规范和标准。

（4）《首次公开发行股票并上市管理办法》。

11.1.3　可行性研究报告的研究范围

本可行性研究报告是根据上述依据和可行性研究报告编制内容的要求，通过研究分析轨道交通自动化系统目前的发展情况、市场销售情况及国家对该领域的基本政策，结合 A 公司的具体情况而编制的。报告中制定出本项目的产品方案、技术设备方案、建设方案及实施进度方案等，并按国家发展和改革委员会、建设部发布的《建设项目经济评价方法与参数》（第三版）对项目进行经济分析。

11.1.4　建设目标及建设内容

1. 建设目标

本项目是在 A 公司多年自动化领域的经验上并结合轨道交通自动化领域的特点，实现公司现有自动化产品的技术升级和功能延伸扩展，为轨道交通自动化提供一套完全自主产品的满足轨道交通需求的自动化解决方案。产品内容主要包括轨道交通电力监控系统（PSCADA）、轨道交通环境设备控制系统（BAS）、轨道交通综合监控系统（ISCS）、轨道交通电力控制保护系统等。本项目实施后，在 A 公司已有产品的基础上，进一步扩展其业务领域，将电力系统中的先进技术引入到轨道交通自动化系统来，使我国轨道交通自动化技术能够得到提升，促进轨道交通自动化系统的国产化进程。

2. 建设内容

1）开发生产手段建设

为达到生产目标，本项目的实施需在现有研发设备的基础上新增一批设备，主要包括用于新项目开发测试所必备的服务器、交换机、微机、网络等硬件设备，以及系统软件等。

2）开发生产环境建设

A 公司的现有办公条件可以满足产品开发需求。

11.1.5　主要技术经济指标

1. 总投资

本项目总投资为 4 200 万元。

其中：固定资产投资 648.90 万元；无形资产投资 3 351.10 万元；流动资金 200 万元。

2. 经济效益及技术经济指标

该项目的主要技术经济指标如表 11-1 所示。

表 11-1　该项目的主要技术经济指标

序号	指标名称	单位	数量
1	项目总投资	万元	4 200.00
1.1	固定资产投资	万元	648.90
1.2	流动资金估算	万元	200.00
1.3	无形资产投资	万元	3 351.10
2	资金筹措	万元	4 200.00
2.1	上市融资	万元	4 200.00

序号	指标名称	单位	数量
2.2	企业自筹	万元	0.00
3	年平均销售收入	万元	7 700.00
4	年平均销售税金及附加	万元	77.37
5	年平均总成本费用	万元	6 779.30
6	年平均利润总额	万元	843.33
7	年平均所得税	万元	126.50
8	年平均税后利润	万元	716.83
9	销售利润率	%	9.31
10	投资利润率	%	20.08
11	投资利税率	%	40.34
12	盈亏平衡点	%	81.15
13	全部投资静态回收期（税前）	年	3.63
14	全部投资静态回收期（税后）	年	3.82
15	全部投资动态回收期（税前）	年	3.96
16	全部投资动态回收期（税后）	年	4.22
17	财务内部收益率（税前）	%	35.27
18	财务内部收益率（税后）	%	27.84
19	财务净现值（税前）（$I_c = 12\%$）	万元	1 313.86
20	财务净现值（税后）（$I_c = 12\%$）	万元	893.78

11.1.6　主要结论

我国正处于轨道交通建设的繁荣时期，中国已经成为世界上最大的城市轨道交通市场。中国百万以上人口的大城市超过 50 个，到 2010—2015 年间，中国规划建设的城市快速轨道交通项目总长度达 1 700 公里，5 000 多亿元的投资将聚集在这一领域。其中，北京、广州的投资均将超过 500 亿元，上海更是高达 1 400 多亿元。全国每年平均建成的线路为 180 公里，北京、上海、广州每年新增线路的长度达到了 30～50 公里，而国外同类城市仅为 10 公里左右。预计到 2050 年中国城市轨道交通线路总长将超过 4 500 公里，轨道交通的发展前景非常可观。

本项目的总投资为 4 200 万元，经济分析结果显示，项目的静态投资回收期为 3.82 年，投资回收期短，财务内部收益率税后为 27.84%，销售利润率为 9.31%，投资收益率为 20.08%。

上述数据表明：预测该项目实施后财务运营状况良好，能保证 A 公司不断发展壮大，保持相对独立性，具有良好的社会效益和经济效益。综上所述，本项目符合国家产业政策要求。项目产品市场前景广阔，能够得到国家的支持，该项目投资回收期较短，项目的抗风险能力较强，经济效益良好。

综上所述，项目可行。

11.2　项目建设单位及项目负责人

11.2.1　公司概况

A 公司是一家以电力系统自动化及继电保护装置的研究、开发、生产和销售为一体的高新技术企业，一贯致力服务于电力系统及轨道交通、石化、煤炭、冶金等多个领域。

目前，公司的主营产品包括 CSC 系列数字式继电保护装置、CSC-2000 变电站综合自动化系统、CSS-100BE 电力系统安全区域稳定系统、CSS-200 电网动态安全监控系统、CSFM-2002 电网继电保护及故障信息管理系统、CSGC-3000/CC 调度（集控中心）自动化系统、CSGC-3000/MA 轨道交通自动化系统、CSPA-2000 分布式电气自动化控制系统、CSSS-2000 电网及变电仿真培训系统、CSSP-2000 火电机组仿真培训系统等。公司的产品已成为中国电力网及电力系统继电保护及自动化系统领域的主流产品。这些产品广泛应用于各项重大工程中，如三峡工程、西电东送工程、全国联网工程、城乡电网改造工程、超高压示范工程及奥运配套工程等，为国家电网的建设做出了突出的贡献。A 公司的电力自动化监控系统及保护设备荣获 2007 年度中国名牌产品，提升了"中国制造"的形象，打造出了中华民族的核心竞争力。

A 公司 1997 年被认定为"外商投资先进技术企业"；1998 年被认定为国家级"高新技术企业"；1999 年被认定为"软件企业"；2001 年被认定为"国家火炬计划软件骨干企业"；2002 年被连续认定为"国家规划布局内重点软件企业"，当年起连年被信息产业部列入"软件收入前 100 家企业"。

11.2.2　公司的主导产品

公司的主导产品包括 CSC 系列微机继电保护及自动装置、CSC-2000 变电站自动化系统、CSFM-2002 电网继电保护及故障信息系统、CSS-200 电力系统动态安全监控系统（WAMS 和 PMU）和 CSS-100 电力系统安全稳定控制系统等。

11.2.3　项目负责人情况

（略）

11.3　项目提出的背景及建设的必要性

11.3.1　项目的背景及意义

中国交通运输协会城市轨道交通专业委员会指出，目前我国正处于轨道交通建设的繁荣时期，中国已经成为世界上最大的城市轨道交通市场。在干线铁路领域，根据国务院审议通过的《中长期铁路网规划》蓝图显示，到 2020 年，全国铁路营业里程将达到 10 万公里。未来十几年铁路建设需要投入资金将达 2 万亿元。

2006 年 10 月 26 日正式发布的《铁路"十一五"规划》明确提出了铁路发展的主要目

标：建设新线 17 000 公里，其中客运专线 7 000 公里；建设既有线复线 8 000 公里；既有线电气化改造 15 000 公里。2010 年全国铁路营业里程达到 9 万公里以上，复线、电化率均达到 45% 以上，快速客运网总规模达到 20 000 公里以上，煤炭通道总能力达到 18 亿吨，西部路网总规模达到 35 000 公里，形成覆盖全国的集装箱运输系统。也就是说，已基本实现技术装备现代化，运输安全持续稳定，经济效益不断提升。

在城市铁路领域，"十一五"期间，中国将把城市轨道交通的发展放在更加突出的地位，其发展重点是：加快轨道交通的规划建设，强化轨道交通在城市交通中的地位和作用，注重轨道交通新技术的应用，在大城市逐步实现以地面常规公交为主体向以轨道交通为骨干的城市交通体系的过渡。

仅城市轨道交通这一块，到 2020 年，已经规划的线路就有 2 200 公里，其中 523.63 公里已做可行性研究。若按照造价 3 亿元/公里计算，所需建设资金超过 6 600 亿元。按目前水平计算，每建设 1 公里轨道交通线，仅控制系统投入就需 1 000 万元，2 200 公里就是 220 亿元。据国内外轨道交通工程的造价分析，一般土建工程造价占 50%～55%；技术设备的建设、购置、安装费用占 45%～50%（其中轨道占 2%～7%，车辆占 13%～17%，机务段占 5%～6%，牵引供电占 7%～10%，通信信号占 10%～12%，其他占 1%～4%）。我国的深圳地铁造价构成为：土建占 53%，轨道占 2%，车辆占 13%，机务段占 6%，牵引供电占 26%。那么，我国 2020 年前城轨装备市场规模将达到 2 970～3 300 亿元。

国家要求城市轨道项目，无论使用何种建设资金，其全部轨道车辆和机电设备的平均国产化率要确保不低于 70%，并且指出，城市轨道交通设备国产化工作的重点是轨道车辆和牵引供电、信号系统。

国家发展改革委、科技部、商务部联合发布的《当前优先发展的高技术产业化重点领域指南（2007 年度）》中指出：轨道交通设备，包括 200 公里/小时及以上动力分散式交流传动动车组，200 公里/小时交流传动客运电力机车，160 公里/小时大功率（轴功率 1 200 千瓦及以上）交流传动货运电力机车，大功率交流传动内燃机，交流电传动及其控制系统，机车、地铁网络控制及信号系统，高速铁路通信信号、牵引供电及列车控制系统，高速磁悬浮交通车辆（悬浮导向系统）、牵引供电系统、运行控制系统，中低速磁悬浮车辆等、变电站及电气设备的智能化等都将是今后优先发展的高技术产业领域。

因此，发展具有自主知识产权的轨道交通自动化系统的创新技术，提高我国在轨道交通高新技术产业的竞争力已是刻不容缓。

实施项目的意义在于以下几个方面。

（1）将电力系统行业的先进技术引入到轨道交通领域，促进我国轨道交通电力自动化的发展。

（2）加快轨道交通自动化系统的国产化进程。

（3）顺应市场需求，形成良好的经济效益。

11.3.2 国内外轨道交通自动化系统的发展现状

1. 轨道交通监控系统的现状与趋势

概括来讲，高起点、高水平的监控系统是城市轨道交通安全、高效运行的重要保证。随着城市轨道交通的不断发展，与之相应的监控系统大致经历了 3 个发展阶段：人工监控系统、分立监控系统、综合监控系统。

轨道交通早期的监控系统由于技术的局限，供电、通信、信号、环控等专业的监控管理主要依靠人工进行，操作者与管理者之间的通信联系，多以电话方式进行。自动控制系统技术多以半导体电路、分立组件为主的设备来实现，地铁的监控管理水平较低。

随着计算机技术和自动控制技术的进步，轨道交通的各专业按照自身的技术特点，不同程度地应用计算机技术、网络技术。计算机监控系统出现了 RTU（远程测控终端）加低速（数据传输率）数据通道的方法，在中央监控中心采用前置通信机将各车站信号综合在一起。各专业监控系统都有自己独立的网络，轨道交通自动化监控系统便发展成为一种分立监控系统的方式。这些分立的系统在中央监控中心（OCC）都有本专业的服务器、操作站及外用设备，都有自己的不同结构的通信网络，采用的是各不相同的监控软件。这种分立的监控系统方式在计算机控制系统理论上称为多岛监控系统，一个网络称为一个自动化孤岛（Automation-island）。

该系统的出现，是城市轨道交通自动化发展到一个全新水平的标志。随着计算机技术和自动控制技术的飞速发展，这一时期的自动化监控系统，一般都按照系统的控制功能、控制对象、控制范围、控制特点或根据操作管理上的分界，将全线系统划分为若干专业子系统；每个子系统按照自身的技术特点，程度不同地应用了计算机技术、网络技术，建立了各自独立的计算机自动化系统。

但是，轨道交通（地铁或轻轨）一些重要的信息应该是有联系的。例如，防灾报警信号会传到各系统，触发各系统的灾害模式；列车位置阻塞信息也会触发各系统的阻塞模式。但是分立系统的硬件平台与软件平台是分立的，它们之间的联络比较困难且成本较高，难于实现信息互通、资源共享。要实现地铁运营的协调统一管理，不得不加入人工干预，这样就降低了可靠性、响应性和运营效率。进入 90 年代，由于计算机、自动控制系统、计算机通信网络，特别是大型计算机监控系统技术的长足进步，多岛控制的自动化孤岛被打破，分立的监控系统逐步走向综合自动化监控。

轨道交通的各专业自动化都采用统一的计算机硬件平台和软件平台。无论是电力监控、设备监控，还是行车调度监控、通信监控，它们都是建立在一个统一的计算机网络平台上，由一个统一的软件体系支持，由多岛变为综合的结构。在 OCC、全线监控系统，由高可靠性工业监控网支持，采用一套冗余配置的全局服务器（高端、增强型）及若干专用服务器，几个相邻专业共享一台操作员站，外围设备全系统共享，特别是软件，共享一个统一的软件平台。在车站，监控系统，由高可靠的工业监控网支持，车站建立综合监控室，配有冗余操作站集成管理车站各个专业的信息，以实现地铁全线各专业资源共享，信息互通，使全线系统在一个平台上运行。综合自动化监控系统在计算机技术和网络技术的推动下诞生，并在地铁的监控工程实践中日益成熟。新建的地铁或轻轨工程选择综合自动化监控系统已成为自动化设计的主流。

在实际的轨道交通工程应用中，综合监控有网络化的集成系统和信息化的集成系统，这两种结构的系统集成是目前解决轨道交通控制系统一体化问题的有效方案。网络化的集成系统是具有完善的网络结构和强大处理数据能力的服务器系统，适用于控制监测对象多、投资规模大、分多期建设的地铁工程；而信息化的集成系统是结构简单、使用冗余方式的主 PLC（可编程逻辑控制器）TU（远程传输单元）系统，适用于控制和监视对象少、要求设备智能化程度高、投资规模不特别巨大的轻轨工程。

综合监控系统代表了当今国内外地铁监控的最高水平，是轨道交通监控系统的技术发展方向。目前我国香港的机场快线、将军澳支线、西部铁路均建设了综合监控系统，并已投入运营；广州地铁 3、4 号线也正在建设综合监控系统，即将投入运营。

当前，轨道交通的建设由于科学发展和技术进步的推动正在走向全自动化、全数字化和高智能化。除综合监控系统正成为国内城市轨道交通自动化系统的发展趋势外，还具有以下发展趋势：综合监控系统深度集成化；综合监控系统路网化；综合监控系统国产化。

2. 轨道交通电力保护控制系统的现状和趋势

轨道交通电力保护控制系统由于其供电方式的特殊性，与电力系统的电力保护控制系统的需求有一定的区别。

轨道交通电力保护控制系统分为 10 KV/35 KV 交流保护控制系统和 750 V/1 500 V 直流保护控制系统。

目前国内轨道交通交流电力保护控制系统，绝大部分采用国外产品。A 公司交流数字式保护产品为首次应用在轨道交通领域的国内保护控制产品。运行证明国内交流保护产品完全可以胜任轨道交通领域的要求。

轨道交通直流保护系统则完全被国外产品所垄断。国内（包括 A 公司）在此方面已经开始做相关研究，并力争推出自主产品。

轨道交通业主也积极和国内大的轨道交通电力保护厂商（包括 A 公司）合作，希望早日能够采用国产自主品牌产品。

11.3.3 项目建设的必要性

（1）拓展技术应用新领域的需要。轨道交通自动化系统和电力系统自动化系统既有共同之处，同时也存在着一定的差异性。为了适应轨道交通自动化系统的专业需求，本项目从监控系统、环控系统、保护控制系统方面为轨道交通自动化提供一整套的解决方案。通过该项目的实施，不仅扩展 A 公司的业务领域，同时也加深对自动化系统的理解，进一步提升 A 公司的核心竞争力，为进一步开拓工业自动化市场打下良好的基础。

（2）适应轨道交通自动化系统国产化的需要。如前所述，轨道交通自动化领域现在很大程度上对国外厂商依赖性较强，轨道交通业主对国产化的呼声越来越强烈。A 公司作为国内自动化领域的知名厂商，有责任也有能力为轨道交通自动化系统的国产化贡献一份力量。

（3）满足公司市场增长的需要。由于国内巨大的轨道交通发展市场，阿尔斯通、西门子、庞巴迪等跨国公司纷纷在我国办起了合资或独资企业，城轨交通自动化的竞争日益激烈。为在将来激烈的市场竞争中占有一席之地并取得优势地位，本项目必须尽快实施。

11.4 项目市场研究

11.4.1 国内市场分析

在干线铁路领域，根据国务院审议通过的《中长期铁路网规划》蓝图显示，到 2020 年，全国铁路营业里程将达到 10 万公里。未来十几年铁路建设需要投入资金将达 2 万亿元。

中国百万以上人口的大城市超过 50 个，到 2010—2015 年间，中国规划建设的城市快速轨道交通项目总长度达 1 700 公里，5 000 多亿元投资将聚集在这一领域。其中，北京、广州的投资均将超过 500 亿元，上海更是高达 1 400 多亿元。全国每年平均建成的线路为 180 公里，北京、上海、广州每年新增线路长度达到了 30 ~ 50 公里，而国外同类城市仅为 10 公里左右。预计到 2050 年中国城市轨道交通线路总长将超过 4 500 公里，轨道交通的发展前景非常可观。

11.4.2　产品竞争力分析

由于电力保护控制系统和大型实时监控系统有着极高的技术门槛，并要求具有高度的可靠性和抗干扰性，国家对可生成资质要求十分严格，非专业厂商进入该领域的难度很大。A 公司是电力保护控制及自动化领域的知名厂商，在业内具有很好的信誉和口碑。

1. 自动化监控系统

A 公司拟自主开发一个具有自主知识产权的通用数据软件平台。该平台采用先进的计算机技术和最新的国际标准，按大型监控软件系统设计，为公司相关自动化系统产品提供一套通用监控系统支撑平台，面向服务的各级应用，软件平台为监控系统提供了支撑模块和主要的公用模块，并在开放性、扩展性方面做了较大的工作，为二次开放、定制、模块扩展提供了较好的机制。

2. 保护控制系统技术

目前，A 公司继电保护产品覆盖了整个继电保护领域，包括 10 KV ~ 1 000 KV 不同电压等级、不同类别的各种继电保护装置，包括线路保护，变压器保护，发变组保护，母线保护、断路器保护等；已发展成为十几大类，二十多个系列，上百个品种的产品。已有数万套继电保护产品在现场投入运行，市场占有率达 30% 以上。在 2004 年初通过鉴定，鉴定委员会专家一致认为整体性能达到国际先进水平。其中，多项独创专利技术属国际首创，并处于国际领先水平。

11.4.3　目标市场分析

根据轨道交通行业的需求，结合 A 公司轨道交通自动化系统相关的软硬件产品及其系统平台，推出的产品面向以下市场领域。

（1）轨道交通（包括地铁、轻轨、城铁）——电力监控专业子系统（PSCADA）、电力监控主站系统、主变电所及沿线变电所综合自动化系统、交流测控保护、牵引直流测控保护等；综合监控系统（ISCS）以及环境与设备监控专业子系统（BAS）等。

（2）电气化铁路——电力调度系统、牵引变电所综合自动化系统及电铁保护等。

11.5　产品方案及技术基础

11.5.1　产品方案

1. 主要产品

A 公司××轨道交通自动化系统项目主要产品包括轨道交通电力监控系统（PSCADA）和轨道交通综合监控系统（ISCS）。

2. 产品性能

（略）

11.5.2 技术基础

1. 公司拥有的专有核心技术

（略）

2. 项目采用的技术标准

（略）

3. 本项目的技术来源

（略）

4. 已完成的研发工作

A公司在过去十几年的产品研发中，针对电力监控系统、工业自动化监控系统、电力保护与自动化控制系统做了深入的研究。本次项目正是在这些多年技术积累的基础上，进行产品功能扩展及软件升级，以满足轨道交通的特殊需要。

1）实时数据库技术

A公司已经有多年电力监控研发经验，电力监控系统正是基于实时数据库作为系统支撑平台。A公司的实时数据库已经发展成为公司所有监控软件系统的公共系统数据平台，被广泛应用到多种监控系统中。

2）现场总线及工业以太网技术

A公司在国内率先将现场总线网络技术引入到电力保护控制系统中，并且随着网络技术的发展，工业以太网技术更是被广泛地应用到从现场设备到后台监控的各个方面，在网络应用方面积累了丰富的经验。

3）Windows、Linux、Unix 跨平台技术

A公司的软件系统从设计当初就充分考虑到市场对不同操作系统的需求，在操作系统和应用软件之间构建了一个屏蔽层，封装了对系统调用中各种操作系统的差异，并在软件实现中采用了跨平台技术，实现了源码级的跨平台实现，在软件系统的跨平台技术上实现了良好的积累。

4）"总线不出芯片"抗干扰技术

保护控制系统工作在电磁条件非常恶劣的工作环境下，A公司在多年的设计开发中，积累了丰富的抗干扰经验，独创的"总线不出芯片"设计技术在板卡级提高了装置的可靠性。

11.6 技术方案及设备选型

11.6.1 总体方案及技术路线

1. 技术原理

（略）

2. 技术路线

（略）

3. 工艺流程

（略）

11.6.2　设备选型

1. 设备选型的原则

在设备选择时，要求设备具有专业性、通用性和技术先进性。

2. 主要设备选型

1）硬件设备

为便于研发和产业化的需求，项目需搭建一网络硬件环境，以便在该环境中较好地仿真和测试所需要开发的软件平台。服务器采用 Dell PowerEage。设备用途：建开发及生产用的工作环境；系统的模块测试及集成测试环境；生产及管理用办公环境。

2）软件工具

软件工具包括：Visual，作为软件编译调试环境；Oracle 10g，作为系统数据库；QT 4.2，作为图形开发工具。

项目所需设备的设备选型表如表 11-2 所示。

表 11-2　设备选型表

序号	费用名称	用途	数量/套	单价/万元	合计/万元
1	设备购置				463.90
1.1	测试服务器	用于大型监控系统测试平台的搭建	3	38.00	114.00
1.2	磁盘阵列	用于主备服务器的数据管理	1	35.00	35.00
1.3	测试工作站	用于监控系统测试平台	10	1.20	12.00
1.4	大电流发生器	用于牵引直流保护大电流的模拟	1	128.50	128.50
1.5	继电保护测试仪	用于保护功能测试	2	28.00	56.00
1.6	示波器	用于控制保护的调试	2	0.70	1.40
1.7	工作计算机（台式机、笔记本）	开发工具	90	1.30	117.00
2	办公、用具购置费				25.00

11.6.3　主要原材料

本项目产品为软件产品和硬件产品，将软件产品交付给客户的介质是包装好的光盘、软盘、文档资料等，将硬件产品交付给客户的是硬件设备、文档资料等。因此，本项目需要的主要原材料是空白光盘、软盘、纸张、电子元器件、机箱、电源等。上述硬件材料采用公司统一的硬件平台，所需元器件由公司统一采购、配送，因此本项目不存在原材料供应问题。

11.7　建设地点及建设方案

该项目的研发环境拟建在 A 公司总部 A 大厦内。具体地址为××市××区××信息产业基地 4 街 9 号 A 大厦，A 大厦共 6 层，总面积约 24 000.00 平方米，一层、二层、四层为生产车间，其余楼层为技术研发及管理者办公区域。新项目上马后，A 公司会对 A 大厦进行内部装修及调整工作区域。

项目生产厂区平面布置图略。

11.8 环境保护、职业安全卫生

11.8.1 环境保护

该项目属于应用技术生产项目，工作要求在干净、宁静、文明的环境中进行，工作中主要以元件组装为主，不会产生大量污染环境的废气、废水、废渣、粉尘等有害物质，对于生产中的噪音采用隔声设备和多孔吸声材料等一般降噪方法即可满足。

11.8.2 职业安全卫生

为改善劳动条件，保障安全卫生，防止职业危害，充分发挥广大科技、生产人员的积极性，该项目拟采取以下措施。

（1）为确保人身安全，所有用电设备的金属外壳必须良好接地。

（2）为保证设备良好运行，并改善工作条件，所有夏季工作间全部采取空调降温的措施。

（3）机房、厂房及办公管理区内保证足够的新鲜空气。

（4）机房及厂房采取防静电措施，防止静电对设备的危害。

（5）设有火灾自动报警系统，以便在有紧急情况时能及时通知全体员工。

（6）机房、厂房、通道、出入口设有应急照明和疏散方向标志，保证在紧急情况下能够安全疏散。

11.9 组织结构及劳动定员

11.9.1 组织结构

为适应管理扁平化的需要，A公司划分为行政中心、财务中心、生产中心、营销中心、研发中心、总工程师办公室、信息中心等若干条业务线。各业务线所辖部门的职责如下。

1. 行政中心

（1）总经理办公室：负责行政、宣传、企业形象策划、企业文化推广、外事管理及资产管理等各项任务；组织公司通用管理规章制度的拟订、修订，对专用管理制度进行核稿和颁发；汇总公司年度综合性资料，草拟综合性文稿，审核公文；组织项目申报、企业资质和荣誉的争取。

（2）人力资源部：负责公司的人力资源管理工作；参与制定人力资源战略规划。

（3）物业部：完成公司后勤、清洁卫生、消防环保等各项工作；负责对公司基础设施，如厂房、电力、供水、空调、货梯、消防设备等，进行日常维护和管理；对公司固定资产进行维修或改造；组织制订并实施公司环境保护规划，如厂区的绿化、员工车辆停放管理等；负责公司安全保卫及防火防灾工作的管理，指导全体员工做好防火防盗及安全保卫工作。

2. 财务中心（财务部）

建立并完善公司的会计核算及财务管理体系，按期编制财务报表和内部管理报表；根据公司经营目标及财务状况，积极筹措并合理调配使用资金；组织编制公司年度财务预算，并根据实际需要安排预算修订工作，及时反映预算执行情况，合理把握公司的盈利趋势；配合会计师事务所审计公司财务报表，为会计师及时出具审计报告提供保障；配合政府有关部门对公司的各种检查，保证公司各项业务数据及操作流程符合有关规定。

3. 生产中心

（1）综合计划部：制订生产计划，按时编报统计报表，编写计划执行统计分析报告；做好工程项目自合同签订起至交货的实施与协调的项目管理工作；负责生产计划调度、生产协调及按期交付发货；组织工程生产，完成屏柜组装配线、整屏调试及系统联调、产品交付工作，负责在工程生产过程中的顾客财产管理；做好分包方的管理及其评审工作，组织制定分包方管理标准和管理制度，督促相关人员做好分包方管理及工程结算等工作。

（2）制造部：监督成品生产过程，确保产品合格入库，并负责环境和职业健康安全；管理本部门库房，保证账、卡、物一致，维护库房的储存、防护及环境条件；负责生产过程中的防护、搬运、产品唯一性标识和检验、试验状态标识及其管理工作；管理并维护本部门质量管理体系中使用的测量、检验、实验设备，并设立台账，按计划送检质量管理部；根据生产需求协助研发中心开发提高生产效率的生产设备（如工装设备、测试设备等）。

（3）电装部：编制长线原材料预投计划、原材料采购计划、半成品生产计划、外协加工计划；监督和检查各项计划完成的进度，协调处理采购订单执行过程中出现的问题；负责单板生产过程的实施、监视和测量，保证过程策划中所有步骤或检验项目全部完成，确保合格产品入库；对不合格品进行控制，统计分析过程中产生不合格品的原因、规律，采取措施降低产品的过程平均不合格率，提出生产过程中产生废品的报废申请；利用统计技术对特殊过程（如 SMT）及关键工序（如软件固化）能力进行确认，并保证过程能力正常稳定，降低或控制产品的不合格率；对公司产品维修过程进行控制，负责产品在线维修；做好生产过程中防护、搬运、产品标识和检验、试验状态标识及其管理工作。

（4）物资部：编制年度物资需求计划，外购计划；管理供应商；组织采购招标、实施物资采购及验收工作，负责价格和供货周期的谈判；跟踪采购订单执行情况，协调处理采购订单执行过程中出现的问题；负责实施公司固定资产和生产用材料、工具的采购；负责工程物资不合格品的控制；负责物资的库房管理。

4. 营销中心

（1）市场部：根据公司经理层制定的年度营销策略，汇总制定公司销售计划、回款计划和回款报表，汇总编制营销中心综合报表；在 ERP 系统内维护产品价格，下达销售任务，在合同库中维护合同信息；单板、单装置及配件的销售业务；大项目销售（电网区域范围外的项目）业务的开展；会同各销售大区对用户和竞争对手信息进行收集、统计和分析；市场宣传的组织、策划和实施；投标资质的维护和更新，业绩统计分析。

（2）销售部：负责营销和客户服务，对全国各大区的销售成果负责。

（3）技术支持部：服务热线、售后服务、备品备件管理；工程服务的技术管理和技术支持；用户及服务员工的培训策划、组织和实施；用户的技术支持及现场问题处理，协助研发部门进行事故分析和处理；横向协调各大区间工程服务，解决工程实施中出现的问题；工程外购设备的相关技术选型；数据统计分析、资料管理。

（4）国际业务部：负责拓展国外市场；组织协调技术人员与国外客户进行技术洽谈；配合国内外的合作伙伴进行海外投标；翻译商务技术文件，跟踪执行国外订单的发货出口，申报海关出口退税，催款结汇。

（5）客户信用管理部：客户信用管理；客户财务信用状况审核控制、客户授信作业标准制定、客户财务、信用分析、超授信放货审核；执行有效回款查对、确认与计算、超期客户跟踪、超期账款追踪；规划、拟定客户授信额度、期限控制、授信额调整测算与建议；监督、协助客户汇款审核；监督、规划、拟定订单放行审核、客户往来信用记录；核准、监督、规划、拟定、执行应收账款账龄分析；监督、协助开票明细表编制、暂收款余额明细表编制、预收款余额明细表编制。

5. 研发中心

（1）技术研究部：负责关键新技术的研究；负责新产品领域的开拓性研究；负责现有产品质量技术分析研究。

（2）产品开发部：负责产品的研制开发；协助营销部门进行产品宣传和推广活动；负责重要项目招投标技术评审；负责事故调查和分析；参加国内外技术标准的跟踪、制定和学术交流。

6. 总工程师办公室

（1）产品检测试验部：负责组织新产品试验及试运行；负责公司自行开发测试设备及软件的设计确认；校核产品说明书、调试方法、调试记录和企业标准；编制作业指导文件和测试模板、测试规范；负责所用试验设备的使用管理和维护；参与并配合新产品培训和技术疑难问题的处理及新产品投运前后现场技术服务工作。

（2）质量管理部：组织制定并实施质量管理规章制度及流程文件；组织进货检验、装置检验、工程检验、发货检验及对工程完成情况的量化评价；组织实施对重点工程的现场检查；返回品维修、分析、处置及库房管理；负责检验过程中出现不合格品的控制；质量信息反馈单分析及处理；负责收集数据，统计分析形成质量周报；顾客满意度管理，组织建立相应的运作程序和管理制度；参与样机试制设计评审；参与关键生产设备及监视测量设备的能力认可；制定监视和测量装置检定计划并负责组织内部检定和外部送检；对产品的各项性能、指标开展抽检和定检工作；外协供方提供的样品、样件评审及外协监造；对公司内部及分包方所有质量人员进行任职资格培训及确认。

7. 信息中心

（1）信息技术部：维护公司 IT 平台和 ERP 应用系统，对系统的安全和稳定运行负责；对公司网络系统进行建设、维护和管理，保证网络系统的正常运行；制订网络管理的各种规章制度及必要的操作规程，确保网络信息系统的安全；管理公司内部 IT 资产，制定相关管理制度；对公司网站及其他信息应用系统进行维护，满足业务部门提出的信息化应用需求；配合人力资源部为公司各业务部门提供信息系统方面相关的技术培训、岗位培训和考核。

（2）流程管理部：对公司管理体系进行维护、审核，推动持续改进，密切监控管理体系的适宜性和有效性；组织管理评审，对存在问题督促相关部门制定整改措施，并监督检查整改措施的落实，持续改进管理体系；负责组织公司及各子企业业务流程的管理和维护，对业务流程变更进行管理和控制；组织管理体系相关信息的收集，进行统计分析，增强内部沟通。

本项目的组织结构依照公司现有组织结构实行，如图 11-1 所示。

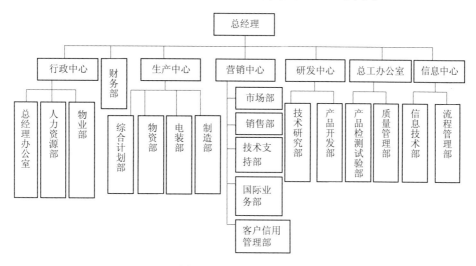

图 11-1　项目组织结构

11.9.2　劳动定员

A 公司实行全员劳动合同制。以公司及其控制的企业为统计口径，截至 2005 年年底、2006 年年底和 2007 年年底，A 公司在册员工分别为 1 011 人、1 032 人和 1 249 人。公司现有研发人员 10 人，本项目将新增研发人员 17 人。

A 公司严格执行《中华人民共和国劳动法》及国家社会保障制度、医疗制度和住房制度改革的有关政策规定，为全体在册员工办理基本养老保险、基本医疗保险、失业保险、工伤保险和生育保险，并缴纳住房公积金。此外，公司还为员工办理补充医疗保险、意外伤害保险（出行无忧）和子女综合医疗保险，作为基本医疗保险的补充，并为员工提供规定额度的医药费报销，以减轻员工医药方面的负担。

11.10　项目实施进度

本项目从 2009 年开始进行技术预研，具体实施时间以筹集资金开始为准。

11.10.1　轨道交通综合监控系统

2009 年，完成对轨道交通综合监控系统的技术预研。

2010 年，完成对轨道交通综合监控系统的技术可行性分析、立项、用户需求分析和初步方案设计。

2010—2011 年，完成轨道交通综合监控系统的软件系统及配套硬件技术研发。

2012 年，组织系统测试及系统集成联调。

2013 年，完成技术文档整理、总结并发表研究论文，组织产品鉴定。

11.10.2 轨道交通控制保护系统

2009 年，完成对轨道交通控制保护系统的技术预研。

2010 年，完成对轨道交通控制保护系统的技术可行性分析、立项、用户需求分析和初步方案设计。

2010 年，完成轨道交通控制保护系统的硬件设计、调试及样机制造，同时完成软件框架设计。

2010—2011 年，完成轨道交通控制保护系统的软硬件集成开发及系统调试。

2011—2012 年，完成系统测试及实际系统试运行。

2012 年，完成技术报告，总结并发表研究论文，组织产品鉴定。

11.11 投资估算及资金筹措

11.11.1 投资估算

总投资估算结果为 4 200 万元，其中建设投资为 4 000 万元，流动资金为 200 万元。具体如表 11-3 所示。

表 11-3 按工程内容划分投资表

序号	项目名称	投资金额/万元	占投资/%
1	建筑工程费	160.00	4.00
2	设备购置费	488.90	12.22
3	其他工程和费用	3 151.10	78.78
4	预备费	200.00	5.00
5	合计	4 000.00	100.00

项目建设内容及建设投资估算表如表 11-4 所示。

表 11-4 建设内容及建设投资估算表　　　　单位：万元

序号	工程或费用名称	建筑工程费	设备购置费	其他费用	合计
1	工程费用	160.00	488.90		648.90
1.1	厂房改造	160.00			160.00
1.2	设备购置及安装费		488.90		488.90
1.2.1	生产及测试设备		463.90		463.90
	测试服务器		114.00		114.00
	磁盘阵列		35.00		35.00
	测试工作站		12.00		12.00
	大电流发生器		128.50		128.50
	继电保护测试仪		56.00		56.00

续表

序号	工程或费用名称	建筑工程费	设备购置费	其他费用	合计
	示波器		1.40		1.40
	工作电脑（台式机、笔记本）		117.00		117.00
1.2.2	办公用具设备		25.00		25.00
2	工程建设其他费用			3 151.10	3 151.10
2.1	软件购置费			260.00	260.00
	网络管理软件			35.00	35.00
	数据库软件			25.00	25.00
	开发工具软件			200.00	200.00
2.2	人员工资			2 500.00	2 500.00
2.3	测试费用			321.10	321.10
	样机试制			11.10	11.10
	集成测试			80.00	80.00
	工程化试运行			200.00	200.00
	产品鉴定			30.00	30.00
2.4	人员培训费			70.00	70.00
3	预备费用			200.00	200.00
4	流动资金			200.00	200.00
	建设投资	160.00	488.90	3 551.10	4 200.00
	投资比例	3.81%	11.64%	84.55%	100.00%

11.11.2　流动资金估算

根据同类规模企业及产品市场容量，流动资金需用 200 万元。

11.11.3　总投资

按固定资产投资加全部流动资金计算的总投资为 4 200 万元。

11.11.4　资金筹措

建设投资 4 000 万元，由股市募集资金；流动资金 200 万元，由股市募集资金。资金来源及运用如表 11-5 所示。

表 11-5　资金来源及运用表　　　　　　　　　　　单位：万元

序号	项目	合计	计算期				
			第 1 年	第 2 年	第 3 年	第 4 年	第 5 年
1	项目总投资	4 200.00	1 912.50	1 727.50	560.00		
1.1	建设投资	4 000.00	1 842.50	1 657.50	500.00		
1.2	建设期利息						

续表

序号	项目	合计	计算期				
			第1年	第2年	第3年	第4年	第5年
1.3	流动资金	200.00	70.00	70.00	60.00		
2	资金筹措						
2.1	项目资本金						
2.1.1	用于建设投资						
2.1.2	用于支付建设期利息						
2.1.3	用于流动资金						
2.2	上市融资	4 200.00					
2.2.1	用于建设投资	4 000.00					
2.2.2	用于流动资金	200.00					

11.11.5　投资估算中有关问题的说明

设备的价格及软件费为初步报价资料。建设工程其他各项费用为市场询价。

11.12　产品成本及费用测算

11.12.1　成本和费用测算表

成本与费用测算如表11-6所示。

表11-6　成本和费用测算表　　　　单位：万元

项目	年份				
	第1年	第2年	第3年	第4年	第5年
1. 外购原材料费	1 198.50	1 797.75	3 395.75	4 194.75	4 794.00
2. 外购燃料及动力费	28.20	42.30	79.90	98.70	112.80
3. 工资	141.00	211.50	399.50	493.50	564.00
4. 修理费	42.30	63.45	119.85	148.05	169.20
5. 其他费用	1 002.00	1 503.00	2 839.00	3 507.00	4 008.00
6. 经营成本（1+2+3+4+5）	2 412.00	3 618.00	6 834.00	8 442.00	9 648.00
7. 折旧费	29.70	82.59	105.78	105.78	105.78
8. 摊销费	139.56	418.67	614.22	670.22	670.22
9. 利息支出					
10. 总成本费用合计（6+7+8+9）	2 581.25	4 119.25	7 554.00	9 218.00	10 424.00
其中：可变成本（1+2）	1 226.70	1 840.05	3 475.65	4 293.45	4 906.80
固定成本（3+4+5+7+8+9）	1 354.55	2 279.20	4 078.35	4 924.55	5 517.20

11.12.2　成本计算基础数据的确定及有关问题说明

（1）根据同类产品成本情况，原材料、动力、工资分别按产品销售成本的 85%、2%、10% 测算。

（2）固定资产折旧费按固定资产分类折旧计算，厂房按 20 年计提折旧，生产设备、研发设备及办公设备按 5 年折旧。

（3）无形资产按其寿命期 5 年平均摊销计算。

（4）固定资产年维修费按产品销售成本的 3% 计算。

（5）营业费用参考公司历年经营平均数值，按销售收入的 18.57% 计算。

（6）管理费用参考公司历年经营平均数值，按销售收入的 14.83% 计算。

（7）因所需资金为公司上市募集，没有考虑财务费用。

11.13　财　务　评　价

11.13.1　销售收入计算的依据

根据企业规模及市场容量需求，测算销售收入，如表 11-7 所示。

表 11-7　销售收入

序号	项目	年份					合计
		第 1 年	第 2 年	第 3 年	第 4 年	第 5 年	
1	预测产销量／套	50.00	75.00	100.00	120.00	150.00	495.00
2	营业收入／万元	3 000.00	4 500.00	8 500.00	10 500.00	12 000.00	38 500.00

11.13.2　税金

项目产品缴纳增值税，进项税及销项税均为 17%。A 公司经认定为高科技企业，未考虑增值税优惠政策影响。另外，再加 7% 的城市维护建设税及 3% 的教育费附加。企业所得税享受北京市新技术产业开发实验区的优惠政策，税率为 15%。

11.13.3　盈利性分析

计算期平均年销售收入为 4 200 万元。项目损益表如表 11-8 所示。

表 11-8　损益表　　　　　　　　　　　　　　　　　　　　　单位：万元

项目	年份				
	第 1 年	第 2 年	第 3 年	第 4 年	第 5 年
营业收入	3 000.00	4 500.00	8 500.00	10 500.00	12 000.00
营业税金及附加	30.15	45.22	85.41	105.51	120.58
总成本费用	2 581.25	4 119.25	7 554.00	9 218.00	10 424.00
利润总额	388.60	335.53	860.59	1 176.49	1 455.42

项目	年份				
	第 1 年	第 2 年	第 3 年	第 4 年	第 5 年
所得税（15%）	58.29	50.33	129.09	176.47	218.31
净利润	330.31	285.20	731.50	1 000.02	1 237.10
累计净收益	330.31	615.51	1 347.01	2 347.03	3 584.13
利税总额	720.21	832.94	1 800.14	2 337.11	2 781.84

计算期平均年所得税后利润 716.83 万元；计算期平均利税总额 1 694.45 万元；计算期平均销售利润率 9.31%，销售利税率 22.01%，总投资利润率 20.08%。

11.13.4　现金流量及投资回收期分析

项目全部投资现金流量表如表 11-9 所示。

表 11-9　现金流量表（全部资金）　　　　　　单位：万元

项目	年份				
	第 1 年	第 2 年	第 3 年	第 4 年	第 5 年
一、现金流入	3 000.00	4 500.00	8 500.00	10 500.00	12 000.00
1. 销售收入	3 000.00	4 500.00	8 500.00	10 500.00	12 000.00
2. 回收流动资金					
3. 回收固定资产余值					
二、现金流出	4 412.94	5 441.05	7 608.50	8 723.98	9 986.90
1. 建设投资	1 842.50	1 657.50	500.00		
2. 流动资金	70.00	70.00	60.00		
3. 经营成本	2 412.00	3 618.00	6 834.00	8 442.00	9 648.00
4. 营业税金及附加	30.15	45.22	85.41	105.51	120.58
5. 所得税	58.29	50.33	129.09	176.47	218.31
三、所得税前净现金流量	−1 354.65	−890.72	1 020.59	1 952.49	2 231.42
四、所得税前净现金流量累计	−1 354.65	−2 245.37	−1 224.78	727.71	2 959.13
五、所得税后净现金流量	−1 412.94	−941.05	891.50	1 776.02	2 013.10
六、所得税后净现金流量累计	−1 412.94	−2 353.99	−1 462.49	313.53	2 326.63

经测算，所得税前内部收益率为 35.27%，所得税后内部收益率为 27.84%。

贴现率为 12% 时，计算期内累计净现值为 893.78 万元。

项目投资回收期（所得税后）：静态投资回收期为从投资之日起 3.82 年；动态投资回收期为从投资之日起 4.22 年。

11.13.5　不确定性分析

1. 盈亏平衡点分析（平均值计算）

经测算当生产能力达到设计能力的 81.15% 时，即可保持收支平衡。

2. 敏感性分析

影响内部收益率变化的因素主要有产量、总成本、销售单价和建设投资等，经测算最为敏感的因素是销售单价，如表 11-10 所示。

表 11-10　敏感性分析表

名称	变化范围/%	投资回收期/年	内部收益率/%
基本方案		3.82	27.84
建设投资	5	3.94	24.30
	−5	3.71	31.76
销售价格	5	3.29	51.36
	−5	4.72	4.90
经营成本	5	4.49	9.44
	−5	3.37	46.63

一般来说，企业投资面临很多不确定因素，高新技术企业尤为突出。这些不确定因素主要来自于市场销售、新技术的出现等。有些因素的不确定性可能会超出事先的控制，对投资产生较大的风险。从盈亏平衡点和售价降低对内部收益率的影响看，此项目的抗风险能力较强，但还需要企业不断加强内部管理，保持技术先进性，不断开发设计新产品，积极开拓市场，以保证实现计算期内报告预测的产品销售计划，才能把项目经济风险控制在最低程度。

11.13.6　综合经济评价

经测算，项目计算期平均税后利润为 716.83 万元，销售利润率为 9.31%，表明项目有较高的盈利水平；税前内部收益率为 35.27%，税后内部收益率为 27.84%，高于行业收益率；税后静态投资回收期为 3.82 年，税后动态投资回收期为 4.22 年，投资回收期较短。

上述数据表明：该项目实施后财务运营状况良好，能为企业增加较高的利润，具有较强的贷款偿还能力和抗风险能力。全面衡量结果认为，从经济分析来看项目可行。

11.14　风险分析及对策

11.14.1　经营风险分析及对策

该项目的收入主要来自具有自主研发的 CSC 产品销售的营业性收入。在目前虽然国际经济有些动荡，但中国经济还是处于稳定发展的经济形势背景下，市场对电力的需求量还在不断地增长，这种刚性的需求为产品应用市场提供了广阔的发展空间。A公司具有自主知识产权的产品、优良的性价比和本地化技术服务将促使生产销售形成良性循环，使产品的研制、生产进入快速发展的轨道，为企业带来更好的效益。该项目的经营风险不大。

随着该项目产品经升级及产业化，可以占有更多国际国内市场的份额。因此，公司在加大研发的同时，还应加强管理，向管理要效益，以维持公司的持续发展能力，为用户提供各方面的服务。

11.14.2 技术风险分析及对策

项目由A公司组织实施，技术为公司自主研制完成。A公司具有很强的研发能力，并采用合理的技术路线，技术成熟后才应用在产品上，产品已在多个重大项目中应用，因此技术风险不大，但应在技术保密和保护上采取申请专利或建立技术保密制度等相应措施，以防技术泄露。

11.14.3 应用软件开发风险

A公司主营继电保护及电网自动化产品的研发、生产、销售和技术服务，属于计算机技术、网络通信技术、数字信号处理技术和自动控制技术的综合应用，其中核心软件起着至关重要的作用，很大程度决定了产品的实用性和先进性。应用软件开发技术更新快、研发投入大、市场需求多样，上述特点决定了公司在生产经营中面临以下风险。

计算机软件的新技术不断涌现，相关产品、技术的生命周期逐步缩短。如果公司不能持续、及时地关注技术发展的国际动态，紧跟国内行业标准，从而无法进行技术和产品升级换代，现有的产品和技术将面临被淘汰的风险。

软件开发的初期投入大、成本高，体现在从事开发的人力及相应的设备、设施成本均较高，因此公司必须投入大量的资金用于开发人员的工资性支出、设备采购和试验环境搭建。高额的研发费用支出如不能取得新产品开发的成功，将浪费公司资源。

随着我国电力工业"十一五"规划的实施，电力输配电领域的新技术应用将进入加速阶段，产品升级加快，客观上要求A公司超前规划和安排相应的软件开发工作。如果A公司不能及时准确掌握市场发展趋势，开发出满足用户需求的产品，巩固和加强已有的竞争优势，将会削弱公司的发展后劲。

11.14.4 软件产业税收政策调整风险

我国十分重视信息技术和信息产业的发展，已明确提出要加速推进国民经济的信息化；要积极利用信息技术，大力改造传统产业，发展信息服务业。国家对软件和集成电路等重点产业采取特殊的税收优惠政策加以扶持。

根据国务院《关于鼓励软件产业和集成电路产业发展的若干政策》（国发［2000］18号）第七条和财政部、国家税务总局和海关总署《关于鼓励软件产业和集成电路产业发展有关税收政策问题的通知》（财税［2000］25号文）第一条的有关规定，公司2005年和2006年被国家发展和改革委员会、信息产业部、商务部和国家税务总局认定为国家规划布局内重点软件企业，减按10%的税率缴纳企业所得税。

根据国务院《关于鼓励软件产业和集成电路产业发展若干政策的通知》（国发〔2000〕18 号）第五条及财政部、国家税务总局和海关总署《关于鼓励软件产业和集成电路产业发展有关税收政策问题的通知》（财税〔2000〕25 号）第一条的有关规定，自 2000 年 6 月 24 日至 2010 年底以前，对增值税一般纳税人销售其自行开发生产的软件产品，按 17% 的法定税率征收增值税后，对其增值税实际税负超过 3% 的部分实行即征即退政策。所退税款用于企业研究开发软件产品和扩大再生产的，不计入应纳税所得额。最近三年来，A 公司享受软件产品增值税实际税负超过 3% 部分即征即退的优惠政策。

如果国家对软件企业和高新技术企业的税收政策进行调整，提高税负水平，将对公司未来的利润水平产生重大不利影响。

11.14.5　市场竞争加剧导致公司综合毛利率水平下降风险

我国电力自动化企业非常多，预计全国超过 200 家。根据我国电力建设工程管理体制，用户普遍采取招标方式选择供应商，而且投标报价因素所占的评标比重趋于提高，公司降价销售的压力增大。此外，国内许多低端中小企业均希望通过低价策略进入高端市场，国外跨国公司如 ABB、SIEMENS 等也在努力实现本地化生产，产品的性价比进一步凸现，公司面临的市场竞争日趋激烈，综合毛利率水平存在下降的风险。

11.14.6　人力资源风险

继电保护及电力自动化行业在我国属于高新技术行业，特别是对于高压、超高压和特高压领域而言，进入壁垒较高，技术要求严格，人才难得，因此人力资源的持续开发对公司的长期发展至关重要。

在过去十余年的市场竞争中，A 公司曾有人才流失的现象，一直面临稳定核心技术人才的压力。另一方面，依照中长期发展规划，A 公司将进一步拓展主营产品在轨道交通、冶金和石化等行业的应用，需要投入大量人力资源。因此，如果 A 公司的人才引进、培训和激励机制不到位，将可能无法稳定现有的人才队伍，无法提高企业员工的技术水平和开拓能力，更无法不断吸引外部优秀人才加盟，从而可能使公司面临竞争力下降的风险。

11.14.7　重要原材料采购风险

A 公司在经营过程中，为了减少资金瓶颈的制约，主要采取"以销定产"的方式组织生产，因此为按时交货及满足不同用户的要求，公司一直严格控制原材料的采购周期及质量。公司生产所需的专用元器件，如继电器、芯片等，需要依赖国内代理商进口，产品价格受国际市场供求状况的影响较大，而且采购周期较长，最长可达到 3 个月左右。公司为了满足按时交货的需要，根据重要元器件的行情走势，要考虑必要的战略采购储备，可能影响公司的营业成本。

此外，由于 A 公司产品的高技术特点，对于高性能原材料的需求相对较多，在国内采购需求增加的情况下，代理商有可能对公司采购需求提出附加条件，从而增加公司采购成本及周期，进而对公司生产经营造成不利影响。

11. 15   项目可行性结论

该项目具有良好的社会效益和经济效益，项目产品市场前景广阔，投资回收期较短，项目的抗风险能力较强。

综上所述，项目可行。

附录 A 复利系数表

表 A-1 复利系数表 ($i=1\%$)

年份 (n)	一次支付序列		等额支付序列			
	终值系数 (F/P, i, n)	现值系数 (P/F, i, n)	年金终值系数 (F/A, i, n)	偿债基金系数 (A/F, i, n)	资金回收系数 (A/P, i, n)	年金现值系数 (P/A, i, n)
1	1.010 0	0.990 1	1.000 0	1.000 0	1.010 0	0.990 1
2	1.020 1	0.980 3	2.010 0	0.497 5	0.507 5	1.970 4
3	1.030 3	0.970 6	3.030 1	0.330 0	0.340 0	2.941 0
4	1.040 6	0.961 0	4.060 4	0.246 3	0.256 3	3.902 0
5	1.051 0	0.951 5	5.101 0	0.196 0	0.206 0	4.853 4
6	1.061 5	0.942 0	6.152 0	0.162 5	0.172 5	5.795 5
7	1.071 2	0.932 7	7.213 5	0.138 6	0.148 6	6.728 2
8	1.082 9	0.923 5	8.285 7	0.120 7	0.130 7	7.651 7
9	1.093 7	0.914 3	9.368 5	0.106 7	0.116 7	8.566 0
10	1.104 6	0.905 3	10.462 2	0.095 6	0.105 6	9.471 3
11	1.115 7	0.896 3	11.566 8	0.086 5	0.096 5	10.367 6
12	1.126 8	0.887 4	12.682 5	0.078 8	0.088 8	11.255 1
13	1.138 1	0.878 7	13.809 3	0.072 4	0.082 4	12.133 7
14	1.149 5	0.870 0	14.947 4	0.066 9	0.076 9	13.003 7
15	1.161 0	0.861 3	16.096 9	0.062 1	0.072 1	13.865 1
16	1.172 6	0.852 8	17.257 9	0.057 9	0.067 9	14.717 9
17	1.184 3	0.844 4	18.430 4	0.054 3	0.064 3	15.562 3
18	1.196 1	0.836 0	19.614 7	0.051 0	0.061 0	16.398 3
19	1.208 1	0.827 7	20.810 9	0.048 1	0.058 1	17.226 0
20	1.220 2	0.819 5	22.019 0	0.045 4	0.055 4	18.045 6
21	1.232 4	0.811 4	23.239 2	0.043 0	0.053 0	18.857 0
22	1.244 7	0.803 4	24.471 6	0.040 9	0.050 9	19.660 4
23	1.257 2	0.795 4	25.716 3	0.038 9	0.048 9	20.455 8
24	1.269 7	0.787 6	26.973 5	0.037 1	0.047 1	21.243 4
25	1.282 4	0.779 8	28.243 2	0.035 4	0.045 4	22.023 2
26	1.295 3	0.772 0	29.525 6	0.033 9	0.043 9	22.795 2
27	1.308 2	0.764 4	30.820 9	0.032 4	0.042 4	23.559 6
28	1.321 3	0.756 8	32.129 1	0.031 1	0.041 1	24.316 4
29	1.334 5	0.749 3	33.450 4	0.029 9	0.039 9	25.065 8
30	1.347 8	0.741 9	34.784 9	0.028 7	0.038 7	25.807 7

表 A-2　复利系数表（$i=2\%$）

年份 （n）	一次支付序列		等额支付序列			
	终值系数 （F/P, i, n）	现值系数 （P/F, i, n）	年金终值系数 （F/A, i, n）	偿债基金系数 （A/F, i, n）	资金回收系数 （A/P, i, n）	年金现值系数 （P/A, i, n）
1	1.020 0	0.980 4	1.000 0	1.000 0	1.020 0	0.980 4
2	1.040 4	0.961 2	2.020 0	0.495 0	0.515 0	1.941 6
3	1.061 2	0.942 3	3.060 4	0.326 8	0.346 8	2.883 9
4	1.082 4	0.923 8	4.121 6	0.242 6	0.262 6	3.807 7
5	1.104 1	0.905 7	5.204 0	0.192 2	0.212 2	4.713 5
6	1.126 2	0.888 0	6.308 1	0.158 5	0.178 5	5.601 4
7	1.148 7	0.870 6	7.434 3	0.134 5	0.154 5	6.472 0
8	1.171 7	0.853 5	8.583 0	0.116 5	0.136 5	7.325 5
9	1.195 1	0.836 8	9.754 6	0.102 5	0.122 5	8.162 2
10	1.219 0	0.820 3	10.949 7	0.091 3	0.111 3	8.982 6
11	1.243 4	0.804 3	12.168 7	0.082 2	0.102 2	9.786 8
12	1.268 2	0.788 5	13.412 1	0.074 6	0.094 6	10.575 3
13	1.293 6	0.773 0	14.680 3	0.068 1	0.088 1	11.348 4
14	1.319 5	0.757 9	15.973 9	0.062 6	0.082 6	12.106 2
15	1.345 9	0.743 0	17.293 4	0.058 7	0.077 8	12.849 3
16	1.372 8	0.728 4	18.639 3	0.053 7	0.073 7	13.577 7
17	1.400 2	0.714 2	20.012 1	0.050 0	0.070 0	14.291 9
18	1.428 2	0.700 2	21.412 3	0.046 7	0.066 7	14.992 0
19	1.456 8	0.686 4	22.840 6	0.043 8	0.063 8	15.678 5
20	1.485 9	0.673 0	24.297 4	0.041 2	0.061 2	16.351 4
21	1.515 7	0.659 8	25.783 3	0.038 8	0.058 8	17.011 2
22	1.546 0	0.646 8	27.299 0	0.036 6	0.056 6	17.658 0
23	1.576 9	0.634 2	28.845 0	0.034 7	0.054 7	18.292 2
24	1.608 4	0.621 7	30.421 9	0.032 9	0.052 9	18.913 9
25	1.640 6	0.609 5	32.030 3	0.031 2	0.051 2	19.523 5
26	1.673 4	0.597 6	33.670 9	0.029 7	0.049 7	20.121 0
27	1.706 9	0.585 9	35.344 3	0.028 3	0.048 3	20.706 9
28	1.741 0	0.574 4	37.051 2	0.027 0	0.047 0	21.281 3
29	1.775 8	0.563 1	38.792 2	0.025 8	0.045 8	21.844 4
30	1.811 4	0.552 1	40.568 1	0.024 6	0.044 6	22.396 5

表 A-3 复利系数表 （$i=3\%$）

年份 （n）	一次支付序列		等额支付序列			
	终值系数 （F/P, i, n）	现值系数 （P/F, i, n）	年金终值系数 （F/A, i, n）	偿债基金系数 （A/F, i, n）	资金回收系数 （A/P, i, n）	年金现值系数 （P/A, i, n）
1	1.030 0	0.970 9	1.000 0	1.000 0	1.030 0	0.970 9
2	1.060 9	0.942 6	2.030 0	0.492 6	0.522 6	1.913 5
3	1.092 7	0.915 1	3.090 9	0.323 5	0.353 5	2.828 6
4	1.125 5	0.888 5	4.183 6	0.239 0	0.269 0	3.717 1
5	1.159 3	0.862 6	5.309 1	0.188 4	0.218 4	4.579 7
6	1.194 1	0.837 5	6.468 4	0.154 6	0.184 6	5.417 2
7	1.229 9	0.813 1	7.662 5	0.130 5	0.160 5	6.230 3
8	1.266 8	0.789 4	8.892 3	0.112 5	0.142 5	7.019 7
9	1.304 8	0.766 4	10.159 1	0.098 4	0.128 4	7.786 1
10	1.343 9	0.744 1	11.463 9	0.087 2	0.117 2	8.530 2
11	1.384 2	0.722 4	12.807 8	0.078 1	0.108 1	9.252 6
12	1.425 8	0.701 4	14.192 0	0.070 5	0.100 5	9.954 0
13	1.468 5	0.681 0	15.617 8	0.064 0	0.094 0	10.635 0
14	1.512 6	0.661 1	17.086 3	0.058 5	0.088 5	11.296 1
15	1.558 0	0.641 9	18.598 9	0.053 8	0.083 8	11.937 9
16	1.604 7	0.623 2	20.156 9	0.049 6	0.079 6	12.561 1
17	1.652 8	0.605 0	21.761 6	0.046 0	0.076 0	13.166 1
18	1.702 4	0.587 4	23.414 4	0.042 7	0.072 7	13.753 5
19	1.753 5	0.570 3	25.116 9	0.039 8	0.069 8	14.323 8
20	1.806 1	0.553 7	26.870 4	0.037 2	0.067 2	14.877 5
21	1.860 3	0.537 5	28.676 5	0.034 9	0.064 9	15.415 0
22	1.916 1	0.521 9	30.536 8	0.032 7	0.062 7	15.936 9
23	1.973 6	0.506 7	32.452 9	0.030 8	0.060 8	16.443 6
24	2.032 8	0.491 9	34.426 5	0.029 0	0.059 0	16.935 5
25	2.093 8	0.477 6	36.459 3	0.027 4	0.057 4	17.413 1
26	2.156 6	0.463 7	38.553 0	0.025 9	0.055 9	17.876 8
27	2.221 3	0.450 2	40.709 6	0.024 6	0.054 6	18.327 0
28	2.287 9	0.437 1	42.930 9	0.023 3	0.053 3	18.764 1
29	2.356 6	0.424 3	45.218 9	0.022 1	0.052 1	19.188 5
30	2.427 3	0.412 0	47.575 4	0.021 0	0.051 0	19.600 4

表 A-4　复利系数表（$i=4\%$）

年份 (n)	一次支付序列		等额支付序列			
	终值系数 (F/P, i, n)	现值系数 (P/F, i, n)	年金终值系数 (F/A, i, n)	偿债基金系数 (A/F, i, n)	资金回收系数 (A/P, i, n)	年金现值系数 (P/A, i, n)
1	1.040 0	0.961 5	1.000 0	1.000 0	1.040 0	0.961 5
2	1.081 6	0.924 6	2.040 0	0.490 2	0.530 2	1.886 1
3	1.124 9	0.889 0	3.121 6	0.320 3	0.360 3	2.775 1
4	1.169 9	0.854 8	4.246 5	0.235 5	0.275 5	3.629 9
5	1.216 7	0.821 9	5.416 3	0.184 6	0.224 6	4.451 8
6	1.265 3	0.790 3	6.633 0	0.150 8	0.190 8	5.242 1
7	1.315 9	0.759 9	7.898 3	0.126 6	0.166 6	6.002 1
8	1.368 6	0.730 7	9.214 2	0.108 5	0.148 5	6.732 7
9	1.423 3	0.702 6	10.582 8	0.094 5	0.134 5	7.435 3
10	1.480 2	0.675 6	12.006 1	0.083 3	0.123 3	8.110 9
11	1.539 5	0.649 6	13.486 4	0.074 1	0.114 1	8.760 5
12	1.601 0	0.624 6	15.025 8	0.066 6	0.106 6	9.385 1
13	1.665 1	0.600 6	16.626 8	0.060 1	0.100 1	9.985 6
14	1.731 7	0.577 5	18.291 9	0.054 7	.0.094 7	10.563 1
15	1.800 9	0.555 3	20.023 6	0.049 9	0.089 9	11.118 4
16	1.873 0	0.533 9	21.824 5	0.045 8	0.085 8	11.652 3
17	1.947 9	0.513 4	23.697 5	0.042 2	0.082 2	12.165 7
18	2.025 8	0.493 6	25.645 4	0.039 0	0.079 0	12.659 3
19	2.106 8	0.474 6	27.671 2	0.036 1	0.076 1	13.133 9
20	2.191 1	0.456 4	29.778 1	0.033 6	0.073 6	13.590 3
21	2.278 8	0.438 8	31.969 2	0.031 3	0.071 3	14.029 2
22	2.369 9	0.422 0	34.248 0	0.029 2	0.069 2	14.451 1
23	2.464 7	0.405 7	36.617 9	0.027 3	0.067 3	14.856 8
24	2.563 3	0.390 1	39.082 6	0.025 6	0.065 6	15.247 0
25	2.665 8	0.375 1	41.645 9	0.024 0	0.064 0	15.622 1
26	2.772 5	0.360 7	44.311 7	0.022 6	0.062 6	15.982 8
27	2.883 4	0.346 8	47.084 2	0.021 2	0.061 2	16.329 6
28	2.998 7	0.333 5	49.967 6	0.020 0	0.060 0	16.663 1
29	3.118 7	0.320 7	52.966 3	0.018 9	0.058 9	16.983 7
30	3.243 4	0.308 3	56.084 9	0.017 8	0.057 8	17.292 0

表 A-5 复利系数表 （$i = 5\%$）

年份 (n)	一次支付序列		等额支付序列			
	终值系数 (F/P, i, n)	现值系数 (P/F, i, n)	年金终值系数 (F/A, i, n)	偿债基金系数 (A/F, i, n)	资金回收系数 (A/P, i, n)	年金现值系数 (P/A, i, n)
1	1.050 0	0.952 4	1.000 0	1.000 0	1.050 0	0.952 4
2	1.102 5	0.907 0	2.050 0	0.487 8	0.537 8	1.859 4
3	1.157 6	0.863 8	3.152 5	0.317 2	0.367 2	2.723 2
4	1.215 5	0.822 7	4.310 1	0.232 0	0.282 0	3.546 0
5	1.276 3	0.783 5	5.525 6	0.181 0	0.231 0	4.329 5
6	1.340 1	0.746 2	6.801 9	0.147 0	0.197 0	5.075 7
7	1.407 1	0.710 7	8.142 0	0.122 8	0.172 8	5.786 4
8	1.477 5	0.676 8	9.549 1	0.104 7	0.154 7	6.463 2
9	1.551 3	0.644 6	11.026 6	0.090 7	0.140 7	7.107 8
10	1.628 9	0.613 9	12.577 9	0.079 5	0.129 5	7.721 7
11	1.710 3	0.584 7	14.206 8	0.070 4	0.120 4	8.306 4
12	1.795 9	0.556 8	15.917 1	0.062 8	0.112 8	8.863 3
13	1.885 6	0.530 3	17.713 0	0.056 5	0.106 5	9.393 6
14	1.979 9	0.505 1	19.598 6	0.051 0	0.101 0	9.898 6
15	2.078 9	0.481 0	21.578 6	0.046 3	0.096 3	10.379 7
16	2.182 9	0.458 1	23.657 5	0.042 3	0.092 3	10.837 8
17	2.292 0	0.436 3	25.840 4	0.038 7	0.088 7	11.274 1
18	2.406 6	0.415 5	28.132 4	0.035 5	0.085 5	11.689 6
19	2.527 0	0.395 7	30.539 0	0.032 7	0.082 7	12.085 3
20	2.653 3	0.376 9	33.066 0	0.030 2	0.080 2	12.462 2
21	2.786 0	0.358 9	35.719 3	0.028 0	0.078 0	12.821 2
22	2.925 3	0.341 8	38.505 2	0.026 0	0.076 0	13.163 0
23	3.071 5	0.325 6	41.430 5	0.024 1	0.074 1	13.488 6
24	3.225 1	0.310 1	44.502 0	0.022 5	0.072 5	13.798 6
25	3.386 4	0.295 3	47.727 1	0.021 0	0.071 0	14.093 9
26	3.555 7	0.281 2	51.113 5	0.019 6	0.069 6	14.375 2
27	3.733 5	0.267 8	54.669 1	0.018 3	0.068 3	14.643 0
28	3.920 1	0.255 1	58.402 6	0.017 1	0.067 1	14.898 1
29	4.116 1	0.242 9	62.322 7	0.016 0	0.066 0	15.141 1
30	4.321 9	0.231 4	66.438 8	0.015 1	0.065 1	15.372 5

表 A-6　复利系数表（$i=6\%$）

年份 (n)	一次支付序列		等额支付序列			
	终值系数 (F/P, i, n)	现值系数 (P/F, i, n)	年金终值系数 (F/A, i, n)	偿债基金系数 (A/F, i, n)	资金回收系数 (A/P, i, n)	年金现值系数 (P/A, i, n)
1	1.060 0	0.943 4	1.000 0	1.000 0	1.060 0	0.943 4
2	1.123 6	0.890 0	2.060 0	0.485 4	0.545 4	1.833 4
3	1.191 0	0.839 6	3.183 6	0.314 1	0.374 1	2.673 0
4	1.262 5	0.792 1	4.374 6	0.228 6	0.288 6	3.465 1
5	1.338 2	0.747 3	5.637 1	0.177 4	0.237 4	4.212 4
6	1.418 5	0.705 0	6.975 3	0.143 4	0.203 4	4.917 3
7	1.503 6	0.665 1	8.393 8	0.119 1	0.179 1	5.582 4
8	1.593 8	0.627 4	9.897 5	0.101 0	0.161 0	6.209 8
9	1.689 5	0.591 9	11.491 3	0.087 0	0.147 0	6.801 7
10	1.790 8	0.558 4	13.180 8	0.075 9	0.135 9	7.360 1
11	1.898 3	0.526 8	14.971 6	0.066 8	0.126 8	7.886 9
12	2.012 2	0.497 0	16.869 9	0.059 3	0.119 3	8.383 8
13	2.132 9	0.468 8	18.882 1	0.053 0	0.113 0	8.852 7
14	2.260 9	0.442 3	21.015 1	0.047 6	0.107 6	9.295 0
15	2.396 6	0.417 3	23.276 0	0.043 0	0.103 0	9.712 2
16	2.540 4	0.393 6	25.672 5	0.039 0	0.099 0	10.105 9
17	2.692 8	0.371 4	28.212 9	0.035 4	0.095 4	10.477 3
18	2.854 3	0.350 3	30.905 7	0.032 4	0.092 4	10.827 6
19	3.025 6	0.330 5	33.760 0	0.029 6	0.089 6	11.158 1
20	3.207 1	0.311 8	36.785 6	0.027 2	0.087 2	11.469 9
21	3.399 6	0.294 2	39.992 7	0.025 0	0.085 0	11.764 1
22	3.603 5	0.277 5	43.392 3	0.023 0	0.083 0	12.041 6
23	3.819 7	0.261 8	46.995 8	0.021 3	0.081 3	12.303 4
24	4.048 9	0.247 0	50.815 6	0.019 7	0.079 7	12.550 4
25	4.291 9	0.233 0	54.864 5	0.018 2	0.078 2	12.783 4
26	4.549 4	0.219 8	59.156 4	0.016 9	0.076 9	13.003 2
27	4.822 3	0.207 4	63.705 8	0.015 7	0.075 7	13.210 5
28	5.111 7	0.195 6	68.528 1	0.014 6	0.074 6	13.406 2
29	5.418 4	0.184 6	73.639 8	0.013 6	0.073 6	13.590 7
30	5.743 5	0.174 1	79.058 2	0.012 6	0.072 6	13.764 8

表 A-7 复利系数表（$i=7\%$）

年份 （n）	一次支付序列		等额支付序列			
	终值系数 （$F/P, i, n$）	现值系数 （$P/F, i, n$）	年金终值系数 （$F/A, i, n$）	偿债基金系数 （$A/F, i, n$）	资金回收系数 （$A/P, i, n$）	年金现值系数 （$P/A, i, n$）
1	1.070 0	0.934 6	1.000 0	1.000 0	1.070 0	0.934 6
2	1.144 9	0.873 4	2.070 0	0.483 1	0.553 1	1.808 0
3	1.225 0	0.816 3	3.214 9	0.311 1	0.381 1	2.624 3
4	1.310 8	0.762 9	4.439 9	0.225 2	0.295 2	3.387 2
5	1.402 6	0.713 0	5.750 7	0.173 9	0.243 9	4.100 2
6	1.500 7	0.666 3	7.153 3	0.139 8	0.209 8	4.766 5
7	1.605 8	0.622 7	8.654 0	0.115 6	0.185 6	5.389 3
8	1.718 2	0.582 0	10.259 8	0.097 5	0.167 5	5.971 3
9	1.838 5	0.543 9	11.978 0	0.083 5	0.153 5	6.515 2
10	1.967 2	0.508 3	13.816 4	0.072 4	0.142 4	7.023 6
11	2.104 9	0.475 1	15.783 6	0.063 4	0.133 4	7.498 7
12	2.252 2	0.444 0	17.888 5	0.055 9	0.125 9	7.942 7
13	2.409 8	0.415 0	20.140 6	0.049 7	0.119 7	8.357 7
14	2.578 5	0.387 8	22.550 5	0.044 3	0.114 3	8.745 5
15	2.759 0	0.362 4	25.129 0	0.039 8	0.109 8	9.107 9
16	2.952 2	0.338 7	27.888 1	0.035 9	0.105 9	9.446 6
17	3.158 8	0.316 6	30.840 2	0.032 4	0.102 4	9.763 2
18	3.379 9	0.295 9	33.999 0	0.029 4	0.099 4	10.059 1
19	3.616 5	0.276 5	37.379 0	0.026 8	0.096 8	10.335 6
20	3.869 7	0.258 4	40.995 5	0.024 4	0.094 4	10.594 0
21	4.140 6	0.241 5	44.865 2	0.022 3	0.092 3	10.835 5
22	4.430 4	0.225 7	49.005 7	0.020 4	0.090 4	11.061 2
23	4.740 5	0.210 9	53.436 1	0.018 7	0.088 7	11.272 2
24	5.072 4	0.197 1	58.176 7	0.017 2	0.087 2	11.469 3
25	5.427 4	0.184 2	63.249 0	0.015 8	0.085 8	11.653 6
26	5.807 4	0.172 2	68.676 5	0.014 6	0.084 6	11.825 8
27	6.213 9	0.160 9	74.483 8	0.013 4	0.083 4	11.986 7
28	6.648 8	0.150 4	80.697 7	0.012 4	0.082 4	12.137 1
29	7.114 3	0.140 6	87.346 5	0.011 4	0.081 4	12.277 7
30	7.612 3	0.131 4	94.460 8	0.010 6	0.080 6	12.409 0

表 A-8　复利系数表（$i=8\%$）

年份 （n）	一次支付序列		等额支付序列			
	终值系数 （F/P, i, n）	现值系数 （P/F, i, n）	年金终值系数 （F/A, i, n）	偿债基金系数 （A/F, i, n）	资金回收系数 （A/P, i, n）	年金现值系数 （P/A, i, n）
1	1.080 0	0.925 9	1.000 0	1.000 0	1.080 0	0.925 9
2	1.166 4	0.857 3	2.080 0	0.480 8	0.560 8	1.783 3
3	1.259 7	0.793 8	3.246 4	0.308 0	0.388 0	2.577 1
4	1.360 5	0.735 0	4.506 1	0.221 9	0.301 9	3.312 1
5	1.469 3	0.680 6	5.866 6	0.170 5	0.250 5	3.992 7
6	1.586 9	0.630 2	7.335 9	0.136 3	0.216 3	4.622 9
7	1.713 8	0.583 5	8.922 8	0.112 1	0.192 1	5.206 4
8	1.850 9	0.540 3	10.636 6	0.094 0	0.174 0	5.746 6
9	1.999 0	0.500 2	12.487 6	0.080 1	0.160 1	6.246 9
10	2.158 9	0.463 2	14.486 6	0.069 0	0.149 0	6.710 1
11	2.331 6	0.428 9	16.645 5	0.060 1	0.140 1	7.139 0
12	2.518 2	0.397 1	18.977 1	0.052 7	0.132 7	7.536 1
13	2.719 6	0.367 7	21.495 3	0.046 5	0.126 5	7.903 8
14	2.937 2	0.340 5	24.214 9	0.041 3	0.121 3	8.244 2
15	3.172 2	0.315 2	27.152 1	0.036 8	0.116 8	8.559 5
16	3.425 9	0.291 9	30.324 3	0.033 0	0.113 0	8.851 4
17	3.700 0	0.270 3	33.750 2	0.029 6	0.109 6	9.121 6
18	3.996 0	0.250 2	37.450 2	0.026 7	0.106 7	9.371 9
19	4.315 7	0.231 7	41.446 3	0.024 1	0.104 1	9.603 6
20	4.661 0	0.214 5	45.762 0	0.021 9	0.101 9	9.818 1
21	5.033 8	0.198 7	50.422 9	0.019 8	0.099 8	10.016 8
22	5.436 5	0.183 9	55.456 8	0.018 0	0.098 0	10.200 7
23	5.871 5	0.170 3	60.893 3	0.016 4	0.096 4	10.371 1
24	6.341 2	0.157 7	66.764 8	0.015 0	0.095 0	10.528 8
25	6.848 5	0.146 0	73.105 9	0.013 7	0.093 7	10.674 8
26	7.396 4	0.135 2	79.954 4	0.012 5	0.092 5	10.810 0
27	7.988 1	0.125 2	87.350 8	0.011 4	0.091 4	10.935 2
28	8.627 1	0.115 9	95.338 8	0.010 5	0.090 5	11.051 1
29	9.317 3	0.107 3	103.965 9	0.009 6	0.089 6	11.158 4
30	10.062 7	0.099 4	113.283 2	0.008 8	0.088 8	11.257 8

表 A-9 复利系数表 （$i=9\%$）

年份 （n）	一次支付序列		等额支付序列			
	终值系数 （$F/P, i, n$）	现值系数 （$P/F, i, n$）	年金终值系数 （$F/A, i, n$）	偿债基金系数 （$A/F, i, n$）	资金回收系数 （$A/P, i, n$）	年金现值系数 （$P/A, i, n$）
1	1.090 0	0.917 4	1.000 0	1.000 0	1.090 0	0.917 4
2	1.188 1	0.841 7	2.090 0	0.478 5	0.568 5	1.759 1
3	1.295 0	0.772 2	3.278 1	0.305 1	0.395 1	2.531 3
4	1.411 6	0.708 4	4.573 1	0.218 7	0.308 7	3.239 7
5	1.538 6	0.649 9	5.984 7	0.167 1	0.257 1	3.889 7
6	1.677 1	0.596 3	7.523 3	0.132 9	0.222 9	4.485 9
7	1.828 0	0.547 0	9.200 4	0.108 7	0.198 7	5.033 0
8	1.992 6	0.501 9	11.028 5	0.090 7	0.180 7	5.534 8
9	2.171 9	0.460 4	13.021 0	0.076 8	0.166 8	5.995 2
10	2.367 4	0.422 4	15.192 9	0.065 8	0.155 8	6.417 7
11	2.580 4	0.387 5	17.560 3	0.056 9	0.146 9	6.805 2
12	2.812 7	0.355 5	20.140 7	0.049 7	0.139 7	7.160 7
13	3.065 8	0.326 2	22.953 4	0.043 6	0.133 6	7.486 9
14	3.341 7	0.299 2	26.019 2	0.038 4	0.128 4	7.786 2
15	3.642 5	0.274 5	29.360 9	0.034 1	0.124 1	8.060 7
16	3.970 3	0.251 9	33.003 4	0.030 3	0.120 3	8.312 6
17	4.327 6	0.231 1	36.973 7	0.027 0	0.117 0	8.543 6
18	4.717 1	0.212 0	41.301 3	0.024 2	0.114 2	8.755 6
19	5.141 7	0.194 5	46.018 5	0.021 7	0.111 7	8.950 1
20	5.604 4	0.178 4	51.161 0	0.019 5	0.109 5	9.128 5
21	6.108 8	0.163 7	56.764 5	0.017 6	0.107 6	9.292 2
22	6.658 6	0.150 2	62.873 3	0.015 9	0.105 9	9.442 4
23	7.257 9	0.137 8	69.531 9	0.014 4	0.104 4	9.580 2
24	7.911 1	0.126 4	76.789 8	0.013 0	0.103 0	9.706 6
25	8.623 1	0.116 0	84.700 9	0.011 8	0.101 8	9.822 6
26	9.399 2	0.106 4	93.324 0	0.010 7	0.100 7	9.929 0
27	10.245 1	0.097 6	102.723 1	0.009 7	0.099 7	10.026 6
28	11.167 1	0.089 5	112.968 2	0.008 9	0.098 9	10.116 1
29	12.172 2	0.082 2	124.135 4	0.008 1	0.098 1	10.198 3
30	13.267 7	0.075 4	136.307 5	0.007 3	0.097 3	10.273 7

表 A-10　复利系数表（$i=10\%$）

年份 （n）	一次支付序列		等额支付序列			
	终值系数 （F/P, i, n）	现值系数 （P/F, i, n）	年金终值系数 （F/A, i, n）	偿债基金系数 （A/F, i, n）	资金回收系数 （A/P, i, n）	年金现值系数 （P/A, i, n）
1	1.100 0	0.909 1	1.000 0	1.000 0	1.100 0	0.909 1
2	1.210 0	0.826 4	2.100 0	0.476 2	0.576 2	1.735 5
3	1.331 0	0.751 3	3.310 0	0.302 1	0.402 1	2.486 9
4	1.464 1	0.683 0	4.641 0	0.215 5	0.315 5	3.169 9
5	1.610 5	0.620 9	6.105 1	0.163 8	0.263 8	3.790 8
6	1.771 6	0.564 5	7.715 6	0.129 6	0.229 6	4.355 3
7	1.948 7	0.513 2	9.487 2	0.105 4	0.205 4	4.868 4
8	2.143 6	0.466 5	11.435 9	0.087 4	0.187 4	5.334 9
9	2.357 9	0.424 1	13.579 5	0.073 6	0.173 6	5.759 0
10	2.593 7	0.385 5	15.937 4	0.062 7	0.162 7	6.144 6
11	2.853 1	0.350 5	18.531 2	0.054 0	0.154 0	6.495 1
12	3.138 4	0.318 6	21.384 3	0.046 8	0.146 8	6.813 7
13	3.452 3	0.289 7	24.522 7	0.040 8	0.140 8	7.103 4
14	3.797 5	0.263 3	27.975 0	0.035 7	0.135 7	7.366 7
15	4.177 2	0.239 4	31.772 5	0.031 5	0.131 5	7.606 1
16	4.595 0	0.217 6	35.949 7	0.027 8	0.127 8	7.823 7
17	5.054 5	0.197 8	40.544 7	0.024 7	0.124 7	8.021 6
18	5.559 9	0.179 9	45.599 2	0.021 9	0.121 9	8.201 4
19	6.115 9	0.163 5	51.159 1	0.019 5	0.119 5	8.364 9
20	6.727 5	0.148 6	57.275 0	0.017 5	0.117 5	8.513 6
21	7.400 2	0.135 1	64.002 5	0.015 6	0.115 6	8.648 7
22	8.140 3	0.122 8	71.402 7	0.014 0	0.114 0	8.771 5
23	8.954 3	0.111 7	79.543 0	0.012 6	0.112 6	8.883 2
24	9.849 7	0.101 5	88.497 3	0.011 3	0.111 3	8.984 7
25	10.834 7	0.092 3	98.347 1	0.010 2	0.110 2	9.077 0
26	11.918 2	0.083 9	109.181 8	0.009 2	0.109 2	9.160 9
27	13.110 0	0.076 3	121.099 9	0.008 3	0.108 3	9.237 2
28	14.421 0	0.069 3	134.209 9	0.007 5	0.107 5	9.306 6
29	15.863 1	0.063 0	148.630 9	0.006 7	0.106 7	9.369 6
30	17.449 4	0.057 3	164.494 0	0.006 1	0.106 1	9.426 9

表 A-11   复利系数表（$i=12\%$）

年份 （n）	一次支付序列		等额支付序列			
	终值系数 （F/P, i, n）	现值系数 （P/F, i, n）	年金终值系数 （F/A, i, n）	偿债基金系数 （A/F, i, n）	资金回收系数 （A/P, i, n）	年金现值系数 （P/A, i, n）
1	1.120 0	0.892 9	1.000 0	1.000 0	1.120 0	0.892 9
2	1.254 4	0.797 2	2.120 0	0.471 7	0.591 7	1.690 1
3	1.404 9	0.711 8	3.374 4	0.296 3	0.416 3	2.401 8
4	1.573 5	0.635 5	4.779 3	0.209 2	0.329 2	3.037 3
5	1.762 3	0.567 4	6.352 8	0.157 4	0.277 4	3.604 8
6	1.973 8	0.506 6	8.115 2	0.123 2	0.243 2	4.111 4
7	2.210 7	0.452 3	10.089 0	0.099 1	0.219 1	4.563 8
8	2.476 0	0.403 9	12.299 7	0.081 3	0.201 3	4.967 6
9	2.773 1	0.360 6	14.775 7	0.067 7	0.187 7	5.328 2
10	3.105 8	0.322 0	17.548 7	0.057 0	0.177 0	5.650 2
11	3.478 5	0.287 5	20.654 6	0.048 4	0.168 4	5.937 7
12	3.896 0	0.256 7	24.133 1	0.041 4	0.161 4	6.194 4
13	4.363 5	0.229 2	28.029 1	0.035 7	0.155 7	6.423 5
14	4.887 1	0.204 6	32.392 6	0.030 9	0.150 9	6.628 2
15	5.473 6	0.182 7	37.279 7	0.026 8	0.146 8	6.810 9
16	6.130 4	0.163 1	42.753 3	0.023 4	0.143 4	6.974 0
17	6.866 0	0.145 6	48.883 7	0.020 5	0.140 5	7.119 6
18	7.690 0	0.130 0	55.749 7	0.017 9	0.137 9	7.249 7
19	8.612 8	0.116 1	63.439 7	0.015 8	0.135 8	7.365 8
20	9.646 3	0.103 7	72.052 4	0.013 9	0.133 9	7.469 4
21	10.803 8	0.092 6	81.698 7	0.012 2	0.132 2	7.562 0
22	12.100 3	0.082 6	92.502 6	0.010 8	0.130 8	7.644 6
23	13.552 3	0.073 8	104.602 9	0.009 6	0.129 6	7.718 4
24	15.178 6	0.065 9	118.155 2	0.008 5	0.128 5	7.784 3
25	17.000 1	0.058 8	133.333 9	0.007 5	0.127 5	7.843 1
26	19.040 1	0.052 5	150.333 9	0.006 7	0.126 7	7.895 7
27	21.324 9	0.046 9	169.374 0	0.005 9	0.125 9	7.942 6
28	23.883 9	0.041 9	190.698 9	0.005 2	0.125 2	7.984 4
29	26.749 9	0.037 4	214.582 8	0.004 7	0.124 7	8.021 8
30	29.959 9	0.033 4	241.332 7	0.004 1	0.124 1	8.055 2

表 A–12 复利系数表 ($i = 15\%$)

年份 (n)	一次支付序列		等额支付序列			
	终值系数 (F/P, i, n)	现值系数 (P/F, i, n)	年金终值系数 (F/A, i, n)	偿债基金系数 (A/F, i, n)	资金回收系数 (A/P, i, n)	年金现值系数 (P/A, i, n)
1	1.150 0	0.869 6	1.000 0	1.000 0	1.150 0	0.869 6
2	1.322 5	0.756 1	2.150 0	0.465 1	0.615 1	1.625 7
3	1.520 9	0.657 5	3.472 5	0.288 0	0.438 0	2.283 2
4	1.749 0	0.571 8	4.993 4	0.200 3	0.350 3	2.855 0
5	2.011 4	0.497 2	6.742 4	0.148 3	0.298 3	3.352 2
6	2.313 1	0.432 3	8.753 7	0.114 2	0.264 2	3.784 5
7	2.660 0	0.375 9	11.066 8	0.090 4	0.240 4	4.160 4
8	3.059 0	0.326 9	13.726 8	0.072 9	0.222 9	4.487 3
9	3.517 9	0.284 3	16.785 8	0.059 6	0.209 6	4.771 6
10	4.045 6	0.247 2	20.303 7	0.049 3	0.199 3	5.018 8
11	4.652 4	0.214 9	24.349 3	0.041 1	0.191 1	5.233 7
12	5.350 3	0.186 9	29.001 7	0.034 5	0.184 5	5.420 6
13	6.152 8	0.162 5	34.351 9	0.029 1	0.179 1	5.583 1
14	7.075 7	0.141 3	40.504 7	0.024 7	0.174 7	5.724 5
15	8.137 1	0.122 9	47.580 4	0.021 0	0.171 0	5.847 4
16	9.357 6	0.106 9	55.717 5	0.017 9	0.167 9	5.954 2
17	10.761 3	0.092 9	65.075 1	0.015 4	0.165 4	6.047 2
18	12.375 5	0.080 8	75.836 4	0.013 2	0.163 2	6.128 0
19	14.231 8	0.070 3	88.211 8	0.011 3	0.161 3	6.198 2
20	16.366 5	0.061 1	102.443 6	0.009 8	0.159 8	6.259 3
21	18.821 5	0.053 1	118.810 1	0.008 4	0.158 4	6.312 5
22	21.644 7	0.046 2	137.631 6	0.007 3	0.157 3	6.358 7
23	24.891 5	0.040 2	159.276 4	0.006 3	0.156 3	6.398 8
24	28.625 2	0.034 9	184.167 8	0.005 4	0.155 4	6.433 8
25	32.919 0	0.030 4	212.793 0	0.004 7	0.154 7	6.464 1
26	37.856 8	0.026 4	245.712 0	0.004 1	0.154 1	6.490 6
27	43.535 3	0.023 0	283.568 8	0.003 5	0.153 5	6.513 5
28	50.065 6	0.020 0	327.104 1	0.003 1	0.153 1	6.533 5
29	57.575 5	0.017 4	377.169 7	0.002 7	0.152 7	6.550 9
30	66.211 8	0.015 1	434.745 1	0.002 3	0.152 3	6.566 0

表 A-13　复利系数表 （$i = 18\%$）

年份 （n）	一次支付序列		等额支付序列			
	终值系数 （F/P, i, n）	现值系数 （P/F, i, n）	年金终值系数 （F/A, i, n）	偿债基金系数 （A/F, i, n）	资金回收系数 （A/P, i, n）	年金现值系数 （P/A, i, n）
1	1.180 0	0.847 5	1.000 0	1.000 0	1.180 0	0.847 5
2	1.392 4	0.718 2	2.180 0	0.458 7	0.638 7	1.565 6
3	1.643 0	0.608 6	3.572 4	0.279 9	0.459 9	2.174 3
4	1.938 8	0.515 8	5.215 4	0.191 7	0.371 7	2.690 1
5	2.287 8	0.437 1	7.154 2	0.139 8	0.319 8	3.127 2
6	2.699 6	0.370 4	9.442 0	0.105 9	0.285 9	3.497 6
7	3.185 5	0.313 9	12.141 5	0.082 4	0.262 4	3.811 5
8	3.758 9	0.266 0	15.327 0	0.065 2	0.245 2	4.077 6
9	4.435 5	0.225 5	19.085 9	0.052 4	0.232 4	4.303 0
10	5.233 8	0.191 1	23.521 3	0.042 5	0.222 5	4.494 1
11	6.175 9	0.161 9	28.755 1	0.034 8	0.214 8	4.656 0
12	7.287 6	0.137 2	34.931 1	0.028 6	0.208 6	4.793 2
13	8.599 4	0.116 3	42.218 7	0.023 7	0.203 7	4.909 5
14	10.147 2	0.098 5	50.818 0	0.019 7	0.199 7	5.008 1
15	11.973 7	0.083 5	60.965 3	0.016 4	0.196 4	5.091 6
16	14.129 0	0.070 8	72.939 0	0.013 7	0.193 7	5.162 4
17	16.672 2	0.060 0	87.068 0	0.011 5	0.191 5	5.222 3
18	19.673 3	0.050 8	103.740 3	0.009 6	0.189 6	5.273 2
19	23.214 4	0.043 1	123.413 5	0.008 1	0.188 1	5.316 2
20	27.393 0	0.036 5	146.628 0	0.006 8	0.186 8	5.352 7
21	32.323 8	0.030 9	174.021 0	0.005 7	0.185 7	5.383 7
22	38.142 1	0.026 2	206.344 8	0.004 8	0.184 8	5.409 9
23	45.007 6	0.022 2	244.486 8	0.004 1	0.184 1	5.432 1
24	53.109 0	0.018 8	289.494 5	0.003 5	0.183 5	5.450 9
25	62.668 6	0.016 0	342.603 5	0.002 9	0.182 9	5.466 9
26	73.949 0	0.013 5	405.272 1	0.002 5	0.182 5	5.480 4
27	87.259 8	0.011 5	479.221 1	0.002 1	0.182 1	5.491 9
28	102.966 6	0.009 7	566.480 9	0.001 8	0.181 8	5.501 6
29	121.500 5	0.008 2	669.447 5	0.001 5	0.181 5	5.509 8
30	143.370 6	0.007 0	790.948 0	0.001 3	0.181 3	5.516 8

表 A-14 复利系数表 （i=20%）

年份 (n)	一次支付序列		等额支付序列			
	终值系数 (F/P, i, n)	现值系数 (P/F, i, n)	年金终值系数 (F/A, i, n)	偿债基金系数 (A/F, i, n)	资金回收系数 (A/P, i, n)	年金现值系数 (P/A, i, n)
1	1.200 0	0.833 3	1.000 0	1.000 0	1.200 0	0.833 3
2	1.440 0	0.694 4	2.200 0	0.454 5	0.654 5	1.527 8
3	1.728 0	0.578 7	3.640 0	0.274 7	0.474 7	2.106 5
4	2.073 6	0.482 3	5.368 0	0.186 3	0.386 3	2.588 7
5	2.488 3	0.401 9	7.441 6	0.134 4	0.334 4	2.990 6
6	2.986 0	0.334 9	9.929 9	0.100 7	0.300 7	3.325 5
7	3.583 2	0.279 1	12.915 9	0.077 4	0.277 4	3.604 6
8	4.299 8	0.232 6	16.499 1	0.060 6	0.260 6	3.837 2
9	5.159 8	0.193 8	20.798 9	0.048 1	0.248 1	4.031 0
10	6.191 7	0.161 5	25.958 7	0.038 5	0.238 5	4.192 5
11	7.430 1	0.134 6	32.150 4	0.031 1	0.231 1	4.327 1
12	8.916 1	0.112 2	39.580 5	0.025 3	0.225 3	4.439 2
13	10.699 3	0.093 5	48.496 6	0.020 6	0.220 6	4.532 7
14	12.839 2	0.077 9	59.195 9	0.016 9	0.216 9	4.610 6
15	15.407 0	0.064 9	72.035 1	0.013 9	0.213 9	4.675 5
16	18.488 4	0.054 1	87.442 1	0.011 4	0.211 4	4.729 6
17	22.186 1	0.045 1	105.930 6	0.009 4	0.209 4	4.774 6
18	26.623 3	0.037 6	128.116 7	0.007 8	0.207 8	4.812 2
19	31.948 0	0.031 3	154.740 0	0.006 5	0.206 5	4.843 5
20	38.337 6	0.026 1	186.688 0	0.005 4	0.205 4	4.869 6
21	46.005 1	0.021 7	225.025 6	0.004 4	0.204 4	4.891 3
22	55.206 1	0.018 1	271.030 7	0.003 7	0.203 7	4.909 4
23	66.247 4	0.015 1	326.236 9	0.003 1	0.203 1	4.924 5
24	79.496 8	0.012 6	392.484 2	0.002 5	0.202 5	4.937 1
25	95.396 2	0.010 5	471.981 1	0.002 1	0.202 1	4.947 6
26	114.475 5	0.008 7	567.377 3	0.001 8	0.201 8	4.956 3
27	137.370 6	0.007 3	681.852 8	0.001 5	0.201 5	4.963 6
28	164.844 7	0.006 1	819.223 3	0.001 2	0.201 2	4.969 7
29	197.813 6	0.005 1	984.068 0	0.001 0	0.201 0	4.974 7
30	237.376 3	0.004 2	1 181.881 6	0.000 8	0.200 8	4.978 9

表 A-15 复利系数表 （*i* = 25%）

年份 (*n*)	一次支付序列		等额支付序列			
	终值系数 (*F/P*, *i*, *n*)	现值系数 (*P/F*, *i*, *n*)	年金终值系数 (*F/A*, *i*, *n*)	偿债基金系数 (*A/F*, *i*, *n*)	资金回收系数 (*A/P*, *i*, *n*)	年金现值系数 (*P/A*, *i*, *n*)
1	1.250 0	0.800 0	1.000 0	1.000 0	1.250 0	0.800 0
2	1.562 5	0.640 0	2.250 0	0.444 4	0.694 4	1.440 0
3	1.953 1	0.512 0	3.812 5	0.262 3	0.512 3	1.952 0
4	2.441 4	0.409 6	5.765 6	0.173 4	0.423 4	2.361 6
5	3.051 8	0.327 7	8.207 0	0.121 8	0.371 8	2.689 3
6	3.814 7	0.262 1	11.258 8	0.088 8	0.338 8	2.951 4
7	4.768 4	0.209 7	15.073 5	0.066 3	0.316 3	3.161 1
8	5.960 5	0.167 8	19.841 9	0.050 4	0.300 4	3.328 9
9	7.450 6	0.134 2	25.802 3	0.038 8	0.288 8	3.463 1
10	9.313 2	0.107 4	33.252 9	0.030 1	0.280 1	3.570 5
11	11.641 5	0.085 9	42.566 1	0.023 5	0.273 5	3.656 4
12	14.551 9	0.068 7	54.207 7	0.018 4	0.268 4	3.725 1
13	18.189 9	0.055 0	68.759 6	0.014 5	0.264 5	3.780 1
14	22.737 4	0.044 0	86.949 5	0.011 5	0.261 5	3.824 1
15	28.421 7	0.035 2	109.686 8	0.009 1	0.259 1	3.859 3
16	35.527 1	0.028 1	138.108 5	0.007 2	0.257 2	3.887 4
17	44.408 9	0.022 5	173.635 7	0.005 8	0.255 8	3.909 9
18	55.511 2	0.018 0	218.044 6	0.004 6	0.254 6	3.927 9
19	69.388 9	0.014 4	273.555 8	0.003 7	0.253 7	3.942 4
20	86.736 2	0.011 5	342.944 7	0.002 9	0.252 9	3.953 9
21	108.420 2	0.009 2	429.680 9	0.002 3	0.252 3	3.963 1
22	135.525 3	0.007 4	538.101 1	0.001 9	0.251 9	3.970 5
23	169.406 6	0.005 9	673.626 4	0.001 5	0.251 5	3.976 4
24	211.758 2	0.004 7	843.032 9	0.001 2	0.251 2	3.981 1
25	264.697 8	0.003 8	1 054.791 2	0.000 9	0.250 9	3.984 9
26	330.872 2	0.003 0	1 319.489 0	0.000 8	0.250 8	3.987 9
27	413.590 3	0.002 4	1 650.361 2	0.000 6	0.250 6	3.990 3
28	516.987 9	0.001 9	2 063.951 5	0.000 5	0.250 5	3.992 3
29	646.234 9	0.001 5	2 580.939 4	0.000 4	0.250 4	3.993 8
30	807.793 6	0.001 2	3 227.174 3	0.000 3	0.250 3	3.995 0

表 A-16 复利系数表（*i*=30%）

年份 (*n*)	一次支付序列		等额支付序列			
	终值系数 (*F/P*, *i*, *n*)	现值系数 (*P/F*, *i*, *n*)	年金终值系数 (*F/A*, *i*, *n*)	偿债基金系数 (*A/F*, *i*, *n*)	资金回收系数 (*A/P*, *i*, *n*)	年金现值系数 (*P/A*, *i*, *n*)
1	1.300 0	0.769 2	1.000 0	1.000 0	1.300 0	0.769 2
2	1.690 0	0.591 8	2.300 0	0.434 8	0.734 8	1.360 9
3	2.197 0	0.455 2	3.990 0	0.250 6	0.550 6	1.816 1
4	2.856 1	0.350 1	6.187 0	0.161 6	0.461 6	2.166 2
5	3.712 9	0.269 3	9.043 1	0.110 6	0.410 6	2.435 6
6	4.826 8	0.207 2	12.756 0	0.078 4	0.378 4	2.642 7
7	6.274 9	0.159 4	17.582 8	0.056 9	0.356 9	2.802 1
8	8.157 3	0.122 6	23.857 7	0.041 9	0.341 9	2.924 7
9	10.604 5	0.094 3	32.015 0	0.031 2	0.331 2	3.019 0
10	13.785 8	0.072 5	42.619 5	0.023 5	0.323 5	3.091 5
11	17.921 6	0.055 8	56.405 3	0.017 7	0.317 7	3.147 3
12	23.298 1	0.042 9	74.327 0	0.013 5	0.313 5	3.190 3
13	30.287 5	0.033 0	97.625 0	0.010 2	0.310 2	3.223 3
14	39.373 8	0.025 4	127.912 5	0.007 8	0.307 8	3.248 7
15	51.185 9	0.019 5	167.286 3	0.006 0	0.306 0	3.268 2
16	66.541 7	0.015 0	218.472 2	0.004 6	0.304 6	3.283 2
17	86.504 2	0.011 6	285.013 9	0.003 5	0.303 5	3.294 8
18	112.455 4	0.008 9	371.518 0	0.002 7	0.302 7	3.303 7
19	146.192 0	0.006 8	483.973 4	0.002 1	0.302 1	3.310 5
20	190.049 6	0.005 3	630.165 5	0.001 6	0.301 6	3.315 8
21	247.064 5	0.004 0	820.215 1	0.001 2	0.301 2	3.319 8
22	321.183 9	0.003 1	1 067.279 6	0.000 9	0.300 9	3.323 0
23	417.539 1	0.002 4	1 388.463 5	0.000 7	0.300 7	3.325 4
24	542.800 8	0.001 8	1 806.002 6	0.000 6	0.300 6	3.327 2
25	705.641 0	0.001 4	2 348.803 3	0.000 4	0.300 4	3.328 6
26	917.333 3	0.001 1	3 054.444 3	0.000 3	0.300 3	3.329 7
27	1 192.533 3	0.000 8	3 971.777 6	0.000 3	0.300 3	3.330 5
28	1 550.293 3	0.000 6	5 164.310 9	0.000 2	0.300 2	3.331 2
29	2 015.381 3	0.000 5	6 714.604 2	0.000 1	0.300 1	3.331 7
30	2 619.995 6	0.000 4	8 729.985 5	0.000 1	0.300 1	3.332 1

表 A-17　复利系数表　($i=35\%$)

年份 (n)	一次支付序列		等额支付序列			
	终值系数 (F/P, i, n)	现值系数 (P/F, i, n)	年金终值系数 (F/A, i, n)	偿债基金系数 (A/F, i, n)	资金回收系数 (A/P, i, n)	年金现值系数 (P/A, i, n)
1	1.350 0	0.740 7	1.000 0	1.000 0	1.350 0	0.740 4
2	1.822 5	0.548 7	2.350 0	0.425 5	0.775 5	1.289 4
3	2.460 4	0.406 4	4.172 5	0.239 7	0.589 7	1.695 9
4	3.321 5	0.301 1	6.632 9	0.150 8	0.500 8	1.996 9
5	4.484 0	0.223 0	9.954 4	0.100 5	0.450 5	2.220 0
6	6.053 4	0.165 2	14.438 4	0.069 3	0.419 3	2.385 2
7	8.172 2	0.122 4	20.491 9	0.048 8	0.398 8	2.507 5
8	11.032 4	0.090 6	28.664 0	0.034 9	0.384 9	2.598 2
9	14.893 7	0.067 1	39.696 4	0.025 2	0.375 2	2.665 3
10	20.106 6	0.049 7	54.590 2	0.018 3	0.368 3	2.715 0
11	27.149 3	0.036 8	74.697 6	0.013 4	0.363 4	2.751 9
12	36.644 2	0.027 3	101.840 6	0.009 8	0.359 8	2.779 2
13	49.469 7	0.020 2	138.484 8	0.007 2	0.357 2	2.799 4
14	66.784 1	0.015 0	187.954 4	0.005 3	0.355 3	2.814 4
15	90.158 5	0.011 1	254.738 5	0.003 9	0.353 9	2.825 5
16	121.713 9	0.008 2	344.897 0	0.002 9	0.352 9	2.833 7
17	164.313 8	0.006 1	466.610 9	0.002 1	0.352 1	2.839 8
18	221.823 6	0.004 5	630.924 7	0.001 6	0.351 6	2.844 3
19	299.461 9	0.003 3	852.748 3	0.001 2	0.351 2	2.847 6
20	404.273 6	0.002 5	1 152.210 3	0.000 9	0.350 9	2.850 1
21	545.769 3	0.001 8	1 556.483 8	0.000 6	0.350 6	2.851 9
22	736.788 6	0.001 4	2 102.253 2	0.000 5	0.350 5	2.853 3
23	994.664 6	0.001 0	2 839.041 8	0.000 4	0.350 4	2.854 3
24	1 342.797	0.000 7	3 833.706 4	0.000 3	0.350 3	2.855 0
25	1 812.776	0.000 6	5 176.503 7	0.000 2	0.350 2	2.855 6
26	2 447.248	0.000 4	6 989.280 0	0.000 1	0.350 1	2.856 0
27	3 303.785	0.000 3	9 436.528 0	0.000 1	0.350 1	2.856 3
28	4 460.110	0.000 2	12 740.313	0.000 1	0.350 1	2.856 5
29	6 021.148	0.000 2	17 200.422	0.000 1	0.350 1	2.856 7
30	8 128.550	0.000 1	23 221.570	0.000 0	0.350 0	2.856 8

表 A-18 复利系数表 （$i=40\%$）

年份 （n）	一次支付序列		等额支付序列			
	终值系数 （F/P, i, n）	现值系数 （P/F, i, n）	年金终值系数 （F/A, i, n）	偿债基金系数 （A/F, i, n）	资金回收系数 （A/P, i, n）	年金现值系数 （P/A, i, n）
1	1.400 0	0.714 3	1.000 0	1.000 0	1.400 0	0.714 3
2	1.960 0	0.510 2	2.400 0	0.416 7	0.816 7	1.224 5
3	2.744 0	0.364 4	4.360 0	0.229 4	0.629 4	1.588 9
4	3.841 6	0.260 3	7.104 0	0.140 8	0.540 8	1.849 2
5	5.378 2	0.185 9	10.945 6	0.091 4	0.491 4	2.035 2
6	7.529 5	0.132 8	16.323 8	0.061 3	0.461 3	2.168 0
7	10.541 4	0.094 9	23.853 4	0.041 9	0.441 9	2.262 8
8	14.757 9	0.067 8	34.394 7	0.029 1	0.429 1	2.330 6
9	20.661 0	0.048 4	49.152 6	0.020 3	0.420 3	2.379 0
10	28.925 5	0.034 6	69.813 7	0.014 3	0.414 3	2.413 6
11	40.495 7	0.024 7	98.739 1	0.010 1	0.410 1	2.438 3
12	56.693 9	0.017 6	139.234 8	0.007 2	0.407 2	2.455 9
13	79.371 5	0.012 6	195.928 7	0.005 1	0.405 1	2.468 5
14	111.120 1	0.009 0	275.300 2	0.003 6	0.403 6	2.477 5
15	155.568 1	0.006 4	386.420 2	0.002 6	0.402 6	2.483 9
16	217.795 3	0.004 6	541.988 3	0.001 8	0.401 8	2.488 5
17	304.913 5	0.003 3	759.783 7	0.001 3	0.401 3	2.491 8
18	426.878 9	0.002 3	1 064.697 1	0.000 9	0.400 9	2.494 1
19	597.630 4	0.001 7	1 491.576 0	0.000 7	0.400 7	2.495 8
20	836.682 6	0.001 2	2 089.206 4	0.000 5	0.400 5	2.497 0
21	1 171.355 6	0.000 9	2 925.888 9	0.000 3	0.400 3	2.497 9
22	1 639.897 8	0.000 6	4 097.244 5	0.000 2	0.400 2	2.498 5
23	2 295.856 9	0.000 4	5 737.142 3	0.000 2	0.400 2	2.498 9
24	3 214.199 7	0.000 3	8 032.999 3	0.000 1	0.400 1	2.499 2
25	4 499.879 6	0.000 2	11 247.199 0	0.000 1	0.400 1	2.499 4
26	6 299.831 4	0.000 2	15 747.078 5	0.000 1	0.400 1	2.499 6
27	8 819.764 0	0.000 1	22 046.909 9	0.000 0	0.400 0	2.499 7
28	12 347.669 6	0.000 1	30 866.673 9	0.000 0	0.400 0	2.499 8
29	17 286.737 4	0.000 1	43 214.343 5	0.000 0	0.400 0	2.499 9
30	24 201.432 4	0.000 0	60 501.080 9	0.000 0	0.400 0	2.499 9

参 考 文 献

［1］赵国杰．工程经济学．天津：天津大学出版社，2010.
［2］顾培亮．系统分析与协调．天津：天津大学出版社，2008.
［3］王连成．工程系统论．北京：中国宇航出版社，2002.
［4］黄渝祥，邢爱芳．工程经济学．上海：同济大学出版社，1985.
［5］任隆洧，陈云鹏．工程经济学．成都：西南财经大学出版社，1987.
［6］李南．工程经济学．4 版．北京：科学出版社，2013.
［7］傅家骥，全允桓．工业技术经济学．3 版．北京：清华大学出版社，1996.
［8］于立君．建筑技术经济分析．北京：中国建筑工业出版社，2002.
［9］黄有亮等．工程经济学．南京：东南大学出版社，2002.
［10］苏敬勤，徐雨森．技术经济学．北京：科学出版社，2011.
［11］安淑名，杨晶．工程经济．北京：机械工业出版社，2013.
［12］张豫，廖方勤．建设工程经济．广州：中山大学出版社，2012.
［13］毛义华．建筑工程经济．杭州：浙江大学出版社，2012.
［14］刘玉明．工程经济学．北京：清华大学出版社，2006.
［15］杨庆丰，侯聪霞．建筑工程经济．北京：北京大学出版社．2009.
［16］汤鸿．建设工程经济．南京：东南大学出版社，2012.
［17］张先玲．建筑工程技术经济．重庆：重庆大学出版社．2007.
［18］渠晓伟．建筑工程经济．北京：机械工业出版社．2007.
［19］刘亚臣．工程经济学．3 版．大连：大连理工大学出版社，2008.
［20］杨双全．工程经济学．武汉：武汉理工大学出版社，2009.
［21］鲍学英，王琳．工程经济学．北京：化学工业出版社，2011.
［22］刘新梅．工程经济学．北京：北京大学出版社，2009.